FACHWERK BIOLOGIE

Oberschule Sachsen 10

Cornelsen

FACHWERK
BIOLOGIE

Autorinnen und Autoren: Ulrike Dives, Dr. Udo Hampl, Marianne Herrmann, Kathrin Janik, Marit Kastaun, Andreas Marquarth, Dr. Monique Meier, Andreas Miehling, Dr. Matthias Niedermeier, Katrin Oberschelp, Anke Pohlmann, Dr. Peter Pondorf, Reinhold Rehbach, Matthias Ritter, Alexandra Schulte, Ingmar Stelzig, Ulrike Tegtmeyer, Judith Vehlow, Steffen Wachs, Dr. Adria Wehser, Josef Johannes Zitzmann

Beraterin: Michaela Paul

Redaktion: Christina Egenolf, Dr. Adria Wehser

Bildrecherche: Melanie Tönnies, Dr. Adria Wehser

Illustration und Grafik: www.biologiegrafik.de, Christine Faltermayr, Rainer Götze, Heike Keis, Jörg Mair, Karin Mall, Tom Menzel; newVISION! GmbH, Bernhard A. Peter; Matthias Pflügner, Walther-Maria Scheid, Detlef Seidensticker, Esther Welzel

Designberatung: Ellen Meister

Typografisches Konzept und Layout: Farnschläder & Mahlstedt, Hamburg

Technische Umsetzung: Reemers Publishing Services

Technische Umsetzung Gefahren- und Gebotszeichen: Atelier G

Umschlaggestaltung: Zweimanns Grafik; Corngreen GmbH, Leipzig

Begleitmaterial zum Lehrwerk

Schülerbuch als E-Book	ISBN 978-3-06-015912-3
Handreichungen inklusive Lösungen zum Schülerbuch	ISBN 978-3-06-015913-0
Unterrichtsmanager Plus online inkl. E-Book als Zugabe und Begleitmaterialien auf cornelsen.de	ISBN 978-3-06-014426-6

www.cornelsen.de

Dieses Werk enthält Vorschläge und Anleitungen für Untersuchungen und Experimente. Vor jedem Experiment sind mögliche Gefahrenquellen zu besprechen. Beim Experimentieren sind die Richtlinien zur Sicherheit im Unterricht einzuhalten.

Die Webseiten Dritter, deren Internetadressen in diesem Lehrwerk angegeben sind, wurden vor Drucklegung sorgfältig geprüft. Der Verlag übernimmt keine Gewähr für die Aktualität und den Inhalt dieser Seiten oder solcher, die mit ihnen verlinkt sind.

1. Auflage, 1. Druck 2023

Alle Drucke dieser Auflage sind inhaltlich unverändert und können im Unterricht nebeneinander verwendet werden.

Druck: Mohn Media Mohndruck, Gütersloh

ISBN 978-3-06-015910-9

PEFC zertifiziert
Dieses Produkt stammt aus nachhaltig bewirtschafteten Wäldern und kontrollierten Quellen.
www.pefc.de

PEFC
PEFC/04-31-1033

Inhalt

Grundlagen der Evolution   40

Biologische Probleme der Globalisierung 94

Anhang

Auf den mit ⌨ gekennzeichneten Methodenseiten befinden sich Angebote zum Erwerb von Kompetenzen im Umgang mit digitalen Medien.

Grundlagen der Genetik

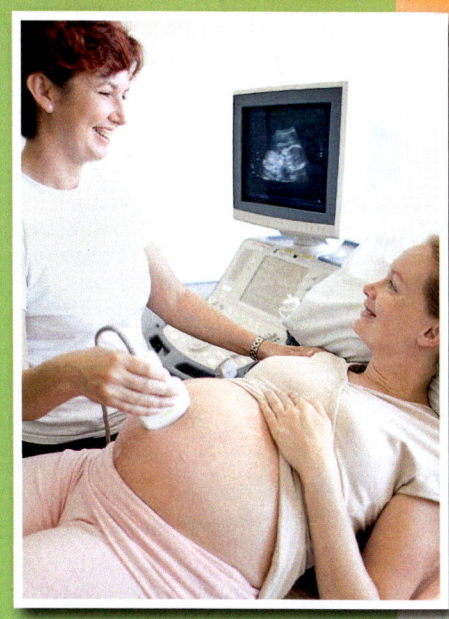

Mendels Kreuzungsversuche

Johann Gregor Mendel gilt als Begründer der Genetik. Zu seinen Lebzeiten waren Begriffe wie Gene, Chromosomen oder gar Genetik unbekannt. Dennoch entdeckte er die Grundlagen der Vererbung, die noch heute die Basis der Genetik bilden. Zu seiner Zeit als »Erbsenzähler« belächelt, fand das Wort »mendeln« inzwischen sogar Eingang in den Duden.

Leben und Werk

Mendel wurde am 20. Juli 1822 in Heinzendorf in der Nähe der heute tschechischen Stadt Brünn geboren. Seine Eltern bewirtschafteten einen kleinen Bauernhof. Hier wuchs er in großer Armut auf. Schon früh half er dem Vater bei der Veredlung von Obstbäumen.

1843 trat Mendel ins Kloster St. Thomas in Brünn ein. Als Augustinermönch erhielt er den Namen Gregorius. Sein Abt erkannte schon sehr früh Mendels naturwissenschaftliche Begabung und schickte ihn an die Universität nach Wien, wo er Naturgeschichte, besonders Botanik, und Physik studierte. Die Abschlussprüfung schaffte er trotz mehrmaliger Versuche nicht. 1854 kehrte Mendel nach Brünn zurück und unterrichtete als Hilfslehrer an der klösterlichen Oberrealschule.

Mendel als »Erbsenzähler«

1856 begann Mendel im Garten des Klosters mit Kreuzungsversuchen an der Gartenerbse. Während seines Physikstudiums in Wien hatte er gelernt, wie man Experimente organisiert und deren Ergebnisse statistisch auswertet. Er wandte diese Methoden auf die Botanik an. Damit veränderte er die Vorgehensweise in der Botanik grundlegend.

1 Johann Gregor Mendel (1822–1884)

Im Gegensatz zur damals üblichen Vorgehensweise, an einer Pflanze möglichst viele Merkmale zu untersuchen, ging Mendel genau umgekehrt vor: Er experimentierte mit möglichst vielen Pflanzen, beobachtete an ihnen aber nur ein Merkmal, zum Beispiel die Blütenfarbe. Innerhalb von acht Jahren experimentierte er mit etwa 30 000 Pflanzen. Aufgrund der Ergebnisse, die er alle selbst auszählte und protokollierte, formulierte er die Regeln der Vererbung. Ohne etwas von Genen oder Chromosomen zu wissen, ging Mendel davon aus, dass nicht Merkmale, sondern die Anlagen zu deren Ausbildung vererbt werden. Diese vermutete er in den Geschlechtszellen. Er glaubte, dass es Elemente geben musste, die die Träger der Vererbung waren. Diese Anlagen nennt man heute Gene.

Wie Mendel experimentierte: Auswahl

Mendel wählte für seine Kreuzungsversuche die Gartenerbse, da diese in kurzer Zeit viele Nachkommen liefert. Die ausgewählten Erbsensorten unterschieden sich in jeweils nur einem Merkmal, zum Beispiel in der Blütenfarbe. Bevor er mit den Kreuzungsexperimenten begann, baute er die Erbsenpflanzen über zwei Jahre lang regelmäßig an. Dabei stellte er fest, dass sich ein bestimmtes Merkmal bei Selbstbestäubung über Generationen hinweg nicht veränderte. Mendel ging davon aus, dass die Pflanzen bezüglich dieses Merkmals reinerbig waren.

2 Erbsensamen in aufbrechender Hülsenfrucht

Mendels Kreuzungstechnik

Mendel führte gezielte Kreuzungen zwischen zwei verschiedenen Erbsensorten durch. Um eine Selbstbestäubung zu verhindern, entfernte er bei der einen Sorte die Staubblätter. Die Bestäubung führte er mit Hilfe eines feinen Pinsels durch. So bestäubte er die Narbe mit dem Pollen der anderen Erbsensorte. Die bestäubte Blüte umhüllte er mit einem dünnen Tuch, um dadurch eine Fremdbestäubung zu verhindern. Mit diesem aufwendigen Verfahren führte Mendel über 10 000 Kreuzungsversuche durch. Mit Hilfe seiner äußerst sorgfältig geplanten und durchgeführten Versuche erhielt er aussagekräftige Ergebnisse. Die Auswertung seiner jahrelang durchgeführten Kreuzungsversuche führte zur Formulierung seiner Vererbungsregeln.

Mendel war seiner Zeit weit voraus

1865 stellte Mendel die Ergebnisse seiner Kreuzungsversuche in Brünn vor. Sowohl bei den Zuhörern als auch bei den Naturforschern seiner Zeit stießen seine Ergebnisse auf Unverständnis. Enttäuscht stellte er daraufhin seine Kreuzungsexperimente ein. Dennoch war er von der Richtigkeit seiner Ergebnisse überzeugt. Kurz vor seinem Tod sagte er, dass seine Zeit noch kommen werde. Mendel starb am 6. Januar 1884. 16 Jahre später wurde die Richtigkeit seiner Ergebnisse bestätigt. Drei Wissenschaftler kamen unabhängig voneinander auf die gleichen Ergebnisse wie er. Ihm zu Ehren nannte man diese grundlegenden Regeln der Vererbung »Mendel'sche Regeln«.

In Kürze

Gregor Mendel ist der Begründer der Genetik. Er experimentierte mit sehr vielen Pflanzen, beobachtete dabei aber nur ein Merkmal. Er führte statistische Auswertungsmethoden in die wissenschaftliche Forschung ein. Für seine Kreuzungsversuche wählte er die Gartenerbse.

Aufgaben

1 ☐ Informiere dich über die Bedeutung des Verbs »mendeln«.
2 ☑ Vergleiche Mendels Versuchsmethode mit der von früheren Wissenschaftlern.
3 ☐ Beschreibe Mendels Vorgehensweise bei seinen Kreuzungsversuchen

3 Bestäubung der Erbsenpflanzen: A Entfernung der Staubblätter; B Bestäubung mit Pinsel; C Verhinderung der Fremdbestäubung

1. und 2. Mendel'sche Regel

Im Klostergarten von St. Thomas in Brünn experimentierte Mendel vornehmlich mit Erbsen. Diese unterschieden sich in verschiedenen Merkmalen wie in der Blütenfarbe oder in der Samenform. Mit seinen Experimenten untersuchte er, wie bestimmte Merkmale an die Nachkommen weitergegeben werden.

1. Regel: Alle Nachkommen sind gleich

Mendel kreuzte reinerbige Erbsenpflanzen mit gelber Samenfarbe mit einer Sorte, die grüne Samen hatte. Die Ausgangspflanzen bezeichnete er als *P-Generation*. Das P steht für das lateinische Wort »parentes«, das bedeutet Eltern. Die Nachkommen einer Kreuzung zweier Arten nannte er Hybride. Alle zusammen bilden die *F1-Generation*. Das F steht für das lateinische Wort »filia«, das heißt Tochter. Mendel stellte fest, dass in der F1-Generation nur gelbe Erbsensamen vorkamen.

Vergleichbare Ergebnisse erhielt er auch bei Kreuzungen anderer reinerbiger Elternpflanzen, die sich in einem Merkmal unterschieden. Mendel formulierte daraufhin die *Uniformitätsregel*: Kreuzt man Individuen, die sich in einem Merkmal reinerbig unterscheiden, dann sind ihre Nachkommen in Bezug auf dieses Merkmal untereinander gleich oder *uniform*.

1 Blühende Erbsenpflanzen

2. Regel: Ein festes Zahlenverhältnis

Mendel fragte sich, warum keine grünen Samen entstanden waren. In neuen Versuchen kreuzte er die Samen der F1-Generation untereinander. In der F2-Generation traten nun wieder beide Samenfarben auf. Es entstanden jedoch deutlich mehr gelbe als grüne Samen. Nach Mendels Versuchsaufzeichnungen waren es um die 6000 gelbe und etwa 2000 grüne Erbsensamen. Das entspricht einem Zahlenverhältnis von ungefähr 3 zu 1. Dieses Verhältnis in der F2-Generation bestätigte sich auch bei der Untersuchung anderer Merkmale und anderer Erbsensorten. Mendel formulierte daraus die *Spaltungsregel*: Kreuzt man Individuen der F1-Generation untereinander, dann spalten sich in der F2-Generation die Merkmale in einem festen Zahlenverhältnis auf.

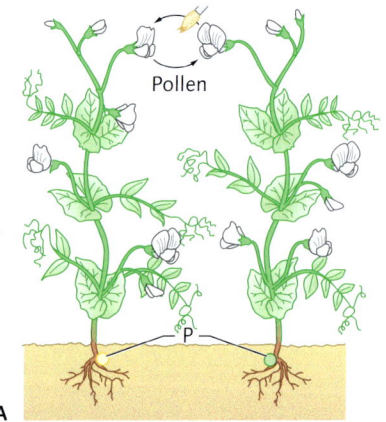

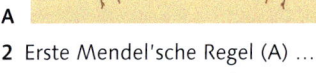

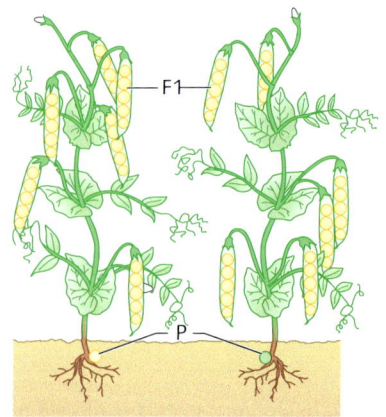

2 Erste Mendel'sche Regel (A) …

Chromosomentheorie der Vererbung

Erst nach Mendels Tod wurden die Chromosomen als Träger der Erbinformationen entdeckt. Alle in den Genen festgelegten Erbinformationen bilden den *Genotyp*. Als *Phänotyp* bezeichnet man das äußere Erscheinungsbild eines Lebewesens. Diploide Körperzellen besitzen einen doppelten Chromosomensatz und daher für jedes Merkmal zwei Erbanlagen. Haploide Keimzellen haben dagegen nur eine Erbanlage für jedes Merkmal.

Heutige Erklärung der Ergebnisse

Im diploiden Chromosomensatz der Erbsenpflanzen sind für jedes Merkmal wie beispielsweise die Farbe der Erbsensamen zwei gleiche oder unterschiedliche Erbanlagen vorhanden. Diese Erbanlagenpaare nennt man *Allele*. Ein Allel stammt vom Vater, das andere von der Mutter. Sind die beiden Allele gleich, ist das Lebewesen *reinerbig* oder *homozygot*, sind sie verschieden ist es *mischerbig* oder *heterozygot*. In den hier beschriebenen Kreuzungsversuchen von Mendel bildete sich in der F1-Generation nur ein Merkmal im Phänotyp aus. Dieses überdeckende Allel wird als *dominant* bezeichnet und mit einem Großbuchstaben gekennzeichnet. Das unterdrückte Allel, das sich als Merkmal in der F1-Generation nicht ausprägt, ist *rezessiv* und wird mit einem Kleinbuchstaben gekennzeichnet. In diesem Fall handelt es sich um einen *dominant-rezessiven* Erbgang.

In Kürze

Mendel formulierte aufgrund von zahlreichen Kreuzungsexperimenten die Uniformitäts- und die Spaltungsregel.

Aufgaben

1 ☐ Beschreibe den Unterschied zwischen diploiden und haploiden Zellen. Nenne ein Beispiel.

2 ◪ Erläutere mit Hilfe von Bild 3 die ersten beiden Vererbungsregeln Mendels.

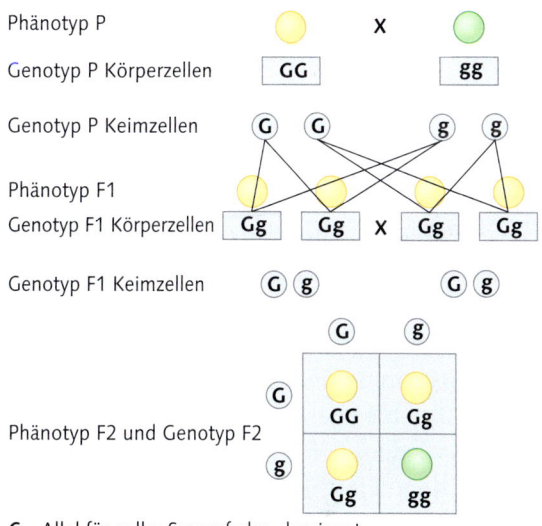

G = Allel für gelbe Samenfarbe, dominant
g = Allel für grüne Samenfarbe, rezessiv

3 Erbschema zu Mendels Kreuzungsversuchen

3 ■ Angenommen, Mendel hätte bei einer Kreuzung in der F2-Generation 9303 gelbe Erbsensamen erhalten. Erkläre, wie viele grüne Samen er vermutlich gezählt hätte.

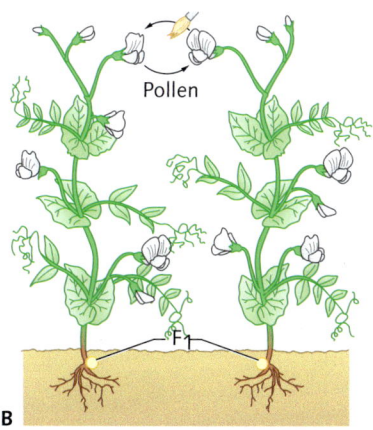

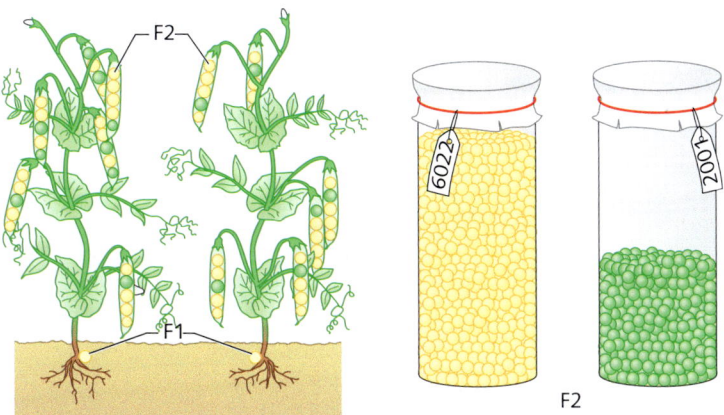

... und zweite Mendel'sche Regel (B)

3. Mendel'sche Regel

Mendel legte mit seinen Vererbungsregeln den Grundstock für gezielte Züchtungen. 1973 gelang durch Kreuzungen der Apfelsorten Golden Delicious und Lady Williams die Zucht der neuen Sorte Cripps Pink, benannt nach seinem Züchter Cripps. Bekannt ist der Apfel unter dem Namen »Pink Lady«.

Neue Kombinationen entstehen
Mendel kreuzte auch reinerbige Erbsenpflanzen, die sich in zwei Merkmalen unterschieden, zum Beispiel gelbe, runde Samen mit grünen, runzligen. In der F1-Generation kamen nur gelbe, runde Samen in den Hülsenfrüchten vor. Nun kreuzte er diese Geschwisterpflanzen untereinander. In der F2-Generation entstanden jetzt auch Erbsen mit neuen Merkmalskombinationen, die weder in der P- noch in der F1-Generation vorhanden waren. Durch weitere Versuche stellte Mendel ein sich wiederholendes Zahlenverhältnis von etwa 9 : 3 : 3 : 1 fest. Daraus leitete er die *Unabhängigkeitsregel* ab: Kreuzt man Individuen, die sich in mehreren Merkmalen reinerbig unterscheiden, treten in der F2-Generation sämtliche Kombinationen von Merkmalen der Elterngeneration auf. Das bedeutet, dass die Merkmale unabhängig voneinander vererbt werden.

Golden Delicious X Lady Williams

Pink Lady

1 Durch Kreuzungen entsteht eine neue Apfelsorte.

Bedeutung für die Züchtung
Heute weiß man, dass die Unabhängigkeitsregel gilt, wenn die Erbinformationen für die verschiedenen Merkmale auf unterschiedlichen Chromosomen liegen. Dadurch können Lebewesen mit neu kombinierten Erbanlagen entstehen. Das nutzt man in der landwirtschaftlichen Produktion aus, um durch Züchtung geeigneter Sorten und Rassen die Qualität zu steigern und die Produktionskosten zu senken. Ein Beispiel ist die Kreuzung von Winterweizen mit Sommerweizen. Die vorteilhaften Eigenschaften von Winterweizen wie bessere Frostverträglichkeit und hoher Ertrag werden mit der hohen Kornqualität und

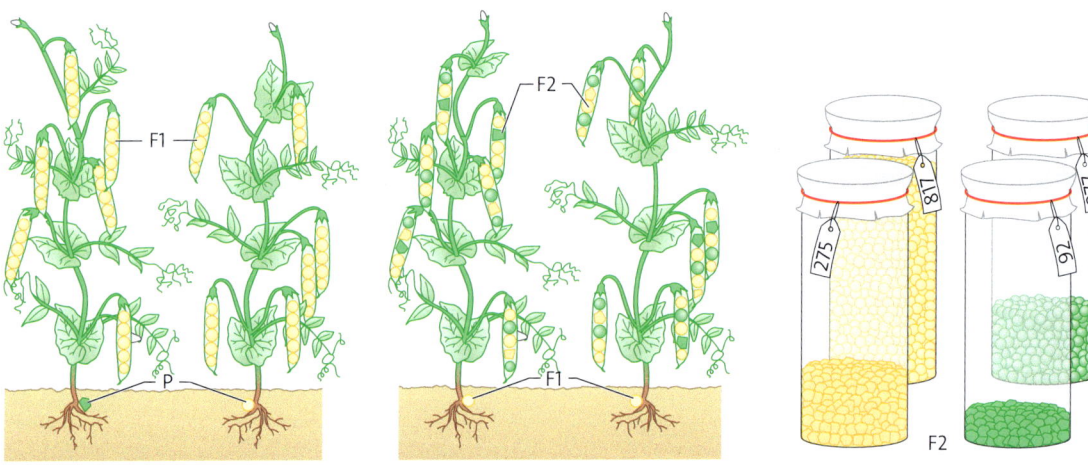

2 Dritte Mendel'sche Regel

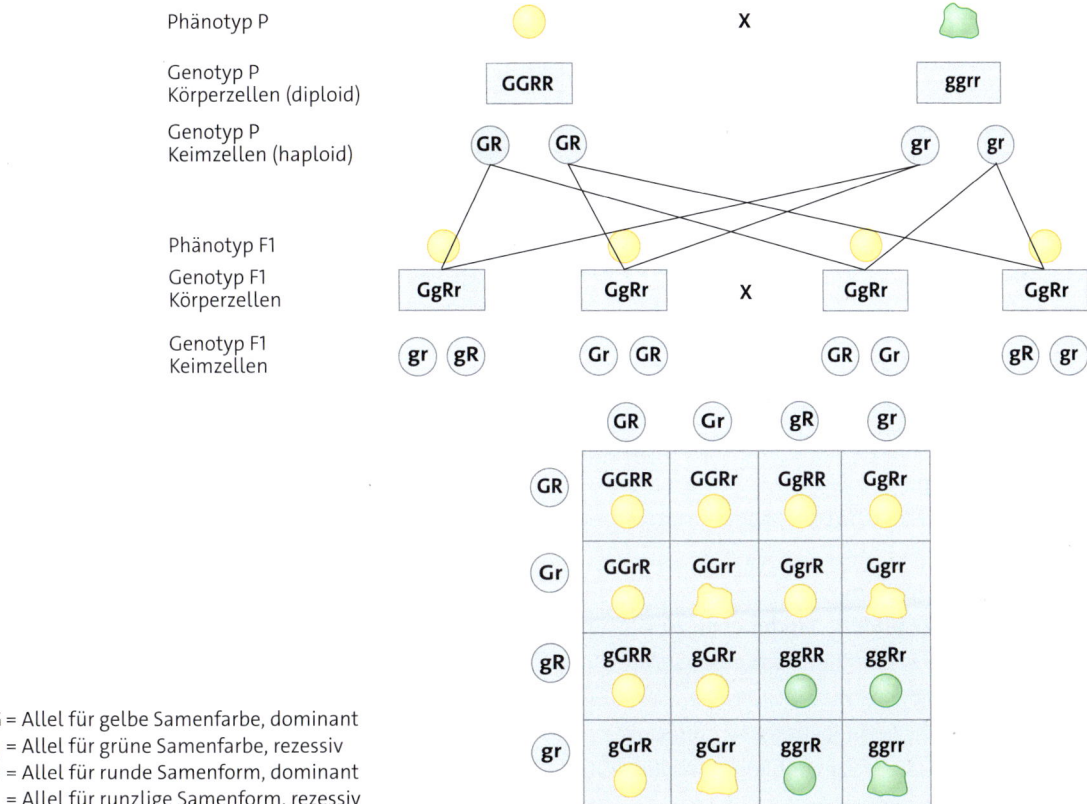

Phänotyp P

Genotyp P
Körperzellen (diploid)

$GGRR$ X $ggrr$

Genotyp P
Keimzellen (haploid)

GR GR gr gr

Phänotyp F1

Genotyp F1
Körperzellen

$GgRr$ $GgRr$ X $GgRr$ $GgRr$

Genotyp F1
Keimzellen

gr gR Gr GR GR Gr gR gr

	GR	Gr	gR	gr
GR	$GGRR$	$GGRr$	$GgRR$	$GgRr$
Gr	$GGrR$	$GGrr$	$GgrR$	$Ggrr$
gR	$gGRR$	$gGRr$	$ggRR$	$ggRr$
gr	$gGrR$	$gGrr$	$ggrR$	$ggrr$

G = Allel für gelbe Samenfarbe, dominant
g = Allel für grüne Samenfarbe, rezessiv
R = Allel für runde Samenform, dominant
r = Allel für runzlige Samenform, rezessiv

3 Dominant-rezessives Erbschema nach der 3. Mendel'schen Regel

Wuchsfreudigkeit des Sommerweizens in einer neuen Sorte vereint. Ein anderes Beispiel ist die gezüchtete Apfelsorte Pink Lady. Sie kombiniert die gute Lagerfähigkeit von Lady Williams mit dem süßen Geschmack von Golden Delicious.

In Kürze

Bei der Kreuzung zweier Individuen, die sich in mehreren Merkmalen reinerbig unterscheiden, treten in der F2-Generation neue Merkmalskombinationen auf. Das gilt, wenn die Gene für diese Merkmale auf unterschiedlichen Chromosomen lokalisiert sind.

Aufgaben

1 ◪ Erläutere, weshalb die 3. Mendel'sche Regel für die Züchtung von Bedeutung ist.
2 ◪ Reinerbige Erbsen mit roten Blüten (R) und kurzem Stängel (k) werden mit weiß blühenden Erbsen (w) und langem Stängel (L) gekreuzt. Erstelle ein Kreuzungsschema. Werte es aus.

Erschließungsfelder
Fortpflanzung und Vielfalt

Lebewesen können geschlechtlich oder ungeschlechtlich Nachkommen erzeugen. Bei der geschlechtlichen Fortpflanzung werden durch Meiose haploide Geschlechtszellen gebildet. Dabei werden die Chromosomen zufällig auf die neu entstehenden Geschlechtszellen verteilt. Bei der Befruchtung verschmelzen die beiden haploiden Chromosomensätze. Dabei entstehen neue genetische Kombinationen. Durch diese Neukombination wird jeder Chromosomensatz einer Zygote einzigartig. Er bildet die Grundlage für die Ausbildung von Merkmalen. Daher weist jedes Lebewesen, das aus einer befruchteten Eizelle entsteht, eine individuelle Merkmalskombination auf. Die Neukombination bildet eine wesentliche Grundlage für die auf der Erde existierende Vielfalt von Lebewesen.

Ein One-Shot-Video erstellen

Durch Züchtung sollen bestimmte Zuchtziele erreicht werden. Dazu werden geeignete Tiere gekreuzt, um die gewünschten Eigenschaften zu erhalten. In einem One-Shot-Video kann erklärt und veranschaulicht werden, wie es dabei zur Ausprägung neuer Merkmale kommen kann. One-Shot-Videos werden mit einer einzigen Kameraeinstellung produziert. Das heißt, man richtet die Kamera auf die Produktionsfläche aus und dreht den Film mit nur einer Aufnahme ab. Dafür kann man die Kamerafunktion eines Tablets oder Smartphones nutzen.

1 Ein Zwergkaninchen mit interessanter »Frisur«

1 Eine Filmcrew bilden Findet euch zu viert in einer Gruppe zusammen. Teilt eure Gruppe in zwei Produktionsteams auf:
- Regisseur/-in und Illustrator/-in: Produktionsablauf trainieren, Szenenbilder erstellen, One-Shot-Video aufnehmen
- Texter/-in und Sprecher/-in: Texte erstellen und anpassen, Sprechtext einsprechen

2 Inhalte erarbeiten Informiert euch über die dritte Mendel'sche Regel und haltet euer Wissen stichpunktartig fest.
- *Wie könnte ein dominant-rezessiver Erbgang nach der dritten Mendel'schen Regel für die Kreuzung von reinerbigen Kaninchen aussehen?*
- *Welche Genotypen und welche Phänotypen würden sich in der F1- und in der F2-Generation ergeben?*

3 Ein Storyboard erstellen Überlegt, wie ihr den Zusammenhang zwischen Allelen, die bei einer Kreuzung eine Rolle spielen, sowie dem Auftreten einer phänotypisch neuen Merkmalskombination in einem Film darstellen und erklären könnt. Entscheidet euch zunächst für einen Filmstil. Ihr könnt die biologischen Inhalte zum Beispiel wie in einem Spielfilm anhand einer erdachten Geschichte erklären, ein Video im Blogging-Stil oder einen Dokumentarfilm produzieren. Dann erstellt ihr ein Storyboard, in dem ihr Szene für Szene festlegt, was jeweils zu sehen und zu hören ist.

4 Gestaltungsmittel und Material auswählen Legt genau fest, welche Gestaltungsmittel und Materialien ihr für die Umsetzung eurer Ideen verwenden wollt.

Filmstil: *Blogging-Stil*   **Filmtitel:** *Auch Gene können unabhängig sein*

Szene	Titel	Inhalt (ganze Filmcrew)	Gestaltungsmittel und Material (Regisseur/in und Illustrator/in)	Sprechtext (Texter/in und Sprecher/in)
Einführung	...	...	...	...
...	...	...	...	...

2 Vorlage für das Storyboard

3 Gestaltungsmöglichkeiten

Ihr könnt Gestaltungsmittel kombinieren, wie:
- Legetrick / Cut out: Verwendet Bild- und Textkarten, die ihr während der Produktion mit euren Händen in das Bild einfliegen lasst.
- Whiteboard / Skitch: Erstellt während der Produktion Zeichnungen auf einem Papier. Ihr könnt auch einige Zeichnungen vorfertigen und während der Produktion ergänzen.
- Claymations / Brickfilm: Verwendet Knete oder Legosteine für die Filmproduktion.
- Realaufnahmen: Ihr selbst seid im Film zu sehen und erklärt den Prozess oder leitet zu verschiedenen Szenen über.

5 Arbeitsteilige Produktion   Erstellt den Film in euren Produktionsteams:
- **Regisseur/-in und Illustrator/-in:** Erstellt die Materialien oder übt die Zeichnungen, die ihr während der Aufnahme erstellen wollt. Sucht einen Produktionsort und richtet ihn ein. Baut eine stabile Halterung für das Aufnahmegerät auf und bereitet die Produktionsfläche vor. Achtet auf die Lichtverhältnisse und den Aufnahmewinkel. Nehmt dann das Video auf: Die Regisseurin/der Regisseur gibt Anweisungen gemäß des Storyboards und die Illustratorin/der Illustrator legt, malt oder bewegt die Materialien unter oder vor der Kamera.
- **Texter/-in und Sprecher/-in:** Bereitet einen Sprechtext vor. Dieser kann ein Monolog, ein

Dialog oder eine Diskussion sein. Der Text muss zum Filmstil und zu den Bildern passen. Nutzt kurze Hauptsätze ohne viele Nebensätze und vermeidet Floskeln und Füllwörter. Übt euren Sprechtext ein und nehmt ihn dann getrennt von der Videoaufnahme auf. Sprecht dabei klar und deutlich.

6 Postproduktion: Fügt mit einem Filmbearbeitungsprogramm das Video und den Sprechtext zusammen. Außerdem könnt ihr das Video noch mit Musik vertonen, einen Titel und einen Abspann einfügen.

Aufgaben

1 ■ Bildet Filmcrews und erstellt One-Shot-Videos für einen dominant-rezessiven Erbgang nach der dritten Mendel'schen Regel. Veranschaulicht die einzelnen Schritte im Kreuzungsschema. Deutet die jeweiligen Ergebnisse.

2 ■ Präsentiert eure Videos und bewertet sie hinsichtlich der fachlichen Richtigkeit, der Kreativität, der visuellen Darstellung und der Passung des Sprechtextes.

3 ◪ Erarbeitet unter Nutzung der Erkenntnisse aus den Videos ein Handout als Zusammenfassung für den Biologiehefter. Beachtet dabei folgende Punkte: Inhalt und Geltungsbereich der dritten Mendel'schen Regel, Beispiel, Bedeutung der Mendel'schen Regel.

Besondere Erbgänge

Der Leopardgecko stammt ursprünglich aus Asien. Er ist das häufigste in Terrarien gehaltene und gezüchtete Reptil. Bei der Variante »White & Yellow« bilden sich zwei Merkmale gleichzeitig aus: der gelbbraun gepunktete Rumpf der Wildform und der weißgrau gebänderte Schwanz einer Zuchtform. Offensichtlich gelten hier die Mendelschen Regeln nicht.

1 Leopardgecko »White & Yellow«

Beide Merkmale setzen sich durch

Beim Leopardgecko »White & Yellow« kann keines der beiden Hautfarbenmerkmale das andere vollständig unterdrücken, beide Merkmale werden nebeneinander ausgebildet. Ein solcher Erbgang wird *kodominant* genannt.

Kein Merkmal setzt sich durch

Carl Correns, ein Botaniker und Wiederentdecker der Mendelschen Regeln, führte um 1900 Kreuzungsversuche mit der Wunderblume durch. Dabei stieß er auf einen vermeintlichen Widerspruch: Kreuzte er reinerbige weiß und dunkelrosa blühende Pflanzen miteinander, besaßen alle Pflanzen in der F_1-Generation hellrosafarbene Blüten. Kein Merkmal der Eltern konnte sich vollständig durchsetzen, es entstand eine Zwischenform mit einer gemischten Merkmalsausprägung. Correns bezeichnete diesen Erbgang als *intermediär*.

Diese Kreuzung bringt Gewissheit

Bei einem dominant-rezessiven Erbgang lässt sich nicht sofort erkennen, welche Allele ein Merkmal verschlüsseln. Es ist nicht auf den ersten Blick erkennbar, ob die Pflanze oder das Tier reinerbig ist. Um diese Information zu erhalten, nutzt man gezielte Kreuzungen. Aus dem Ergebnis in der nächsten Generation können Rückschlüsse auf die Elterngeneration abgeleitet werden. Dieses Verfahren wird *Rück-* oder *Testkreuzung* genannt. Eine entsprechende Testkreuzung spielt heute besonders in der Züchtung eine Rolle. Dazu wird eine Pflanze oder ein Tier der Nachkommengeneration mit der entsprechenden Vertreterin oder dem entsprechenden Vertreter der Elterngeneration gekreuzt. Diese Art der Kreuzung wird genutzt, wenn man als Ausgangspunkt für neue Zuchtlinien reinerbige Individuen benötigt. Das ist beispielsweise bei der Hybridzüchtung der Fall.

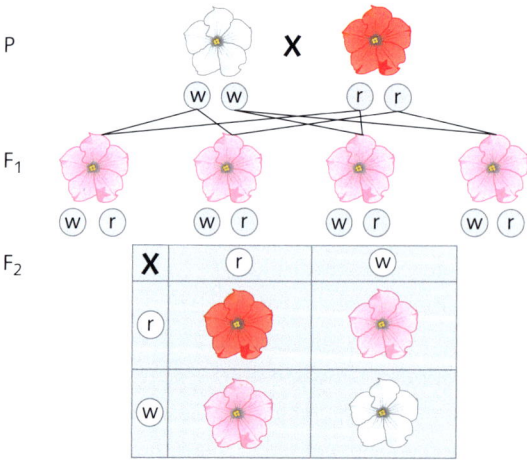

2 Erbschema bei der Wunderblume

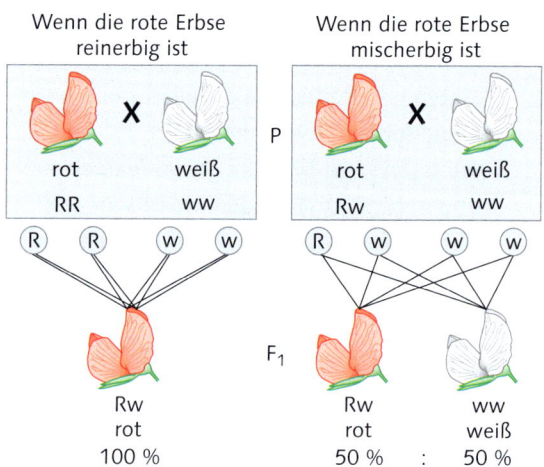

3 Erbschema einer Testkreuzung

Durch Züchtung zurück zur Wildform?

Die ursprüngliche Wildform unseres Hausrindes mit einer Risthöhe bis zu zwei Metern ist im 17. Jahrhundert ausgestorben. Die Brüder und Zoodirektoren Heinz und Lutz Heck versuchten 1920 als Erste, den ausgestorbenen Ur für ihre Zoos nachzuzüchten. Dazu kreuzten sie die unterschiedlichsten Rinderrassen miteinander und verglichen sie mit den Abbildungen des Urs. Die Nachkommen, die ihnen passend erschienen, wurden dann mit anderen Rassen gekreuzt, um weitere gewünschte Merkmalsausprägungen zu erhalten. Den Brüdern kam es dabei hauptsächlich auf die Fellfarbe sowie die Form und Größe der Hörner an. Den Körperbau und den deutlichen Größenunterschied zwischen männlichem und weiblichem Ur ließen sie weitgehend außer Acht. Aus diesen Kreuzungen ist das heutige Heckrind hervorgegangen.

Ur

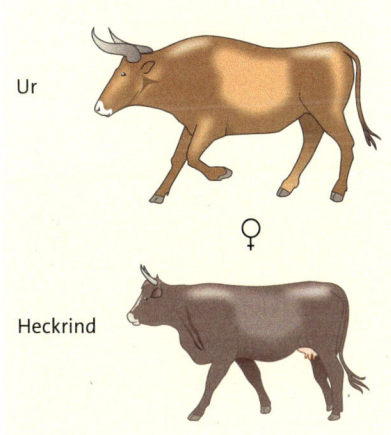

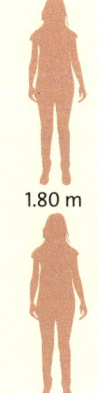

♀

1.80 m

♂

Heckrind

1 Größenvergleich Ur und Heckrind

Zuchtziele von ökologischer Bedeutung

Viele Tier- und Pflanzenarten sind im Verlauf der letzten Jahrhunderte durch Eingriffe des Menschen in ihre Lebensräume ausgestorben. Mit Hilfe der *Abbildzüchtung* versucht man, diese ausgestorbenen Wildformen wieder entstehen zu lassen. Heute geht es den Züchtern und Wissenschaftlern weniger um das Aussehen. Stattdessen stehen Eigenschaften wie Futterauswahl, Robustheit und Verhalten der Wildform im Mittelpunkt. Nach erfolgreicher Zucht werden die Tiere ausgewildert. Sie sollen den Platz der ausgestorbenen Wildform übernehmen. Damit gewinnen Abbildzüchtungen große Bedeutung für den Naturschutz und für Renaturierungsmaßnahmen. Abbildzüchtungen können jedoch ausgestorbene Tierarten nicht ersetzen oder wiederherstellen, sondern nur imitieren.

In Kürze

Bei kodominanten Erbgängen werden beide elterlichen Merkmale im Phänotyp nebeneinander ausgeprägt. Bei intermediären Erbgängen entsteht eine Zwischenform mit einer gemischten Merkmalsausprägung. Durch die Abbildzüchtung versucht man, Aussehen oder Eigenschaften ausgestorbener Wildformen zurückzuzüchten.

Aufgaben

1 ☐ Stelle die früheren und heutigen Ziele der Abbildzüchtung in einer Tabelle einander gegenüber.

2 ◪ Erläutere die Unterschiede zwischen einem intermediären, einem dominant-rezessiven und einem kodominanten Erbgang.

3 ◪ Erläutere den Vorgang und die Bedeutung der Rückkreuzung.

Ein Kreuzungsschema erstellen

Ein Kreuzungsschema verwendet man in der Genetik, um darzustellen, welche Phänotypen und welche Genotypen mögliche Nachkommen haben werden. Zudem zeigt es, wie häufig Merkmale entstehen und weitervererbt werden. Beim Erstellen eines Kreuzungsschemas solltest du wie folgt vorgehen:

1 Phänotyp darstellen

Zunächst werden die Phänotypen der P-Generation beschrieben. Dies kann mit Hilfe von Abbildungen oder kurzen Beschreibungen erfolgen, zum Beispiel ein Kaninchen mit braunem Fell wird mit einem Kaninchen gekreuzt, das ein weißes Fell hat.

2 Genotyp ermitteln

Jetzt wird festgehalten, ob die Körperzellen der P-Generation rein- oder mischerbig sind. Dominante Erbanlagen werden mit Großbuchstaben, rezessive mit Kleinbuchstaben bezeichnet. Die verwendeten Buchstaben sollen auf den Phänotyp hinweisen. So bedeutet B dominant Braun und w rezessiv weiß.

3 Keimzellen herleiten

Nun wird ermittelt, welche Allele die Keimzellen der P-Generation enthalten können. Da Keimzellen nur einen einfachen Chromosomensatz haben, können sie jeweils nur ein Allel enthalten. In unserem Beispiel haben die Keimzellen der braunen Tiere das Allel B oder w, die weißen Kaninchen nur das Allel w.

4 Kreuzungsquadrat erstellen

In einer Tabelle werden in der ersten waagrechten Zeile die Allele der weißen, in der ersten senkrechten Spalte die der braunen Kaninchen eingetragen.

Allele	w	w
B	Bw	Bw
w	ww	ww

Die möglichen Genotypen erhält man, indem die Allele der jeweils waagrechten Zeile mit denen der jeweils senkrechten Spalte miteinander kombiniert werden. Dadurch sind die möglichen Genotypen der Körperzellen der F₁-Generation festgelegt.

5 Phänotypen beschreiben

Durch die Genotypen wird jetzt der Phänotyp bestimmt. In unserem Beispiel ergeben sich:

Genotyp	Phänotyp
Bw	braun – heterozygot
Bw	braun – heterozygot
ww	weiß – homozygot
ww	weiß – homozygot

Zur besseren Veranschaulichung können Bilder der möglichen Phänotypen gezeichnet oder Fotos eingeklebt werden.

6 Kreuzung auswerten

In der letzten Zeile werden die Ergebnisse der Kreuzung ausgewertet und wenn möglich durch ein Zahlenverhältnis angegeben. In unserem Beispiel kann die Auswertung wie folgt aussehen:

Aus dieser Kreuzung können braune und/oder weiße Kaninchen hervorgehen. Alle braunen Tiere sind in Bezug auf die Fellfarbe heterozygot. Sie sind braun, weil das Allel für braune Fellfarbe dominant ist und das rezessive Allel zwar vorhanden ist, aber nicht zur Ausprägung kommt. Das dominante Allel B setzt sich gegenüber dem rezessiven Allel w durch.
Die weißen Kaninchen sind in Bezug auf die Fellfarbe homozygot.
Das Zahlenverhältnis bezüglich der Fellfarbe braun zu weiß beträgt 1:1. Das heißt, bei entsprechend vielen Nachkommen werden in etwa gleich viele braune und weiße Tiere geboren.

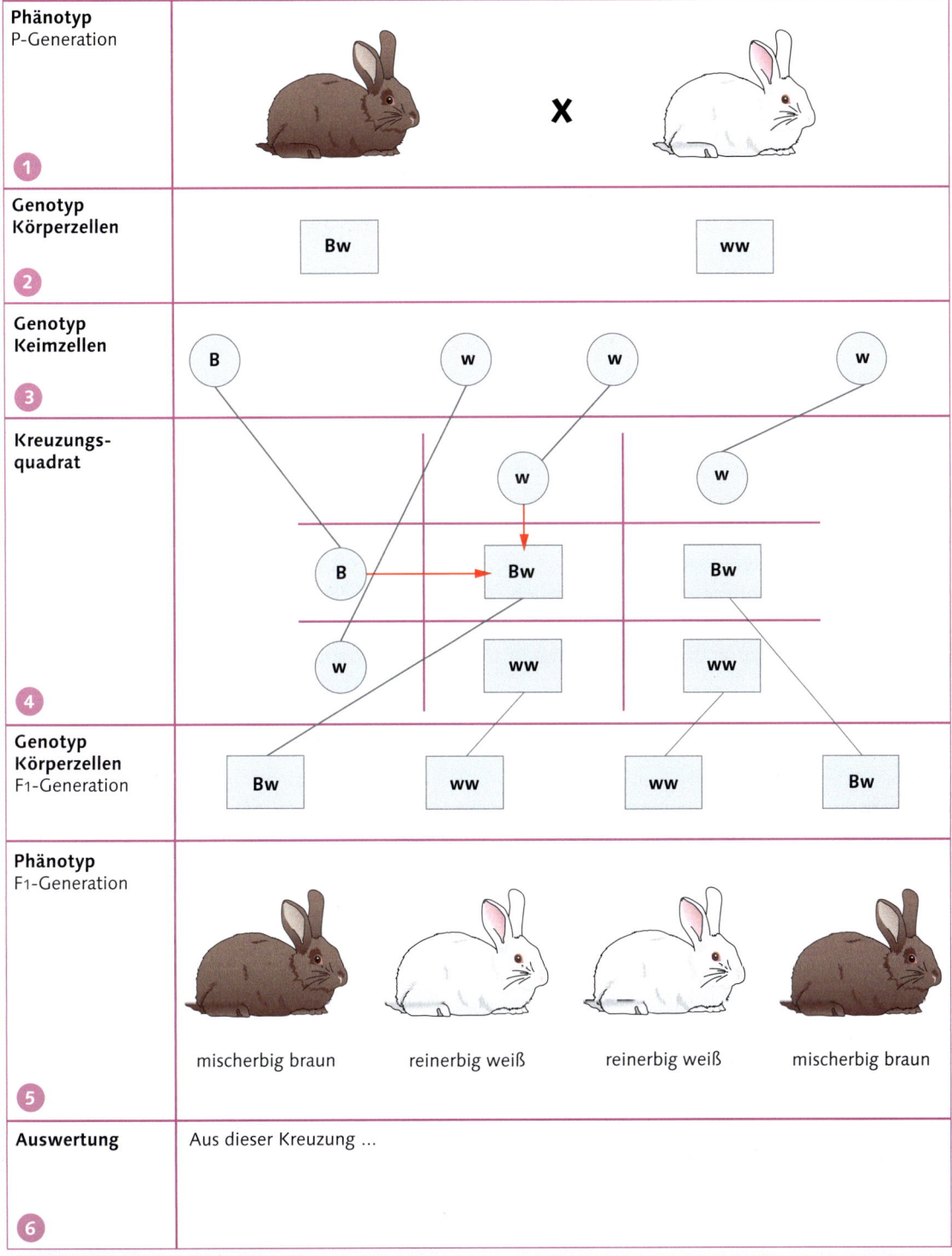

Kreuzungsschema

Phänotyp P-Generation ①	(braunes Kaninchen) X (weißes Kaninchen)
Genotyp Körperzellen ②	Bw ww
Genotyp Keimzellen ③	B w w w
Kreuzungs-quadrat ④	w w / B Bw Bw / B Bw / w ww ww
Genotyp Körperzellen F1-Generation	Bw ww ww Bw
Phänotyp F1-Generation ⑤	mischerbig braun · reinerbig weiß · reinerbig weiß · mischerbig braun
Auswertung ⑥	Aus dieser Kreuzung …

1 Kreuzungsschema mit Schrittfolge zur Erstellung

Aufgabe

1 ☑ Gäbe es für die Kreuzung brauner mit weißen Kaninchen noch eine andere Möglichkeit?
Wenn ja, dann erstelle dazu das passende Kreuzungsschema und erläutere es. Nenne dazu die
Mendel'sche Regel, die dieser Kreuzung zugrunde liegt.

Vererbung beim Menschen

Die meisten Menschen haben freie Ohrläppchen. Deutlich seltener ist die angewachsene Form – eigentlich ein unauffälliges und unwichtiges Körpermerkmal. Und doch brachte die neueste Forschung gerade an diesem Beispiel neue Einsichten in die Vererbung beim Menschen.

Forschungsobjekt Mensch

Auch beim Menschen gelten die Regeln der Vererbung. Allerdings ist es bei ihm schwieriger, dies nachzuweisen, als bei Pflanzen und Tieren. Kreuzungsexperimente mit Menschen schließen sich aus ethischen Gründen aus. Außer bei Krankheiten gibt es nur selten Aufzeichnungen über mehrere Generationen hinweg. Auch die Zahl der Nachkommen ist zu gering, um aussagekräftige Auswertungen machen zu können.

Form der Ohrläppchen

Bis vor Kurzem ging man von einem dominant-rezessiven Erbgang für die Ausprägung des Merkmals aus. Die Information für die Ausbildung freier Ohrläppchen würde dominant, die für angewachsene rezessiv vererbt. Angewachsene Ohrläppchen würden nur dann ausgebildet, wenn der Träger von beiden Eltern jeweils das rezessive Allel bekommt.

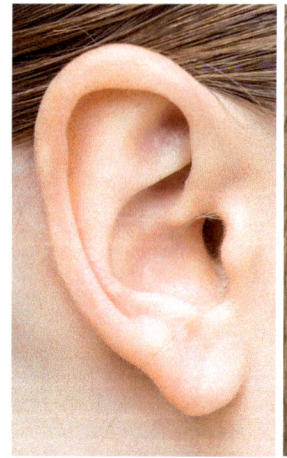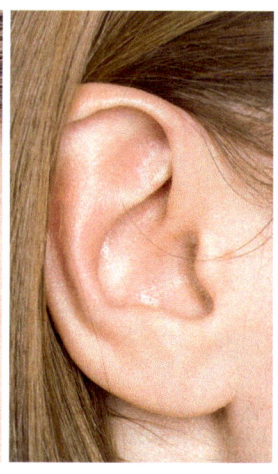

1 Vererbung – freie oder angewachsene Ohrläppchen

Neueste Erkenntnisse

Eine Schwierigkeit des Forschungsobjekts Mensch ist, dass die Ausprägung bestimmter Merkmale oft von mehreren Genen beeinflusst wird. So zeigen neueste Forschungsergebnisse, dass die Form der Ohrläppchen nicht durch ein Gen, sondern von insgesamt 49 Genen bestimmt wird. Allerdings weiß man noch nicht, wie diese Gene zusammenwirken, denn das Vererbungsmuster widerspricht dem dominant-rezessiven Erbgang nicht völlig. Es könnte also durchaus sein, dass die bestimmenden Gene dominant-rezessiv vererbt werden. Vielleicht werden die väterlichen oder mütterlichen Gene jeweils nur gemeinsam weitergegeben. An der Antwort zu dieser Frage wird noch geforscht.

Merkmale, die »mendeln«

Die Gültigkeit der Mendel'schen Regeln ist auch beim Menschen erwiesen. Heute sind über 2000 solcher Merkmale bekannt. Zu den auffälligsten gehören die Kurzsichtigkeit, die Taubstummheit, die Hautfarbe, die Haarform und die Haarfarbe, die Körperbehaarung, die Viel- und Kurzfingrigkeit sowie die Augenfarbe. Viele andere Merkmale sind nicht äußerlich erkennbar, sondern betreffen Stoffwechselvorgänge im Innern des Körpers.

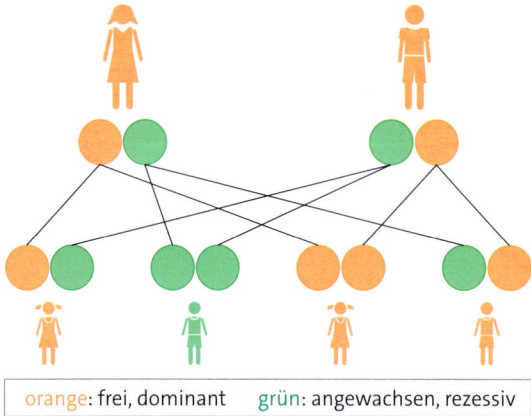

orange: frei, dominant   grün: angewachsen, rezessiv

2 Vereinfachtes Vererbungsschema: Ohrläppchenform

Modelle der Phänotypen der Erythrozyten			
A	B	AB	0
mögliche Genotypen			
AA A0	BB B0	AB	00
mögliche Keimzellen			
A A	B B	A	0
A 0	B 0	B	0

3 Das AB0-System der Blutgruppen

Vererbung der Blutgruppen

Die Blutgruppen A, B, AB und 0 (Null) unterscheiden sich durch Merkmale, die Antigene, auf den Erythrozyten. Für die Bildung der Blutgruppen sind drei Allele bestimmend: Allel A bewirkt die Bildung des Antigens A, Allel B die von Antigen B. Beim Allel 0 wird kein Antigen gebildet. Die Allele A und B sind kodominant, Allel 0 ist rezessiv. Menschen mit der Blutgruppe A haben entweder den Genotyp AA oder A0. Entsprechendes gilt für die Blutgruppe B. Verschmilzt eine Keimzelle mit der Erbinformation A mit einer anderen mit der Erbinformation B, so werden beide Merkmale als Blutgruppe AB ausgeprägt.

Vererbung des biologischen Geschlechts

Eizellen enthalten ein X-Chromosom, Spermien ein X- oder ein Y-Chromosom. Bei der Befruchtung kommen ein X- mit einem Y- oder einem X-Chromosom zusammen. XX bedeutet biologisch weiblich, XY männlich.

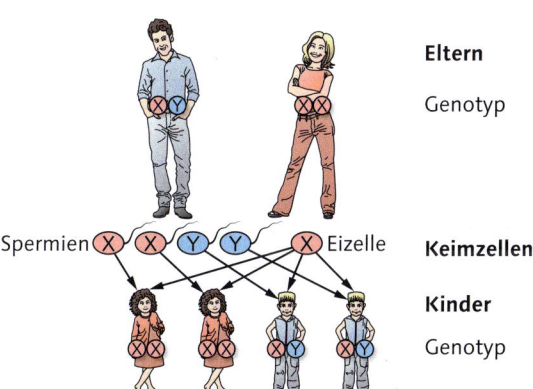

Eltern

Genotyp

Spermien X X Y Y   X Eizelle **Keimzellen**

Kinder

Genotyp

4 Vererbung des Geschlechts beim Menschen

Aufgaben

1 ☐ Nenne wenigstens zwei Gründe, weshalb genetische Forschungen beim Menschen schwieriger sind als bei Pflanzen und Tieren.

2 ◪ Erläutere, zu welchem Ergebnis man kommt, wenn man beim Menschen untersucht, welche Form der Ohrläppchen häufiger ist.

3 ◪ Erläutere, welche Geno- und Phänotypen die Personen in Bild 2 haben.

4 Die Vielfingrigkeit oder Polydaktylie ist eine angeborene Fehlentwicklung, bei der die Betroffenen mehr als fünf Finger und/oder Zehen haben. Sie wird autosomal-dominant vererbt. Das entsprechende Gen befindet sich also auf einem Körperchromosom. Gesunde Menschen tragen die Allele aa, sie sind rezessiv.

a ◪ Erläutere, welche Genotypen die Merkmalsträger haben können.

b ◪ Erstelle mögliche Kreuzungsschemata von Merkmalsträgern mit Gesunden über zwei Generationen.

c ◼ Polydaktylie kommt relativ häufig vor. Stelle Vermutungen an, weshalb man nur selten Menschen mit dieser angeborenen Fehlentwicklung sieht.

5 ◼ Früher hatte man Frauen dafür verantwortlich gemacht, wenn sie keinen männlichen Nachwuchs zur Welt gebracht hatten. Nimm dazu kritisch Stellung.

6 a ◪ Beschreibe mit Hilfe eines Kreuzungsschemas die Entstehung der Blutgruppen nach dem AB0-System. Erkläre dabei auch, wie die Blutgruppe AB entsteht.

b ◼ Ein Kind hat die Blutgruppe AB, der Vater die Blutgruppe A. Nenne den Phänotyp und die möglichen Genotypen der Blutgruppe der Mutter.

Erstellen und Interpretieren eines Stammbaums

Sind in einer Familie genetisch verursachte Merkmale oder Abweichungen gehäuft aufgetreten, können sich Paare mit Kinderwunsch an die genetische Familienberatung wenden. Hier wird eine Stammbaumanalyse der Familien erstellt. Um ähnlich wie ein Biologe einen Stammbaum zu erstellen und zu interpretieren, solltest du wie folgt vorgehen:

1 Informationen sammeln

Ziel einer Stammbaumanalyse ist es, mit Hilfe von äußerlichen Merkmalen auf den Genotyp und die Art der Vererbung zu schließen. Dabei stehen zwei Fragen im Mittelpunkt: Handelt es sich bei dem Erbgang des betreffenden Merkmals um einen dominanten oder einen rezessiven Erbgang? Erfolgt die Vererbung über die Autosomen oder über die Gonosomen? Zunächst sammelst du möglichst viele genaue Informationen aus der Familie. Damit kannst du einen Stammbaum erstellen.

2 Einheitliche Symbole verwenden

In dem Schema stellst du Männer mit Quadraten, Frauen mit Kreisen dar. Merkmalsträger kennzeichnest du farbig durch Ausmalen der Symbole. Überträger oder Konduktoren tragen zwar das betreffende Gen einmal in sich, aber das Merkmal prägt sich bei ihnen nicht aus. Konduktoren können aber die Information für die Ausprägung des Merkmals an die Folgegeneration übertragen. Überträger kannst du schraffieren oder durch einen Punkt in der Symbolfläche markieren.

1 Genetische Beratung mit Hilfe eines Stammbaums

3 Verwandtschaftliche Verhältnisse darstellen

Um einen Stammbaum zu erstellen, ordnest du alle Familienmitglieder nach Generationen. In einer Generation fasst du alle Verwandten zusammen, die in einem bestimmten, relativ engen Zeitraum geboren sind. Die Symbole von Personen einer Generation ordnest du in gleicher Höhe nebeneinander an. Beginne ganz oben mit der ältesten Generation, in unserem Fall das Elternpaar oder die Eltern-, auch Parentalgeneration genannt. Paare verbindest du durch waagrechte Linien miteinander. Die daraus folgenden Kinder bilden die 1. Filial- oder 1. Tochtergeneration, darunter stehen 2., 3. und gegebenenfalls weitere Filial- oder Tochtergenerationen. Die Geschwister in den Filialgenerationen sind nicht direkt durch waagrechte Striche verbunden. Sie zeigen ihre Verwandtschaftsbeziehung über kurze senkrechte Striche und einen langen waagrechten Strich. Ganz unten beendest du den Stammbaum mit der jüngsten Generation.

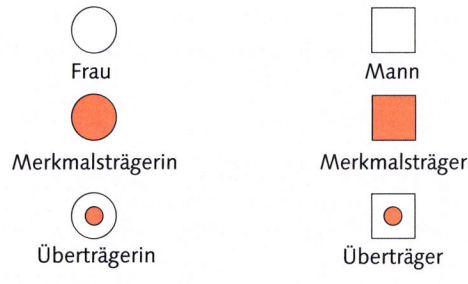

Frau · Mann

Merkmalsträgerin · Merkmalsträger

Überträgerin · Überträger

2 Einheitliche Symbole

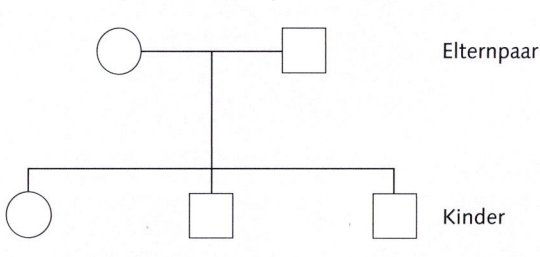

Elternpaar

Kinder

3 Verwandtschaftsbeziehungen

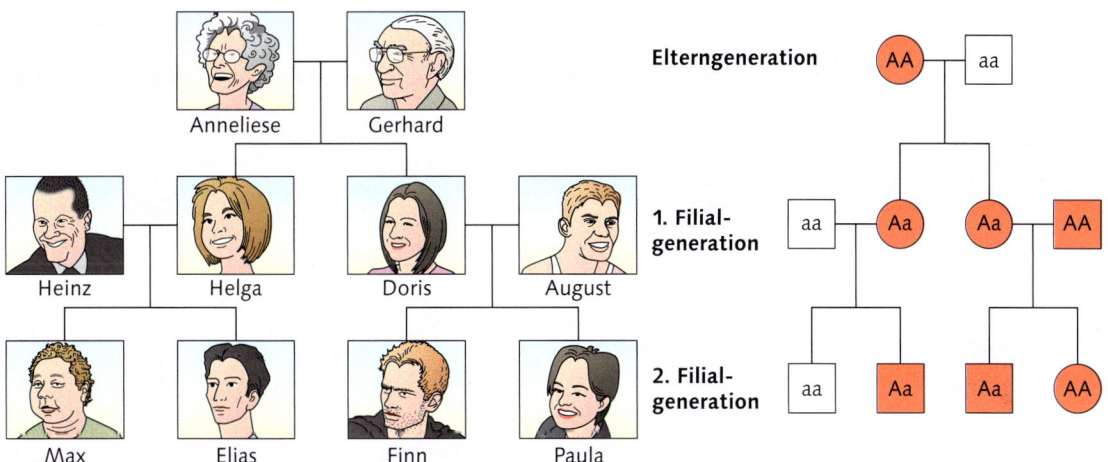

4 Stammbaum einer Familie mit spitzem beziehungsweise geradem Haaransatz

4 Genotyp analysieren und Erbgang bestimmen

Ausgangspunkt ist ein Familienmitglied mit einem bestimmten Merkmal. Hat diese Person wenigstens einen Elternteil mit dem gleichen Merkmal, dann wird dieses Merkmal vermutlich dominant vererbt. Im anderen Fall ist der Erbgang rezessiv. Um herauszufinden, ob das Merkmal gonosomal oder autosomal vererbt wird, untersuchst du durch einen Vergleich die Verteilung des Merkmals auf die Geschlechter. Wenn das untersuchte Merkmal auf Söhne und Töchter übertragen wird, weist das auf autosomale Vererbung hin. Nach der Analyse des Genotyps bestimmst du den Erbgang des ausgewählten Merkmals. Möglichkeiten:

- autosomal-dominant
- autosomal-rezessiv
- gonosomal (Y-Chromosom)
- gonosomal-dominant (X-Chromosom)
- gonosomal-rezessiv (X-Chromosom)

Grenzen von Stammbaumanalysen

Menschen haben in der Regel nur wenige Nachkommen. Zudem sind Merkmale nur selten reinerbig. In den wenigsten Fällen existieren Aufzeichnungen über bestimmte Merkmale. Dies sind in der Regel außergewöhnliche Merkmale oder Entwicklungsstörungen. Ausnahmen bilden Adelsfamilien, die ihre verwandtschaftlichen Beziehungen in Stammbäumen genau festgehalten haben.

Bericht eines Betroffenen:

»Etliche meiner Verwandten haben Probleme mit dem Farbensehen. Meine Mutter und meine ältere Schwester können alle Farben gut unterscheiden. Mein Vater, meine jüngere Schwester und ich haben damit aber Probleme. Auch der Bruder meiner Mutter, also mein Onkel, ist betroffen. Meine beiden Neffen, die Söhne meiner jüngeren Schwester, können ebenfalls die Farben nicht richtig unterscheiden. Ihre Schwester, also meine Nichte, erkennt die Farben einwandfrei. Auch meine eigene Frau, mein Sohn und meine Tochter können alle Farben gut unterscheiden.

Manchmal frage ich mich, wie die anderen die Welt sehen. Für mich sehen Veilchen in rosa oder blau gleich aus. Und ein rotes Haus auf einer grünen Wiese erscheint mir in gleichen Farben. Aber am blauen Himmel und der gelben Sonne kann ich mich erfreuen. Ein tiefes Blau und ein starkes Purpur dagegen kann ich kaum zuordnen. Im Alltag kann das manchmal ganz schön peinlich sein. Wir waren bei Freunden zu einem Spielenachmittag eingeladen. Ein Mitspieler bat mich, seinen roten Spielstein weiterzurücken, doch ich nahm stattdessen den grünen Spielstein seiner Frau.«

Aufgaben

1 ◪ Erstelle einen Stammbaum mit Genotypen der beschriebenen Familie.
2 ■ Bestimme den Erbgang dieser Krankheit.

Mendeln in der Praxis

1 Kreuzungen von Kaninchen

Das Züchten von Kaninchen ist in Deutschland weit verbreitet. Es gibt über 150 000 Züchter, die in Vereinen organisiert sind. Jedes Jahr werden etwa eine Million Kaninchen auf Veranstaltungen ausgestellt und von Preisrichtern bewertet. Neben der natürlichen braunen Fellfarbe sind bei Züchtern auch andere Fellfarben beliebt. Die Fellform kann ebenfalls stark variieren. Insgesamt werden etwa 88 Kaninchenrassen unterschieden. Für eine Kreuzung stehen folgende Informationen zur Verfügung:

Fellfarbe	Fellform
braun, weiß	glatt, kraus
braun dominant gegenüber weiß	glatt dominant gegenüber kraus
Symbole: BB, ww	Symbole: GG, kk

a ☐ Bestimme für die reinerbigen Tiere der P-Generation die Genotypen der Körperzellen und der Keimzellen.

b ◪ Die beiden Tiere in Bild 1 sind reinerbig. Erstelle ein Kreuzungsschema der P-, F1- und F2-Generation für diese beiden Phänotypen.

c ◪ Beschreibe das Aussehen der Nachkommen, wenn der braune Elternteil mischerbig wäre.

d ■ Beschreibe das Aussehen der Nachkommen der F1-Generation, wenn beide Erbgänge intermediär wären.

2 Ein besonderes Meerschweinchen

Selma züchtet Meerschweinchen. Sie hat nur schwarze, glattfellige und weiße, krausfellige Tiere. Sie weiß, dass die Fellfarbe intermediär, die Fellform aber dominant-rezessiv vererbt wird, wobei glattfellig gegenüber krausfellig dominant ist.

2 Die Meerschweinchen aus der Zucht von Selma.

a ■ Kann es Selma gelingen, ein graues, krausfelliges Meerschweinchen zu züchten? Gehe von der Annahme aus, dass das schwarze Meerschweinchen reinerbig ist. Begründe deine Antwort mit Hilfe eines Kreuzungsschemas.

b ■ Gib für die P-Generation und für die F1- und F2-Generation die Genotypen an.

Im Internet wird ein graues Meerschweinchen mit glattem Fell angeboten. Selma überlegt, ob sie es kaufen soll. Könnte sie ihr Ziel erreichen, wenn sie das graue und das weiße Tier kreuzen würde?

c ■ Erstelle auch hierzu ein Kreuzungsschema.

1 Diese Tiere stehen zur Verfügung.

3 Graues Meerschweinchen mit glattem Fell

3 Zucht von Hochleistungsmilchkühen

Für die Zucht der heutigen Hochleistungskühe kreuzte man eine schnell wachsende Rasse, die aber nur wenig Milch gab, mit einer Rasse, die nur langsam wuchs, aber eine hohe Milchleistung hatte. Das Zuchtziel war eine neue Rasse, welche die positiven Eigenschaften beider Rassen in sich vereint.

Es handelt sich hier um einen dominant-rezessiven Erbgang. Schnelles Wachstum und hohe Milchleistung werden rezessiv vererbt.

a ☐ Formuliere die Zuchtziele dieser Kreuzung.
b ☐ Nenne den Genotyp für das Zuchtziel.
c ◪ Diese Art der Züchtung nennt man Kombinationszüchtung. Erläutere.

Jahr	Milchleistung in kg pro Jahr
1950	2480
1990	4710
2000	6208
2010	7085
2018	8059

4 Entwicklung der Milchleistung

d ◪ Stelle die in Bild 4 enthaltenen Daten in einem Diagramm dar. Überlege, welcher Diagrammtyp geeignet ist.
e ◪ Werte das Diagramm aus.
f ■ »Soll man züchten, was man züchten kann?« Nimm mit Hilfe von Bild 5 Stellung zu dieser Frage.

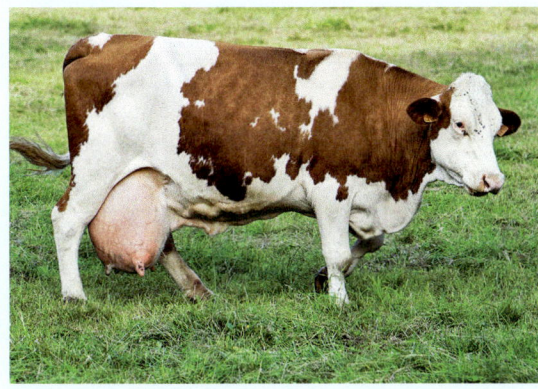

5 Hochleistungsmilchkuh

4 Das Gericht hat entschieden

In den 1940er-Jahren hatte der berühmte Schauspieler und Regisseur Charlie Chaplin eine Affäre mit der Schauspielerin Joan Barry. 1943 wurde sie Mutter einer Tochter und gab an, dass Chaplin der Vater sei, was er aber bestritt. In einer Gerichtsverhandlung wurden die Blutgruppen als Beweismittel verwendet. Chaplin hatte die Blutgruppe O, die Mutter A und das Kind B. Chaplin wurde zu Unterhaltszahlungen verurteilt.

a ☐ Nenne die möglichen Genotypen der Blutgruppen von Frau Barry, Herrn Chaplin und dem Kind.
b ◪ Begründe, ob Herr Chaplin als Vater in Frage kommt.
c ■ Kommentiere die Entscheidung des Gerichts.

5 Mendeln beim Menschen

Beim Menschen sind ungefähr 2000 Merkmale bekannt, die entsprechend der Mendel'schen Regeln vererbt werden, häufig autosomal-rezessiv. Die Bilder 6 und 7 zeigen Ausschnitte aus einem entsprechenden Stammbaum.

a ◪ Bestimme die Genotypen der angegebenen Personen.
b ◪ Erläutere den Erbgang.

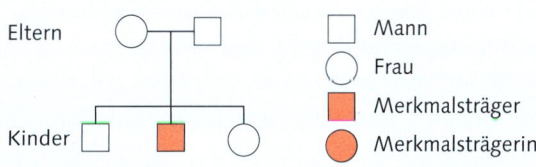

6 Erbgang Familie 1

Bei einer anderen Familie gibt es folgende Phänotypen:

c ◪ Ergänze die möglichen Genotypen, die diese Verteilung begründen.

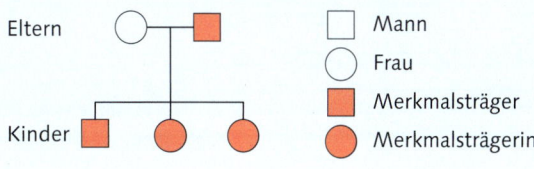

7 Erbgang Familie 2

Genetisch bedingte Fehlentwicklungen

Die meisten Kinder kommen gesund zur Welt. Nur etwa eines von 1000 Babys weist eine genetisch verursachte Abweichung auf. Bei einigen genetischen Besonderheiten können Auswirkungen vermieden werden, wenn sie rechtzeitig erkannt werden. Seit 2016 wird in Deutschland das Neugeborenen-Screening angeboten. Dabei wird den Babys aus der Ferse Blut entnommen und auf genetische Abweichungen untersucht.

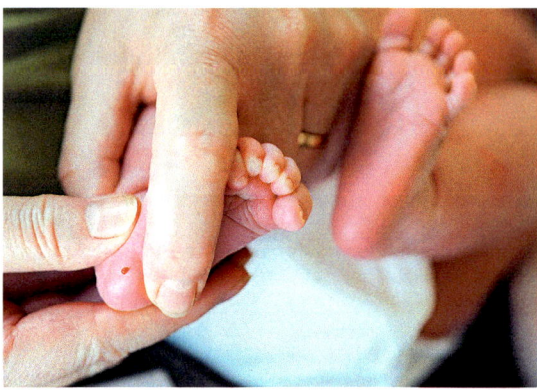

1 Neugeborenen-Screening

Dominante Vererbung

Die Merkmale dominant vererbter Fehlentwicklungen treten auch dann auf, wenn das veränderte Gen nur auf einem Chromosom liegt. Es wird dann mit 50-prozentiger Wahrscheinlichkeit an die Nachkommen weitergegeben. Bei Reinerbigkeit sind beide Chromosomen fehlerhaft, das veränderte Gen wird zu 100 Prozent vererbt.

Ein Beispiel für dominante Vererbung ist eine Form des familiären Kleinwuchses. Er liegt vor, wenn kleinwüchsige Eltern kleinwüchsige Kinder haben. Dabei ist die Knorpelbildung in der Wachstumszone der Röhrenknochen gestört, sodass Arme und Beine verkürzt, Kopf und Rumpf aber normal groß sind. Die geistige Entwicklung ist normal. Die Krankheit *Chorea Huntington* wird ebenfalls dominant vererbt. Ursache ist eine Mutation an Chromosom 4. Sie bewirkt, dass allmählich bestimmte Nervenzellen im Gehirn sterben. Am Anfang treten Depressionen und Aggressivität auf. Dann folgen unkontrollierte Bewegungen, Gleichgewichts- und Sprachstörungen bis hin zur Bewegungsunfähigkeit. Chorea Huntington endet tödlich. Die Krankheit bricht in der Regel ab dem 35. Lebensjahr aus. Meist wissen die Betroffenen in der Lebensphase, in der sie eine Familie gründen, nicht, dass sie das defekte Gen tragen.

Rezessive Vererbung

Merkmale rezessiv vererbter Genmutationen treten nur bei reinerbigen Trägern des veränderten Gens auf. Mischerbige zeigen keine Symptome, da das gesunde dominante Gen die Wirkung des rezessiven Gens unterdrückt. Sie können aber das defekte Gen vererben.

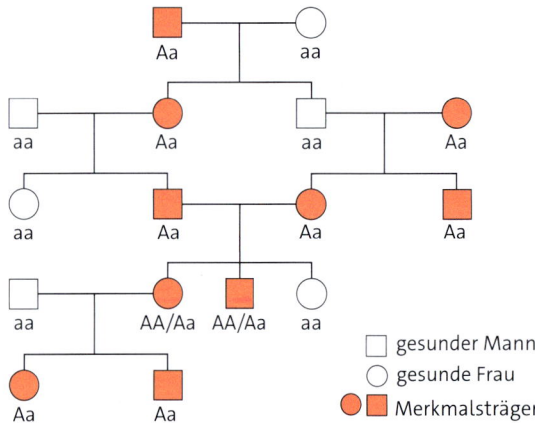

2 Dominanter Erbgang

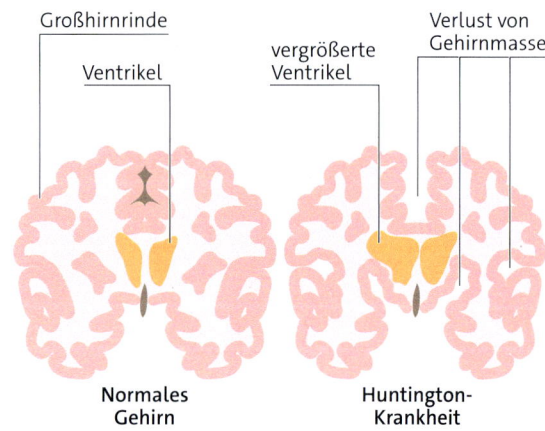

3 Veränderungen des Gehirns bei Chorea Huntington

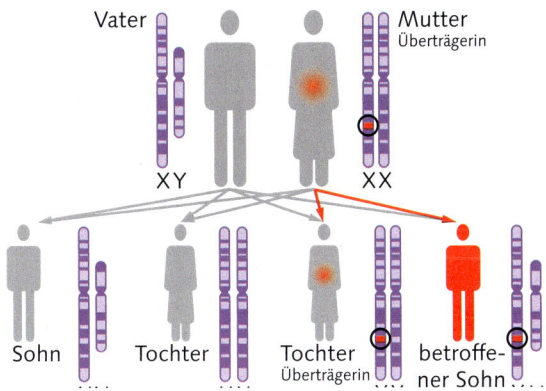

4 X-chromosomal-rezessive Vererbung

5 Foto für einen Farbsehtest

Die *Phenylketonurie*, kurz *PKU*, ist ein angeborener Gendefekt am Chromosom 12. Er bewirkt, dass die Aminosäure Phenylalanin, die in der Nahrung enthalten ist, nicht abgebaut werden kann. Sie reichert sich bereits ab der Geburt im Körper an und führt zu schweren geistigen Behinderungen. Deshalb werden bei uns alle Neugeborenen auf PKU gescreent, das heißt, sie werden gezielt auf bestimmte Hormon- und Stoffwechselstörungen untersucht. Mit einer strengen phenylalaninarmen Kost entwickeln sich die Kinder völlig normal. Diese Diät ist lebenslang einzuhalten.

Bei Tieren und Menschen kommt das Phänomen des *Albinismus* vor. Dabei ist das Gen für die Produktion des Farbstoffs Melanin fehlerhaft. In den Haut- und Haarzellen wird kein oder zu wenig Farbstoff gebildet. Menschen mit Albinismus haben hellere Haut und Haare, oft helle Augen.

Gonosomal-rezessive Vererbung

Da Männer nur ein X-Chromosom haben, können bei ihnen auch rezessive, fehlerhafte Erbinformationen vererbt werden, die auf dem X-Chromosom liegen. Bei Frauen übernimmt das gesunde Gen, das auf dem zweiten X-Chromosom liegt, die Funktionen, sodass sie keine veränderten Merkmale zeigen. Sie können das veränderte Gen aber an die Nachkommen weitergeben.

Bei manchen Menschen werden in den Zapfen der Netzhaut des Auges nicht alle Sehpigmente gebildet. Dadurch können sie die Farben Rot und Grün nicht unterscheiden. An dieser *Rot-Grün-Blindheit* leiden vor allem Männer, da das betreffende Gen auf dem nur einfach vorhandenen X-Chromosom liegt.

Gentherapie – ein Silberstreif am Horizont

Bis vor wenigen Jahren galt die Lehrbuchmeinung, dass genetische Fehlentwicklungen nicht heilbar sind. Heute kommt diese Überzeugung allmählich ins Wanken. Mit Hilfe der Gentherapie versucht man gezielt, gesunde Gene in die kranken Zellen einzuschleusen. Hier sollen sie die fehlerhaften Gene ersetzen. Erste Erfolge wie die Behandlung des erblich bedingten Muskelschwunds lassen hoffen.

> **In Kürze**
> Genetisch verursachte Fehlentwicklungen folgen den Vererbungsregeln. Sie haben für Betroffene oft schwerwiegende Folgen und sind bislang meist nicht heilbar.

Aufgaben

1 ◪ Erläutere, was man unter dem Neugeborenen-Screening versteht. Nenne ein Beispiel.
2 ◪ Die Bluterkrankheit tritt in der Regel nur bei Männern auf. Erläutere den Erbgang dieser Krankheit mit Hilfe von Bild 5.
3 ◪ Menschen mit Albinismus sind besonders in den Tropen gefährdet. Erläutere.
4 ◪ Erläutere das Wirkprinzip der Gentherapie.

Pränatale Diagnostik

Viele Eltern möchten die Entwicklung ihres ungeborenen Kindes so früh wie möglich begleiten. Die Angebote der pränatalen Diagnostik können ihnen dabei helfen.

Ziele der pränatalen Diagnostik
Die pränatale oder vorgeburtliche Diagnostik hat vorrangig zum Ziel, den Entwicklungs- und Gesundheitszustand des ungeborenen Kindes zu untersuchen. Damit können besorgte Eltern informiert oder beruhigt werden.

Sollte die Entwicklung des Ungeborenen aber beeinträchtigt sein, werden die Eltern so weit aufgeklärt, dass sie eine freie und verantwortliche Entscheidung über das weitere Vorgehen treffen können. Die Ärzte bereiten sie auch darauf vor, ein körperlich oder geistig beeinträchtigtes Kind anzunehmen und entsprechend zu pflegen.

Untersuchung mit Ultraschall
Zur pränatalen Diagnostik gehören drei Ultraschalluntersuchungen im Rahmen der Vorsorge. Mit dieser gefahrlosen Methode lassen sich Lage, Größe, Entwicklungsstand, Geschlecht und auch mögliche Fehlbildungen des Ungeborenen feststellen. Zusätzliche Informationen liefert eine speziellen Untersuchung während des Ultraschalls, die Nackenfaltenmessung. Erst wenn ein auffälliger Befund vorliegt, werden weitere Untersuchungen veranlasst.

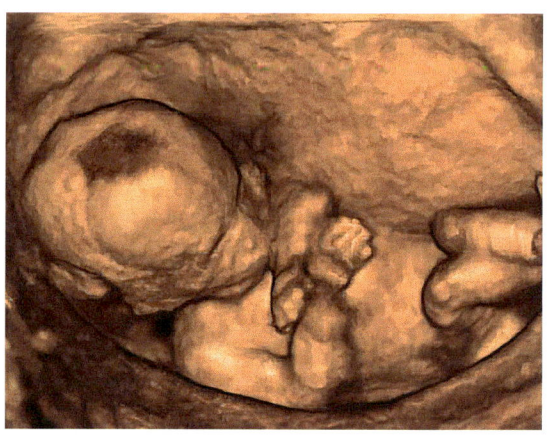

1 3-D-Ultraschallbild

Weitere Untersuchungsmethoden
Mit Hilfe der Chorionzottenbiopsie werden Zellen aus der Plazenta zur Erbgutanalyse entnommen. Dies kann bereits ab der 10. Schwangerschaftswoche durchgeführt werden. Bei der *Amniozentese* werden Zellen des Embryos, die sich im Fruchtwasser befinden, entnommen. Allerdings ist dies erst ab der 15. Schwangerschaftswoche möglich. Da es sich in beiden Fällen um Eingriffe in den Körper der Mutter handelt, sind sie nicht ganz risikolos. Fehlgeburten können schlimmstenfalls die Folge sein. Durch eine neuere Untersuchungsmethode kann das Erbgut des Kindes risikolos anhand des mütterlichen Bluts untersucht werden. Dabei macht man sich zunutze, dass sich im Blutkreislauf der Schwangeren zellfreie DNA-Fragmente vom Genom des Embryos befinden. Das Erbgut kann gezielt auf Veränderungen oder Störung der Chromosomenanzahl untersucht werden.

In Kürze
Mit der pränatalen Diagnostik kann der Gesundheits- und Entwicklungszustand des ungeborenen Kindes beurteilt werden.

Aufgaben
1 ☐ Nenne die Ziele der pränatalen Diagnostik.
2 ◪ Erläutere, weshalb manche Befunde der pränatalen Diagnostik Probleme hervorrufen können.

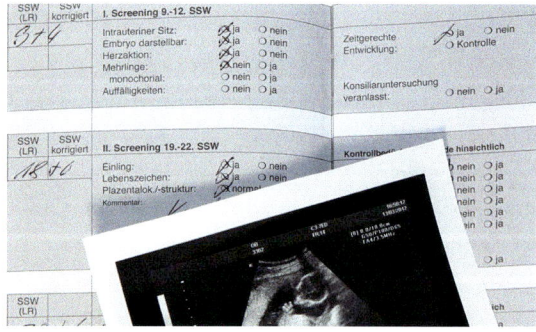

2 Der Mutterpass enthält neben Daten zur Gesundheit der Mutter auch Informationen zum Kind.

Genetische Beratung

Die meisten Kinder kommen gesund zur Welt. Bei 2 bis 3 Prozent der Neugeborenen treten allerdings Krankheiten oder Fehlbildungen auf, die genetisch bedingt sein können. Wenn Paare sich vergewissern wollen, ob bei ihren Kindern eine genetisch bedingte Beeinträchtigung zu erwarten ist, gehen sie zu einer genetischen Beratungsstelle.

Genetische Beratung in Risikofällen

Eine genetische Beratungsstelle vor einer geplanten Schwangerschaft aufzusuchen ist für ein Paar besonders sinnvoll, wenn in den Familien eines Partners oder beider Partner über Generationen hinweg wiederholt bestimmte Krankheiten oder Fehlbildungen aufgetreten sind. Eine genetische Beratung ist auch angezeigt, wenn in der Familie eines Partners eine Totgeburt vorgekommen ist oder wenn das Paar bereits ein Kind mit einer Beeinträchtigung hat. Ein Beratungsgespräch wird außerdem angeraten, wenn die Frau, die zum ersten Mal Mutter werden möchte, älter als 35 Jahre alt ist.

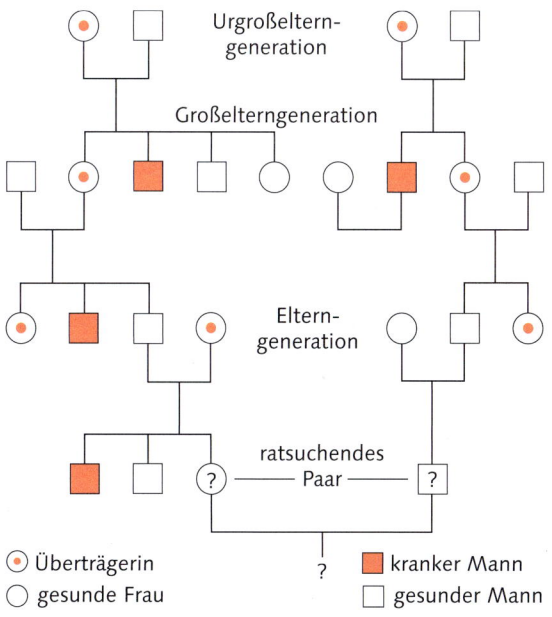

2 Gonosomal-rezessiv vererbte Muskeldystrophie

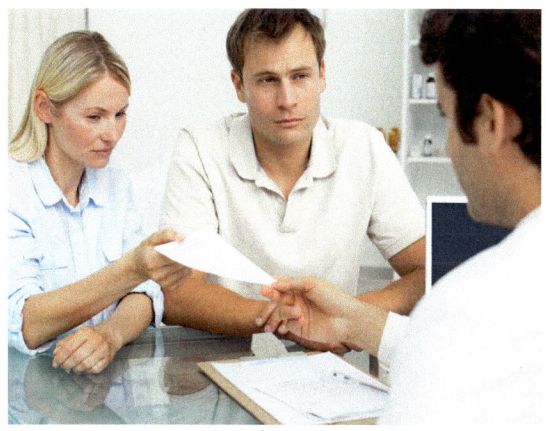

1 Beratungsgespräch

Analyse des Familienstammbaums

Um das Risiko einer genetisch bedingten Krankheit abzuschätzen, wird ein Familienstammbaum über mindestens drei Generationen erstellt. Sind in der Familie bereits genetisch bedingte Krankheiten aufgetreten, kann bei bekanntem Erbgang die Wahrscheinlichkeit, ein krankes oder beeinträchtigtes Kind zu bekommen, berechnet werden. Vom Ergebnis hängt es ab, ob weitere Untersuchungen nötig sind.

Ziele der genetischen Beratung

Nach der Weltgesundheitsorganisation WHO soll die genetische Beratung vor allem helfen, das Risiko einer Erkrankung oder Beeinträchtigung zu erkennen. Dadurch können Paare in die Lage versetzt werden, eine verantwortungsbewusste Entscheidung über ihre Familienplanung zu treffen, die den familiären Zielen ebenso wie den ethischen und religiösen Wertvorstellungen entspricht.

In Kürze

Die genetische Beratung hilft Paaren bei der Einschätzung des Risikos, ein Kind mit einer genetisch verursachten Krankheit zu bekommen. Sie berät auch, wenn es in Problemfällen um eine verantwortliche Entscheidung geht.

Aufgaben

1 ☐ Nenne Gründe für eine genetische Beratung.
2 ■ Werte den Stammbaum in Bild 2 aus.

Stammzellen

Werdende Eltern haben heute die Möglichkeit, direkt nach der Geburt ihres Kindes Nabelschnurblut entnehmen und einfrieren zu lassen. In ihm befinden sich besondere Zellen. Mit ihrer Hilfe sollen später mögliche Erkrankungen behandelt werden.

Noch nicht festgelegt

Zellen, die noch keine Spezialisierung aufweisen, werden als *Stammzellen* bezeichnet. Sie sind nicht auf eine Funktion im späteren Organismus festgelegt. Stammzellen teilen sich zu weiteren Stammzellen oder entwickeln sich in spezialisierte Zellen. Diese Entwicklung von Zellen nennt man *Differenzierung*.

Unterscheidung der Stammzellen

Die verschiedenen Stammzellen werden nach Herkunft und Entwicklungsfähigkeit unterschieden. Das befruchtete Ei, die Zygote, ist die entwicklungsfähigste Stammzelle. Sie kann sich in alle Zelltypen ausdifferenzieren und sogar einen kompletten Organismus bilden. Man nennt sie auch *totipotent*, was so viel heißt wie »zu allem mächtig«. Diese Fähigkeit besteht nur bis zum Acht-Zell-Stadium. Einige Tage nach der Befruchtung formt sich der Bläschenkeim. Aus diesem lassen sich *embryonale Stammzellen* gewinnen.

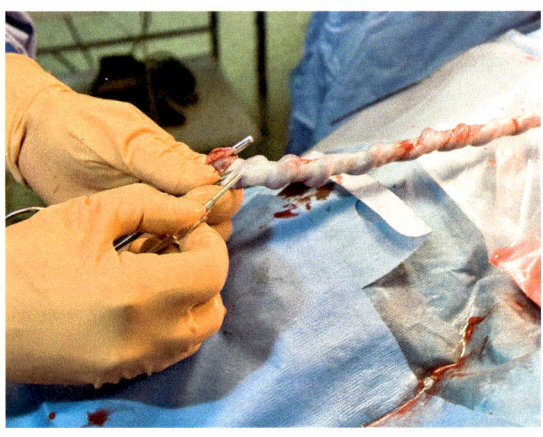

1 Im Blut der Nabelschnur finden sich besondere Zellen.

Diese können sich zu jedem menschlichen Gewebe entwickeln, aber keinen vollständigen Menschen mehr bilden. Man nennt sie *pluripotent*, das bedeutet »zu vielem mächtig«. Das Embryonenschutzgesetz verbietet in Deutschland die Gewinnung dieser embryonalen Stammzellen. Unter strengen Auflagen darf man sie jedoch importieren.

Ab der Geburt werden Stammzellen als adult bezeichnet. *Adulte Stammzellen* differenzieren sich nur noch innerhalb ihres Organsystems aus. So kann etwa eine Hautstammzelle nur noch Zelltypen der Haut ausbilden, aber keine der Muskulatur. Solche *multipotent* genannten Zellen – vom lateinischen »multus« für zahlreich – können beispielsweise aus dem Nabelschnurblut oder Knochenmark gewonnen werden.

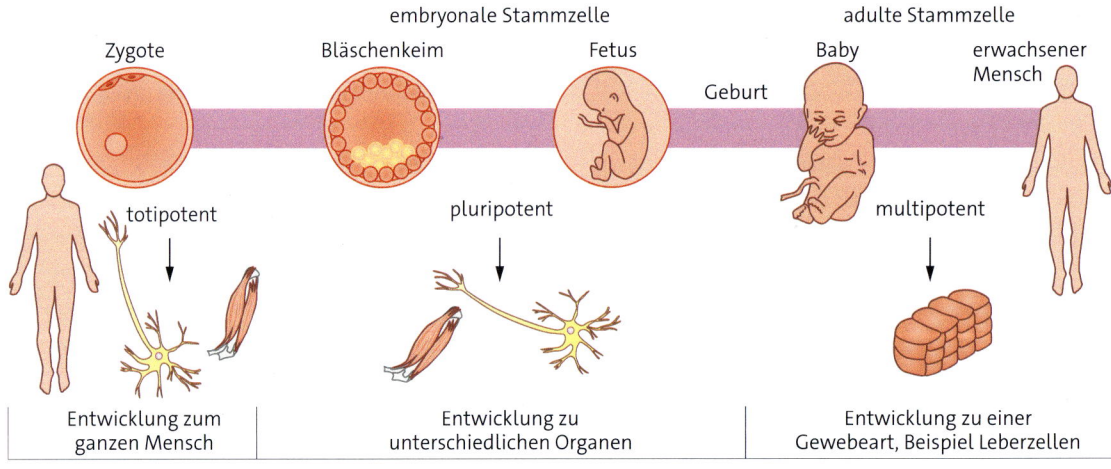

2 Stammzellen werden unterschieden.

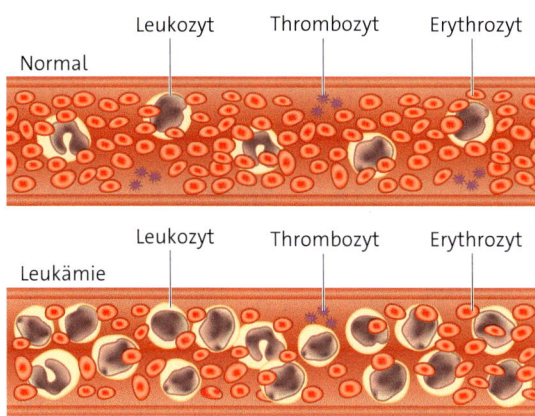

Normal — Leukozyt, Thrombozyt, Erythrozyt

Leukämie — Leukozyt, Thrombozyt, Erythrozyt

3 Leukämie: Änderung der Blutzusammensetzung

Therapie mit Stammzellen

Bei der Stammzelltherapie werden Patienten mit Spender-Stammzellen behandelt. Um eine Abstoßungsreaktion der übertragenen Zellen durch das Immunsystem zu vermeiden, müssen diese ähnliche Merkmale auf der Zelloberfläche aufweisen wie die körpereigenen Zellen des Empfängers. Bei der Typisierung werden meist Mundschleimhautzellen im Labor auf diese Merkmale hin untersucht. Während der Einsatz von Stammzellen zur Behandlung von Herzinfarkten oder Diabetes noch erforscht wird, findet die Stammzelltherapie bei Leukämie bereits routinemäßige Anwendung. Bei dieser Erkrankung produziert das blutbildende System im Knochenmark zu viele unreife Leukozyten. Gleichzeitig gibt es weniger Erythrozyten und Thrombozyten im Blut.

Stammzelltransplantation

Bei einer *Stammzelltransplantation* werden erkrankte Blutstammzellen im Knochenmark von Leukämie-Patienten komplett durch gesunde Zellen ersetzt. Diese Zellen stammen meist von einem fremden Spender, seltener vom Patienten selbst. In beiden Fällen sorgen Medikamente dafür, dass die adulten Blutstammzellen vom Knochenmark in das Blut wandern. Aus diesem werden die Stammzellen isoliert, gereinigt, bei einer Eigenspende von kranken Zellen befreit und abschließend eingefroren. Nachdem das Knochenmark des Patienten durch eine Chemotherapie vollständig zerstört wurde, können die Stammzellen mittels Infusion übertragen werden.

In Kürze

Stammzellen sind teilungsfähige, nicht oder nur wenig differenzierte Zellen. Die Medizin setzt adulte Stammzellen bei der Therapie gegen Leukämie ein.

Aufgaben

1 ◪ Erkläre, wodurch sich Stammzellen von anderen Zellen unterscheiden.

2 ◪ Skizziere eine Stammzelltransplantation mit fremden Spenderzellen. Bild 4 hilft dir.

3 ◼ Vorläufer der Blutkrebszellen bilden sich oft schon vor der Geburt. Bewerte vor diesem Hintergrund die Einlagerung von Nabelschnurblut für eine spätere mögliche Blutkrebstherapie.

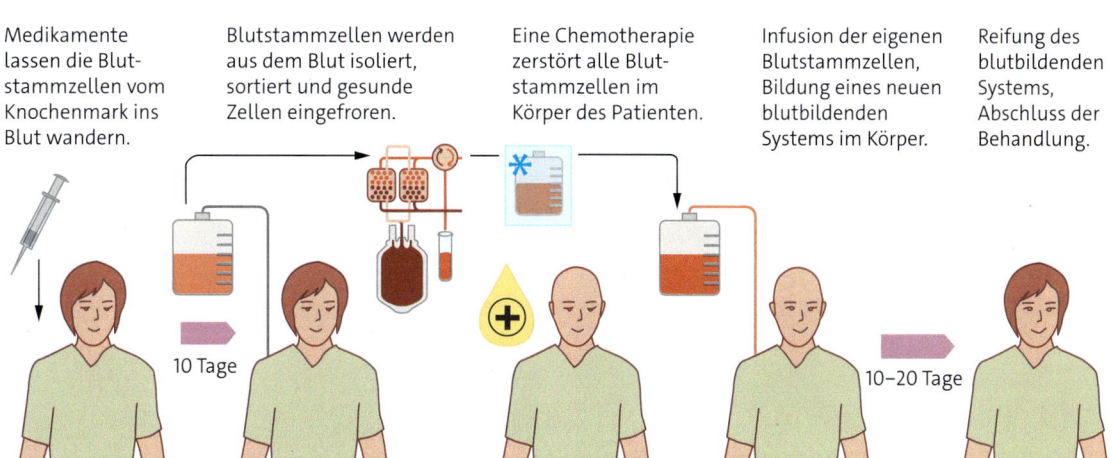

Medikamente lassen die Blutstammzellen vom Knochenmark ins Blut wandern.

Blutstammzellen werden aus dem Blut isoliert, sortiert und gesunde Zellen eingefroren.

Eine Chemotherapie zerstört alle Blutstammzellen im Körper des Patienten.

Infusion der eigenen Blutstammzellen, Bildung eines neuen blutbildenden Systems im Körper.

Reifung des blutbildenden Systems, Abschluss der Behandlung.

10 Tage

10–20 Tage

4 Stammzelltransplantation mit körpereigenen Spenderzellen bei Leukämie

Geklonte Lebewesen

Die Javaneräffchen Zhong Zhong (* 27.11.2017) und Hua Hua (* 05.12.2017) machten Anfang 2018 weltweit Schlagzeilen. Denn sie sind weder voneinander noch von dem Affen, von dem sie abstammen, genetisch zu unterscheiden. Zhong Zhong und Hua Hua waren das Forschungsergebnis chinesischer Wissenschaftler.

1 Die Javaneräffchen Zhong Zhong und Hua Hua

Natürlich erbgleich

Genotypisch identische Lebewesen, die ohne Befruchtung, also durch ungeschlechtliche Vermehrung, entstehen, nennt man *Klone*. Natürliche Klone sind in der Natur keine Seltenheit. Sobald sich ein Bakterium in der Mitte geteilt hat, liegen zwei genetisch identische Organismen vor. Erdbeerpflanzen bilden Ausläufer, an denen sich kleine, aber vollständige Pflänzchen entwickeln. Tulpen vermehren sich ebenfalls ungeschlechtlich mit Hilfe von Tochterzwiebeln, den Brutzwiebeln. Weibliche Blattläuse sind in der Lage, ohne Beteiligung von männlichen Tieren, zur Mutter genetisch identische Nachkommen zu erzeugen. Diese werden lebend geboren. Eineiige Zwillinge entstehen aus einer befruchteten Eizelle, die sich am Anfang ihrer Entwicklung ein zusätzliches Mal vollständig teilt.

Künstliche Mehrlingsbildung

Ziel des *reproduktiven Klonens* ist es, Organismen mit gleichen erwünschten Eigenschaften

zu erzeugen. Aus der Eizelle mit dem übertragenen Zellkern entsteht durch Teilungen ein Zellhaufen, der Bläschenkeim.
Der Bläschenkeim enthält embryonale Stammzellen. Diese nutzt die Züchtungsmethode des *Embryonensplittings*, ein Teilbereich des reproduktiven Klonens.
Dabei wird der Bläschenkeim mikrochirurgisch in zwei Hälften geteilt. In unterschiedliche Leihmütter eingesetzt, entwickeln sie sich zu vollständigen Organismen. Dadurch entstehen auf künstlichem Weg genetisch identische Mehrlinge.

Erbsubstanz künstlich übertragen

Die Entstehung der Äffchen gestaltete sich allerdings spektakulärer. Ihr Leben begann mit einem *Zellkerntransfer*. Dafür wird aus den Eierstöcken einer Spenderin eine Eizelle ent-

2 Blattläuse sind natürliche Klone

3 Durch Embryonensplitting entstandene Fohlen

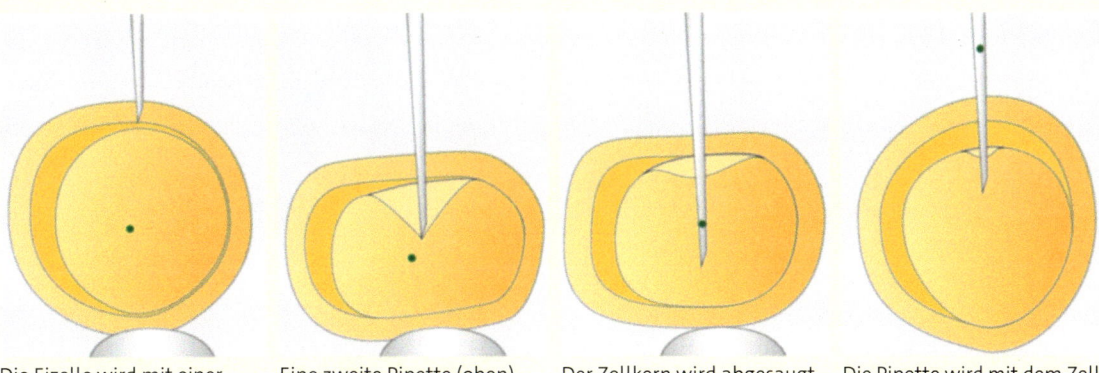

| Die Eizelle wird mit einer Pipette (unten) festgehalten. | Eine zweite Pipette (oben) wird eingestochen. | Der Zellkern wird abgesaugt. | Die Pipette wird mit dem Zellkern aus der entkernten Eizelle entfernt. |

4 Entkernung einer Eizelle

nommen. Der Zellkern dieser Eizelle wird mit einer Pipette abgesaugt. Gleichzeitig wird der Zellkern des zu klonenden Lebewesens aus einer Körperzelle isoliert. Dieser Zellkern wird dann in die entkernte Eizelle eingebracht. Die Eizelle enthält nun einen vollständigen diploiden Chromosomensatz. Sie beginnt sich zu teilen. Impulse der Eizelle bewirken, dass der Körperzellkern seine Spezialisierung aufgibt und sich aus der Zelle ein Embryo entwickelt. Dieser Embryo ist genetisch identisch mit dem Lebewesen, dessen Zellkern verwendet wurde.

Forschung zu Therapiezwecken

Embryonale Stammzellen bilden ebenfalls die Grundlage des *therapeutischen Klonens*, bei dem man Gewebe oder ganze Organe züchten möchte. Hierfür erfolgt ebenfalls erst ein Zellkerntransfer, dann wird der Bläschenkeim zerstört, um ihm embryonale Stammzellen entnehmen zu können. Die sich daraus entwickelnden Gewebe oder Organe sollen später zu Therapiezwecken wieder in den Spenderorganismus übertragen werden. Diese Technik befindet sich noch in der Erforschung und wird daher auch als *Forschungsklonen* bezeichnet.

Aufgaben

1 ☐ Zähle drei Beispiele natürlicher Klone auf.

2 ◪ »Gleich und doch verschieden« lautete die Überschrift einer Fachzeitschrift zum Thema eineiige Zwillinge. Stelle Vermutungen an, was hiermit gemeint sein könnte.

3 ☐ Nenne das Ziel des reproduktiven Klonens.

4 ◪ Javaneraffen bringen nach rund 180-tägiger Tragzeit ein Jungtier zur Welt. Erkläre, wie die Zwillinge Zhong Zhong und Hua Hua mit acht Tagen Unterschied geboren werden konnten.

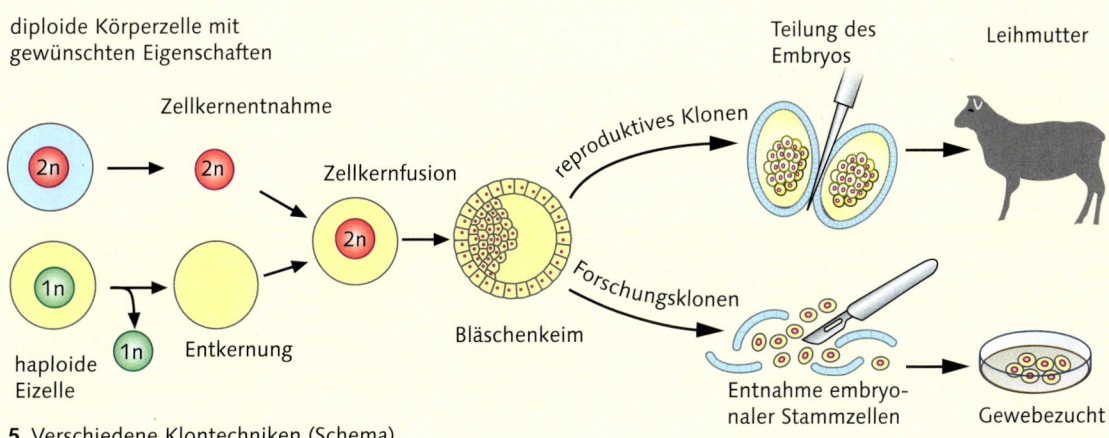

5 Verschiedene Klontechniken (Schema)

Gentechnik

In Deutschland leiden etwa 32 000 Kinder und Jugendliche an Diabetes. Als Therapie ist meist die regelmäßige Gabe von Insulin nötig. Dieses Hormon gewann man früher aus den Bauchspeicheldrüsen von Schweinen. Für eine zehntägige Behandlung war die Bauchspeicheldrüse eines Schweins je Patient nötig. Da man die Zahl der geschlachteten Tiere nicht beliebig steigern konnte, gab es bereits Mitte der 1970er-Jahre Engpässe. Alternative Wege zur Insulingewinnung wurden nötig.

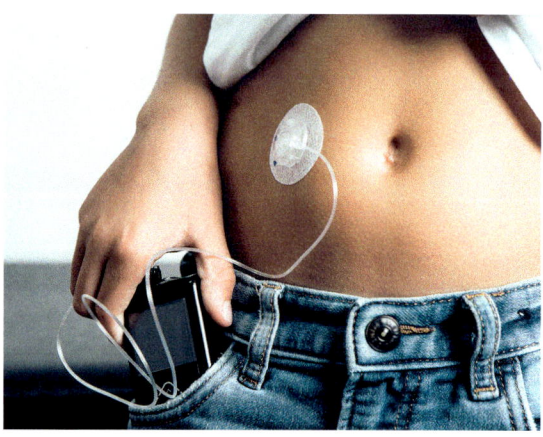

1 Diabetiker mit Insulinpumpe

Alternative Wege

Neben der chemischen Synthese war es vor allem die gentechnische Herstellung von Insulin, die zur Vereinfachung der Produktionsverfahren und zur Überwindung von Liefer- engpässen führte. Unter *Gentechnik* fasst man Methoden und Verfahren zusammen, mit denen Gene analysiert, isoliert, gezielt verändert und von einem Organismus in einen anderen übertragen werden können. Es ist beispielsweise möglich, das Insulin-Gen aus dem Erbgut des Menschen herauszunehmen und in die Erbsubstanz eines Bakteriums einzubauen. Bakterien besitzen oft kleine zusätzliche DNA-Ringe im Plasma. Solche Plasmidringe werden als Transporter für Fremdgene

genutzt. Es entsteht ein *gentechnisch veränderter Organismus, GVO*. Bakterien, bei denen die Übertragung des Insulin-Gens erfolgreich war, produzieren menschliches Insulin. Die Bakterien werden vermehrt und so wird Insulin in großen Mengen hergestellt.

Neue Methoden

Neue Methoden dienen dazu, das Erbgut eines Organismus zu verändern, ohne artfremde DNA einzuschleusen. Wie beim Editieren von Texten geht es darum, bereits vorhandene Abschnitte zu bearbeiten. Daher spricht man auch von der *Genom-Editierung*. Hierfür muss zunächst im Genom eines Organismus exakt die Stelle gefunden und nachfolgend angesteuert werden, bei der die Änderung durchge-

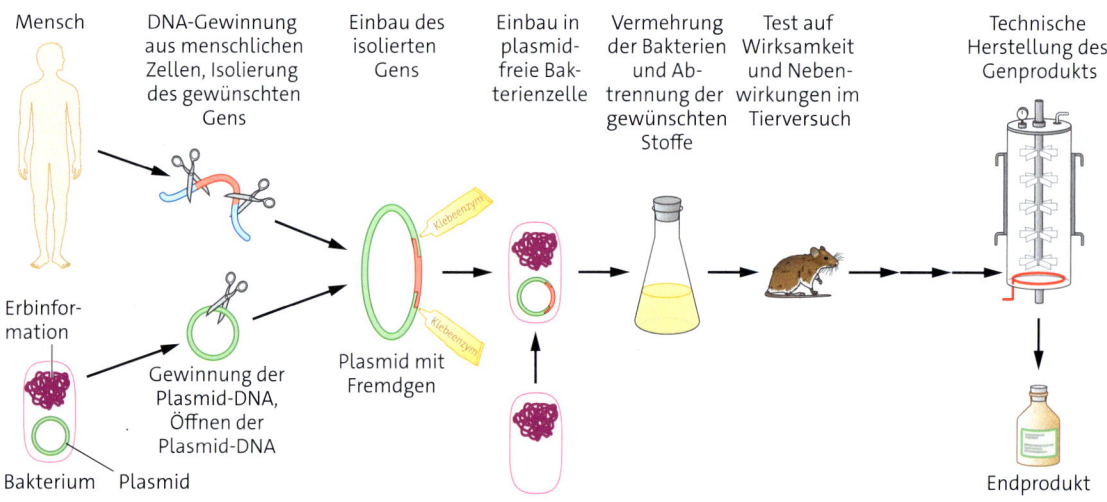

2 Insulinherstellung mit Hilfe von Gentechnik

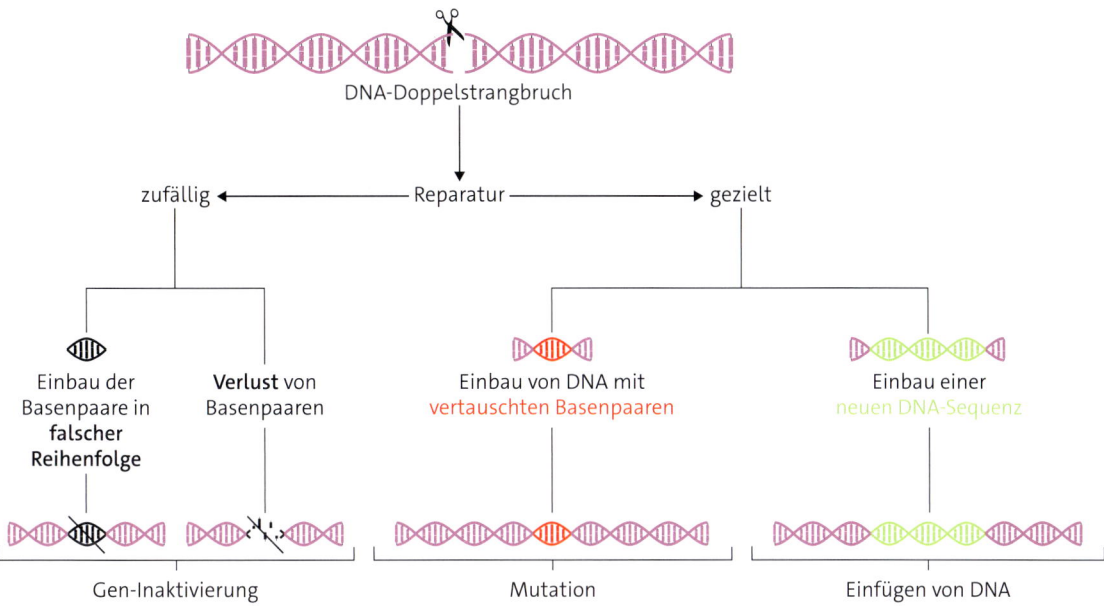

DNA-Doppelstrangbruch

zufällig ←——— Reparatur ———→ gezielt

Einbau der
Basenpaare in
**falscher
Reihenfolge**

Verlust von
Basenpaaren

Einbau von DNA mit
vertauschten Basenpaaren

Einbau einer
neuen DNA-Sequenz

Gen-Inaktivierung

Mutation

Einfügen von DNA

3 Genom-Editierung

führt werden soll. Mit einem Schneideenzym wird an der jeweiligen Zielsequenz ein DNA-Doppelstrangbruch herbeigeführt. Durch zelleigene Reparaturmechanismen kann dieser wieder geschlossen werden. Es ist möglich, bei der Reparatur des Bruchs gezielt einzelne Basenpaare auszutauschen, also eine zielgerichtete Mutation herbeizuführen oder neue Sequenzen einzufügen. In der Gentherapie könnte ein fehlerhaftes krank machendes Gen so beispielsweise künftig direkt in der Zelle inaktiviert oder repariert werden.

Unterschiedliche Anwendungsgebiete

Je nach Einsatzbereich unterscheidet man verschiedene Anwendungsgebiete. Die *Grüne Gentechnik* beschäftigt sich mit Pflanzen, vor allem für die Landwirtschaft. *Rote Gentechnik* wird bei Tieren, in der Medizin sowie bei der Entwicklung und Herstellung von Medikamenten angewandt. *Weiße* und *Graue Gentechnik* finden in der Industrie und in der Umwelttechnik Anwendung.

> **In Kürze**
> Mit Hilfe der Gentechnik werden Fremdgene in das vorhandene Genom eingefügt oder eigene Gene direkt im Organismus verändert.

Aufgabe

1 ■ Der Europäische Gerichtshof entschied 2018, dass Genom-Editierung als Gentechnik anzusehen ist. Andere Länder wie USA oder Japan haben hierzu anders entschieden. Stelle eine Vermutung an, wie diese Länder argumentieren.

Erschließungsfeld
Information

Lebewesen senden Signale aus und nehmen Signale auf, verarbeiten sie und reagieren darauf. Das funktioniert auch auf zellulärer Ebene, sogar über Artgrenzen hinweg. So sind DNA und mRNA besonders gebaute Moleküle, welche Art, Anzahl und Reihenfolge der Aminosäuren in den Eiweißen verschlüsseln. Die Bauanleitungen für Eiweiße als Grundlage für den Stoffwechsel werden bei nahezu allen Lebewesen auf die gleiche Art codiert und gespeichert sowie als Erbinformationen an die nächste Generation weitergegeben.

Weil der genetische Code allgemeingültig ist, können diese Information auch über Artgrenzen hinaus übertragen und abgelesen werden. Nur deshalb können Organismen gentechnisch verändert werden.

Gentechnik in der Diskussion

1 Karikatur zur Gentechnik

Seit über 20 Jahren werden Arzneimittel durch gentechnisch veränderte Organismen hergestellt. Auf dem deutschen Arzneimittelmarkt sind gegenwärtig 60 gentechnisch hergestellte Präparate zugelassen. In der Pflanzenzucht beschleunigt die Gentechnik klassische Züchtungsverfahren. Gentechnische Verfahren sind in der industriellen Produktion eine umweltschonende Alternative zu den chemischen Verfahren. Sie senken Rohstoffverbrauch und Abfallmenge.

2 Zeitungsmeldung

Teuerstes Medikament der Welt

Neue Gentherapie gegen spinale Muskelatrophie (SMA)

Krankheit:

Ein Fehler im Gen SMN_1 verursacht eine Störung der Nervenzellen im Rückenmark. Dadurch können sich die Muskeln nicht richtig entwickeln. Die schwerste Verlaufsform führt meist innerhalb der ersten zwei Lebensjahre zum Tod.

Therapie:

Über ein Virus wird eine fehlerfreie Kopie des SMN_1-Gens in die Nervenzellen eingebracht. Dieses Medikament muss über eine Vene im Arm oder Bein nur einmal verabreicht werden.

Erfolge:

keine künstliche Beatmung nötig; Möglichkeit, ohne Unterstützung sitzen oder krabbeln und gehen zu können

Zulassung:

in den USA seit Mai 2019, in der EU seit Mai 2020

Kosten:

Eine Dosis kostet rund 2,1 Millionen US-Dollar.

3 Infobox aus dem Internet

Keine Kennzeichnungspflicht für

- *Enzyme aus gentechnisch veränderten Mikroorganismen* (z. B. Laktase, entfernt den Milchzucker für Produktion laktosefreier Produkte)
- *Zusatzstoffe, die mit Hilfe gentechnisch veränderter Mikroorganismen hergestellt wurden* (z. B. Süßstoff Aspartam)
- *technisch unvermeidbare, unbeabsichtigte gentechnische Verunreinigungen bis zu einem Anteil von 0,9 %* (je Zutat)

Kennzeichnungspflicht für Lebensmittel/Zutaten,

- *die selbst ein gentechnisch veränderter Organismus sind* (z. B. Lachs, Mais, Tomate, Kartoffel)
- *die gentechnisch veränderte Organismen enthalten* (z. B. Bier mit gentechnisch veränderter Hefe)
- *die aus gentechnisch veränderten Organismen produziert werden* (z. B. Zucker aus gentechnisch veränderten Zuckerrüben)

4 Kennzeichnungspflicht nach europäischem Recht

5 Infoflyer des Vereins »Die Verbraucherschützer«

Nach dem aktuellen Stand der Forschung wirken sich gentechnisch veränderte Futtermittel nicht negativ auf Milch oder Fleisch der Tiere aus, so eine Information der Bundesregierung. Da alle Nahrungsbestandteile im Verdauungstrakt zerlegt werden, gilt die Übertragung der veränderten DNA über die Futtermittel auf das Tier und später auf den Menschen als extrem unwahrscheinlich.

6 Einschätzung zur DNA-Übertragung

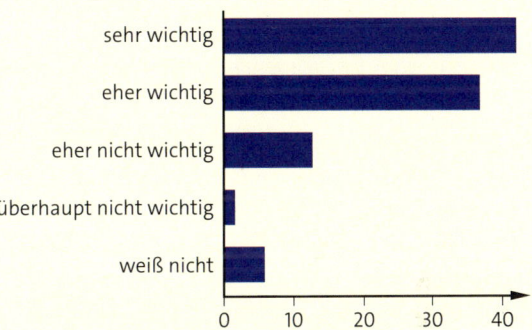

Ein Verbot gentechnisch veränderter Organismen in der Landwirtschaft, ist mir ...

7 Umfrage in Deutschland (Angaben in Prozent)

Natur pur ...

Der verantwortungsvolle Umgang mit unseren Pflanzen liegt uns am Herzen. Wir respektieren die Zelle und das Genom als natürliche Einheit. Deshalb lehnen wir eine Veränderung dieser Einheit ab.

⇨ **Gentechnik kommt für uns nicht in Frage!**

Die konventionelle Landwirtschaft dagegen setzt auf technische Verfahren wie CRISPR-Cas zur Veränderung des Genoms.

WIR setzen auf natürliche Methoden!

... in Höldis Bio-Paradies

8 Anzeige aus dem Werbeprospekt eines Biomarkts

Grundlagen der Genetik

1 Mendel'sche Regeln

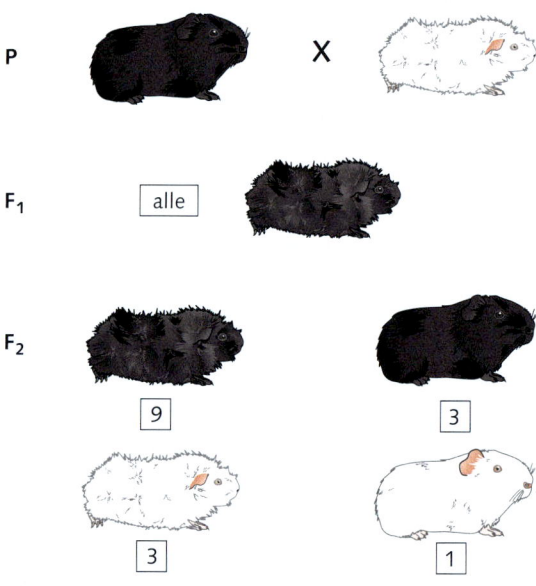

1 Kreuzungsversuche mit Meerschweinchen

Durch Kreuzungsversuche mit Pflanzen erkannte Gregor Mendel die Regeln der Vererbung.

a ☐ Nenne zwei Mendel'sche Regeln.

b ◪ Erkläre die Begriffe »reinerbig« und »mischerbig«.

c ◪ Erkläre den Unterschied zwischen dominant-rezessiven und intermediären Erbgängen.

d ◪ Begründe die Ergebnisse der Kreuzung zweier Meerschweinchen, wie sie in Bild 1 dargestellt sind.

e ■ Erläutere an diesem Beispiel den Vorgang und die Bedeutung von Rückkreuzungen.

2 Vererbung beim Menschen

a ☐ Nenne Merkmale beim Menschen, die »mendeln«.

b ☐ Nenne Gründe, warum die Erforschung von Gesetzmäßigkeiten der Vererbung beim Menschen schwierig ist.

c ■ Der Einfluss der Allele A und B ist bei der Ausprägung der Blutgruppe gleich stark, die Blutgruppe 0 wird rezessiv vererbt. Erläutere anhand eines geeigneten Beispiels die Bedeutung dieser Tatsache.

3 Möglichkeiten und Grenzen von Zucht

a ☐ Nenne die Definition von Zucht.

b ☐ Beschreibe die Rolle des Menschen bei der Züchtung.

c ☐ Nenne Zuchtziele bei Tieren und Pflanzen.

d ◪ Beschreibe das Verfahren der Kombinationszüchtung.

e ◪ Erläutere, inwieweit die Kombinationszüchtung auf den Mendel'schen Regeln beruht.

f ◪ In Peru gibt es seit über 1000 Jahren Nackthunde. Die hellhäutigen Tiere sind sehr lichtempfindlich, zudem ist ihr Gebiss fehlgebildet. Beschreibe an diesem Beispiel die Grenzen der Zucht.

4 Klone

a ☐ Gib an, was man unter einem Klon versteht.

b ☐ Beschreibe den Vorgang des künstlichen Klonens mit Hilfe von Bild 2.

c ☐ Beschreibe die zwei Möglichkeiten des Klonens, die sich nach der Zellkernfusion ergeben.

d ◪ Nenne die Ziele, die mit diesen beiden Klonmethoden verfolgt werden.

e ◪ Erkläre, welche der folgenden Organismen zueinander genetisch identisch sind: Spender der diploiden Körperzelle, Eizellspender, Leihmutter, erzeugter Klon.

f ◪ Nenne Gründe, warum die Übertragung des künstlichen Klonens auf den Menschen ethisch nicht zu vertreten ist.

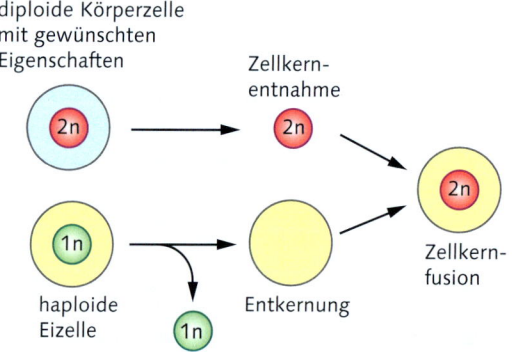

2 Erzeugung eines künstlichen Klons

5 Stammzellen

a ☑ Embryonale Stammzellen sind »totipotent«. Beschreibe, was man darunter versteht.

b ☐ Beschreibe die Bedeutung von adulten Stammzellen im erwachsenen Organismus.

c ■ Erläutere, wie Stammzellen bei der Therapie von Krankheiten verwendet werden können. Nenne Beispiele.

d ☑ Nimm zur Frage Stellung, ob die Forschung an embryonalen Stammzellen erlaubt werden soll.

6 Gentechnik

a ☐ Nenne biologische Voraussetzungen für die Übertragung von Genen von einem Lebewesen auf ein anderes.

b ☑ Erläutere kurz drei Anwendungsgebiete der Gentechnik.

c ☑ Begründe, warum die Gentechnik nicht unumstritten ist.

7 Pränatale Diagnostik und Beratung

a ☐ Der Stammbaum in Bild 3 zeigt einen autosomal-rezessiven Erbgang. Übertrage den Stammbaum in dein Heft.

b ☑ Bestimme die möglichen Genotypen aller Familienmitglieder.

c ☑ Beschreibe die Besonderheit des Paares Nr. 4. Nenne mögliche Folgen.

d ☐ Nenne Ziele der pränatalen Diagnostik.

e ☑ Erläutere Situationen, für die eine genetische Beratung empfohlen wird.

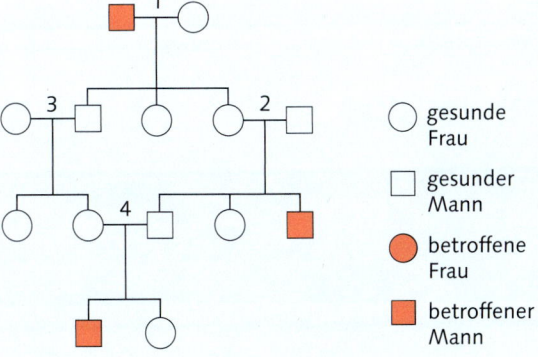

3 Stammbaum einer Familie mit Albinismus

Grundlagen der Genetik

■ Gregor Mendel gelang es, Gesetzmäßigkeiten der dominant-rezessiven Vererbung zu erkennen und als Regeln zu formulieren. Bei diesem Erbgang ist ein Allel dominant. Das entsprechende Merkmal wird phänotypisch ausgeprägt.

■ Heute kennt man weitere Erbgänge. Beispielsweise entsteht beim intermediären Erbgang eine Zwischenform mit einer gemischten Merkmalsausprägung.

■ Viele Merkmale des Menschen werden den Mendel'schen Regeln folgend vererbt, auch genetisch bedingte Abweichungen. Genetisch bedingte Fehlentwicklungen haben für Betroffene oft schwerwiegende Konsequenzen und sind derzeit nicht ursächlich heilbar.

■ Die pränatale Diagnostik ist ein Angebot für Eltern während der Schwangerschaft, um etwaige Risiken für Mutter und Kind abschätzen zu können. In Risikofällen hilft sie bei der Entscheidung über das weitere Vorgehen.

■ Mit Hilfe von gentechnischen Verfahren werden einzelne Gene in die Erbinformation eines anderen Lebewesens übertragen. Es entsteht ein gentechnisch veränderter Organismus.

Grundlagen der Evolution

Die Geschichte des Lebens auf der Erde

Die Landschaft der Kanareninsel Lanzarote ist im Landesinneren von Vulkanismus geprägt. So ähnlich könnte unsere Erde kurz nach ihrer Entstehung ausgesehen haben. Das Bild der Erde hat sich auch durch die Entstehung und Entwicklung des Lebens im Laufe der Zeit immer wieder verändert.

1 Vulkanlandschaft auf der Kanareninsel Lanzarote

Vorstufen der Lebewesen

Unser Sonnensystem ist vor etwa 4,6 Milliarden Jahren entstanden. Kosmischer Staub begann, sich zu Planeten zu verdichten. Auf diese Weise entstand auch unsere Erde. Als der glutflüssige Erdball abkühlte, bildeten sich eine feste Erdkruste und eine darüberliegende Uratmosphäre. Nach weiterer Abkühlung entstand durch Kondensation von Wasserdampf Wasser, das sich im Urozean sammelte. Blitzentladungen bei Gewittern und die vulkanische Hitze lieferten Energie für chemische Reaktionen. Aus anorganischen Stoffen wie Mineralien entstanden organische Verbindungen wie Aminosäuren oder Kohlenhydrate, die sich am Meeresboden ansammelten. Eine Lösung aus diesen Stoffen wird als *Ursuppe* bezeichnet. Wissenschaftler gehen davon aus, dass sich in diesem Gemisch größere Moleküle wie Proteine bilden konnten. Zudem entstanden einfache Formen der Erbsubstanz, um die sich vermutlich Hüllen aus fettähnlichen Substanzen bildeten. So könnten die ersten einfachsten Zellstrukturen entstanden sein.

Entstehung der Fotosynthese

Die ersten zellähnlichen Lebewesen nutzten wahrscheinlich Mineralstoffe aus heißen Quellen, den Black Smokern, am Grund des Meeres als Energiequellen. Durch zufällige Veränderung der ersten Zellen entstand eine neue Art der Energieumwandlung. Einfach gebaute Blaualgen, die Cyanobakterien, nutzten als erste Lebewesen Farbstoffe zur Speicherung der Sonnenenergie in Form von chemischer Energie. Die Fotosynthese entstand somit vor über 3,5 Milliarden Jahren. In riesigen pilzförmigen Kolonien besiedelten Cyanobakterien lichtdurchflutete Flachmeere. Der entstandene Sauerstoff reicherte sich in der Atmosphäre an.

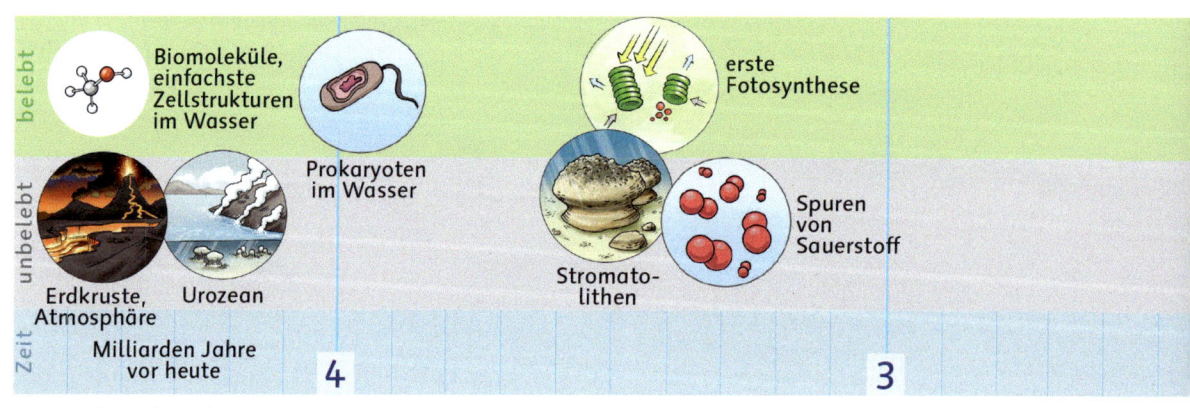

2 Entstehung des Lebens

Erste Eukaryoten

Vor etwa 2,1 Milliarden Jahren traten erstmals höher organisierte Zellformen auf, die *Eukaryoten*. Sie besaßen einen Zellkern und spezialisierte Zellbestandteile wie Mitochondrien. Sie waren in der Lage, Sauerstoff für ihren Stoffwechsel zu nutzen. Eine Formenfülle eukaryotischer Einzeller besiedelte die Erde. Schließlich entwickelten sich auch Vielzeller, deren unterschiedliche Zelltypen für verschiedene Aufgaben spezialisiert waren.

Explosionsartige Entwicklung der Arten

Erste Lebewesen der verschiedenen Reiche sind seit 540 Millionen Jahren nachweisbar. *Wirbellose Tiere* bildeten eine artenreiche Gruppe. Etwa 50 Millionen Jahre später entstanden die ersten Wirbeltiere, vermutlich kleine Urfische. Das Leben spielte sich lange Zeit überwiegend im Wasser ab. Erste höher entwickelte Lebewesen an Land waren vor 460 Millionen Jahren Pflanzen. Erst danach sind tierische Vertreter, vermutlich Gliederfüßer, belegt. Die ersten Landwirbeltiere lebten vor 360 Millionen Jahren.

In Kürze

Lebewesen entstanden auf der Erde im Urozean. Es dauerte Millionen von Jahren, bis sich Zellstrukturen bildeten. Durch die Fotosynthese reicherte sich Sauerstoff in der Atmosphäre an. Lebewesen konnten dann durch die Zellatmung Energie umwandeln. Aus Einzellern entwickelten sich Vielzeller.

Verfolgt man einen Prozess über einen bestimmten Zeitraum hinweg, kann man immer Veränderungen feststellen. Das gilt für die Entwicklung von Planetensystemen, Sternen und Planeten genauso wie für die Entwicklung von Lebewesen. Bei Lebewesen gibt es im Laufe der Individualentwicklung derartige Veränderungen, die wir entsprechenden Entwicklungsphasen zuordnen. Solche Veränderungen werden auch sichtbar, wenn man Gruppen von Lebewesen über lange Zeiträume vergleichend betrachtet. Es lassen sich ebenfalls wichtige „Neuerungen" des Lebens feststellen.

Nicht umkehrbare Veränderungen, die im Laufe der Zeit stattfinden, werden als Entwicklung bezeichnet. In der Biologie wird die Entwicklung von Lebewesen betrachtet.

Aufgaben

1. ☐ Beschreibe die Entstehung einfachster Zellstrukturen.
2. ■ Stelle Vermutungen an, weshalb das Land erst von Pflanzen und dann von Tieren besiedelt wurde.
3. ◪ Recherchiere über die geografische Lage und Besonderheiten der Kanaren.

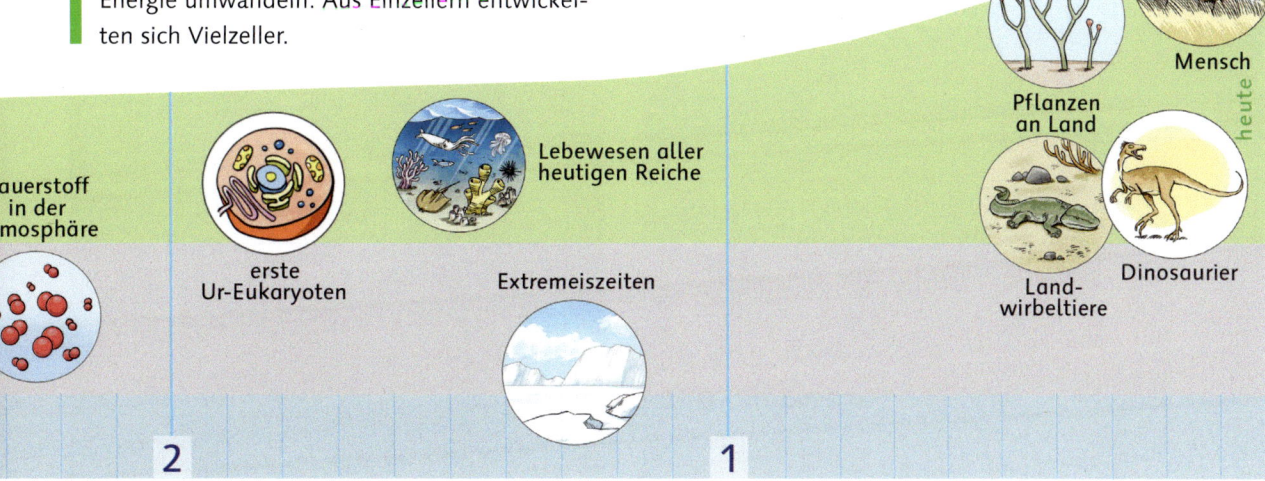

Sauerstoff in der Atmosphäre — erste Ur-Eukaryoten — Lebewesen aller heutigen Reiche — Extremeiszeiten — Pflanzen an Land — Landwirbeltiere — Dinosaurier — Mensch — heute

Wege zum Vielzeller

Auf der Suche nach möglichen Lebewesen auf dem Mars spielen für die Astrobiologen der NASA bestimmte Gesteinsbrocken eine wichtige Rolle. Bei diesen handelt es sich um die ältesten bekannten Fossilien der Erde. Doch warum hofft die NASA gerade auf den Fund solcher Brocken auch auf dem Mars?

Erste Hinweise auf Lebewesen

Die ersten Lebewesen auf der Erde waren vermutlich Einzeller. Da es aufgrund ihrer Kleinheit und ihrer Zartheit praktisch keine Fossilien von diesen gibt, stammen erste Hinweise auf Lebewesen von sogenannten Stromatolithen. Voraussetzung für die Entstehung dieser fossilen Gesteinsbrocken sind Mikroorganismen, die bis zu zehn Millimeter dicke Matten bilden. In diesen leben sie nicht nur zusammen, sondern betreiben sogar eine Art Arbeitsteilung. Diese Bakterienmatten existierten schon vor etwa 3,5 Milliarden Jahren. Hieraus lässt sich schließen, dass der Übergang vom Ein- zum Vielzeller bereits sehr früh stattfand. Viele Wissenschaftler versuchen herauszufinden, wie dieser Übergang geschah. Denn er gilt als wichtige Voraussetzung für die Entstehung höher entwickelter Lebewesen, also Organismen mit unterschiedlichen Geweben aus Zellen mit jeweils einem Zellkern.

1 Marsrover Curiosity sucht Spuren von Lebewesen.

Unterschiedliche Möglichkeiten

Forscher vermuten, dass sich im Laufe der Entwicklung viele Einzeller zu einem Vielzeller zusammenschlossen. Eine weitere Hypothese stellt die unvollständige Zellteilung dar. Dabei bleiben die Tochterzellen durch eine fehlerhafte Zellteilung aneinander haften. Es ist allerdings nicht leicht, Vorgänge aufzuklären, die vor Jahrmillionen abliefen. Hinweise liefern Prozesse, die heute ablaufen.

Unvollständige Zellteilung

Laborversuche mit einzelligen Grünalgen zeigen, dass durch unvollständige Zellteilungen zufällig entstandene Mehrzeller zu groß waren, um von Fressfeinden gefressen werden zu können. Diese Organismen setzten sich durch ihren Überlebensvorteil durch.

2 Fossile Stromatolithen

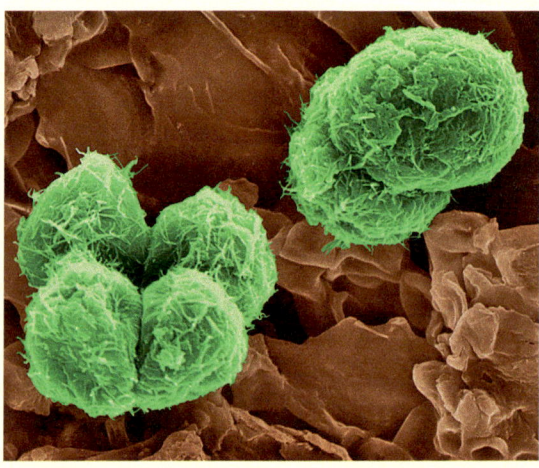

3 Mehrzellige Grünalge durch unvollständige Teilung

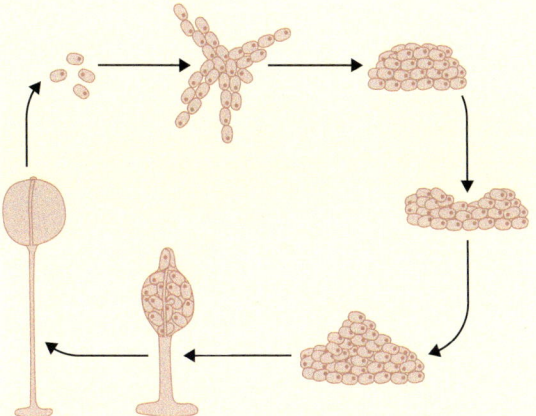

4 Einzellige Schleimpilze schließen sich zusammen.

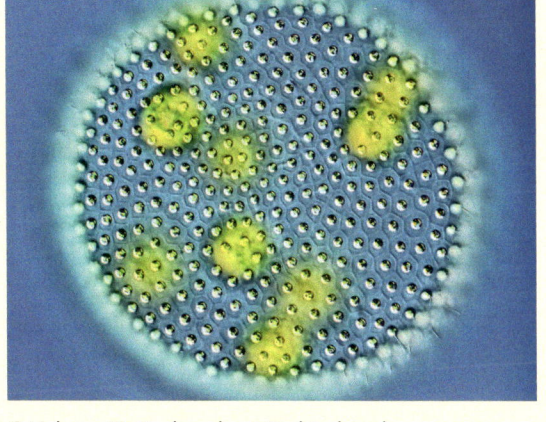

6 Volvox: Mutterkugel mit Tochterkugeln

Zusammenschluss von Einzellern

Schleimpilze leben als einzellige und mehrzellige Lebensformen. Bei Nahrungsmangel schließen sich die einzelligen Organismen zusammen und bilden ein pilzförmiges Gebilde. An dessen Spitze formt sich eine Kugel. Die in ihr enthaltenen Sporen verteilen sich mit dem Wind. Gelangen sie an einen Ort mit genügend Nahrung, werden sie zu einzelligen Schleimpilzen.

Grünalgen als Modell

Chlamydomonas ist eine einzellige Grünalge. Alle Lebensfunktionen werden von einer Zelle ausgeübt. Bei Gonium ist bereits eine Art Mehrzelligkeit erkennbar. Die Einzelzellen ähneln Chlamydomonas. Sie sind durch eine gallertartige Masse und Plasmabrücken dauerhaft verbunden. Dennoch ist jede Zelle nahezu eigenständig und kann durch Zellteilung einen Tochterorganismus bilden. Volvox dagegen weist typische Merkmale eines Vielzellers auf. Die Zellen sind miteinander verbunden und betreiben Arbeitsteilung. Es existieren Körper- und Fortpflanzungszellen. Anders als bei Einzellern gibt es echte Leichen. Die Zellen der Mutterkugel sterben, wenn die Tochterkugeln frei werden.

Vielzeller sind wahrscheinlich aus Einzellern hervorgegangen. Heute noch lebende Grünalgen liefern Hinweise und Modellvorstellungen zur Entstehung von Vielzellern.

Aufgaben

1 ☐ Beschreibe mit Hilfe von Bild 5 eine mögliche Entwicklung vom Einzeller zum Vielzeller.
2 ▨ Erläutere, warum die Grünalgen als Modellorganismen geeignet sind, um einen möglichen Entwicklungsprozess von Vielzellern zu beschreiben.
3 ■ Vermute, weshalb die NASA auf dem Mars nach fossilen Stromatolithen sucht.

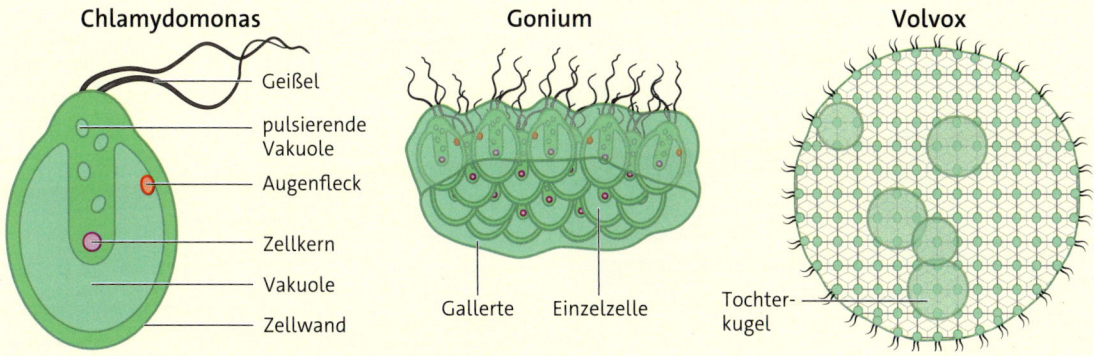

5 Grünalgen als Modell zum Aufzeigen möglicher Schritte vom Ein- zum Vielzeller

Vom Wasser ans Land

Eine Welt ohne Pflanzen kann man sich nur schwer vorstellen. Sie begegnen uns fast überall, selbst in den Häuserschluchten unserer Großstädte grünt und blüht es. In einer Welt ohne Pflanzen könnten weder Tiere noch der Mensch leben. Sie alle brauchen die Pflanzen als Nahrung. Doch es gab eine Zeit, in der Pflanzen und Tiere auf unserem Planeten nur im Wasser vorkamen.

Eroberung neuer Lebensräume

Wasser bietet günstige Lebensbedingungen: Es trägt und enthält Sauerstoff, Kohlenstoffdioxid sowie Mineralsalze in gelöster Form. Außerdem verhindert es das Austrocknen des Körpers und kann als Transportmittel für Keimzellen dienen. Tages- und jahreszeitliche Temperaturschwankungen treten im Wasser kaum auf. Im Vergleich dazu erscheint das Leben an Land zunächst unwirtlich.

Vor über 400 Millionen Jahren bildeten sich aus Gewässern durch Abtragung von Gebirgen und Ablagerung von Sedimenten riesige Sumpflandschaften. Sie stellten eine geeignete Grundlage für die Besiedlung des Festlands durch höhere Lebewesen dar. Das Leben an Land brachte unter anderem einen großen Vorteil: Es gab dort weniger Konkurrenz unter den Arten als im Wasser, in dem sich eine riesige Zahl von Lebewesen tummelte.

1 Eine Welt ohne Pflanzen

Pflanzen machten den Anfang ...

Vorreiter der Landbesiedlung waren Pflanzen, die in Ufernähe wuchsen und als Angepasstheit an das Leben im Flachwasser Schutzeinrichtungen gegen zeitweiliges Austrocknen besaßen. Neben der geringeren Zahl an Konkurrenten bot ein Leben an Land weitere Vorteile. Zunächst gab es dort kaum Pflanzenfresser oder Krankheitserreger. Die Sonnenstrahlen wurden nicht durch Wasser oder Plankton abgeschwächt. Außerdem war der Kohlenstoffdioxidgehalt in der Atmosphäre höher.

Als erste Landpflanze gilt Rhynia. Sie besaß zwar noch keine Blätter, hatte aber wurzelähnliche Ausläufer. Erste Funde dieser 400 Millionen Jahre alten fossilen Pflanzen fand man um 1910 in Schottland in einem ehemaligen Moor.

2 Unterwasserlandschaft vor 420 Millionen Jahren

3 So könnte die erste Landpflanze ausgesehen haben.

… und Tiere folgten

Nachdem die Pflanzen das Land besiedelt und die Atmosphäre weiter mit Sauerstoff angereichert hatten, folgten allmählich auch Tiere. Millimetergroße Tausendfüßer, sogenannte Gliederfüßer, waren die ersten höher entwickelten Tiere auf dem Festland.

Andere Organe entwickelten sich

Manche Wirbeltiere hatten neu entwickelte Organe, mit denen sie Sauerstoff aus der Luft aufnehmen konnten. *Quastenflosser* besaßen als Fische Kiemen, aber auch eine einfach gebaute Lunge. Sie ist als Angepasstheit an das Leben in flachen, sauerstoffarmen Meerwassertümpeln anzusehen. Ihre Flossen waren muskulös und hatten ein Innenskelett. Möglicherweise konnten sie andere Gewässer über Land kriechend erreichen.

Ichthyostega – ein frühes Landwirbeltier

Im Jahre 1831 wurde ein Fossil entdeckt, das Merkmale sowohl von Fischen als auch von *Amphibien* (Lurchen) zeigte. Dieser Ichthyostega besaß vier Gliedmaßen. Mit einer kräftigen Wirbelsäule verbunden, konnten sie die gesamte Masse des Tieres an Land tragen. Sein Schwanz hatte eine Flosse, ähnlich wie heute lebende Kaulquappen. Ichthyostega atmete vermutlich durch die Haut und mit Lungen. Obwohl die leicht beschuppte Haut ständig feucht gehalten werden musste, war das Leben im Wasser und an Land möglich. Die Amphibien suchten schließlich nur noch zum Laichen das Wasser auf.

Heute lebende Arten liefern Hinweise

Der heute noch lebende Schlammspringer gibt Hinweise auf den möglichen Übergang vom Wasser ans Land. Dieser Fisch lebt in Mangrovensümpfen der tropischen Küsten. Er ist in der Lage, sich mit seinen kräftigen Brustflossen hüpfend an Land fortzubewegen.

Von der Uramphibie zum Urreptil

Aus den früheren Formen, den Uramphibien, entstanden neben den Amphibien auch die ersten *Reptilien* (Kriechtiere), auf die alle landlebenden Wirbeltiere zurückgehen. Reptilien sind bei der Fortpflanzung nicht vom Wasser abhängig. Ihre Eier besitzen eine feste, meist pergamentartige Schale, die vor Austrocknung schützt.

In Kürze

Die Besiedlung des Landes durch die Wirbeltiere stellt einen wichtigen Evolutionsschritt dar. Das Leben an Land wurde durch den Schutz vor Austrocknung sowie verschiedene Angepasstheiten bei der Atmung, Fortpflanzung und der Fortbewegung möglich.

Aufgaben

1 ☐ Nenne Organe, die den ersten Wirbeltieren das Überleben an Land ermöglichten.

2 ☐ Wasser bietet Lebewesen günstige Lebensbedingungen. Dennoch besiedelten Organismen im Laufe der Evolution auch das Land. Zähle mögliche Vorteile für Lebewesen an Land auf.

4 Möglicher Formenwandel beim Übergang vom Wasser ans Land

Fossilien – Spuren vergangener Zeiten

Jeder weiß, dass es Dinosaurier gab, obwohl diese Tiere bereits seit 65 Millionen Jahren ausgestorben sind. Dank Funden von versteinerten Überresten wie diesem Schädel eines Tyrannosaurus rex kann man sich eine Vorstellung machen, wie die Tiere aus vergangenen Zeiten ausgesehen haben.

Zeugen früheren Lebens

Fossilien sind Überreste früherer Lebewesen, von deren Spuren und Ausscheidungen oder Fußabdrücken. Viele von ihnen sind mehrere Millionen Jahre alt. Mit Hilfe von Fossilien können Wissenschaftler beweisen, dass es früher andere Pflanzen und Tiere gab als heute. Fossilien belegen auch, wie sich Lebewesen entwickelt haben. Viele von diesen aus früheren Erdzeitaltern stammenden Lebewesen sind schon vor Millionen von Jahren ausgestorben.

Versteinerte Zeugen

Versteinerungen entstehen gewöhnlich am Grund von Gewässern. Stirbt ein Lebewesen, dann sinkt es zu Boden. Meist wird es von anderen Tieren gefressen oder von Bakterien zersetzt. Wenn aber eine Tierleiche zum Bei-

1 Schädel eines Tyrannosaurus rex

spiel sehr rasch von feinen Sedimenten wie Schlamm oder Sand bedeckt und luftdicht abgeschlossen wird, kann diese von Bakterien nicht mehr zersetzt werden. Der Körper bleibt lange erhalten. Danach lagern sich weitere Sedimente schichtweise darüber ab. Der zunehmende Druck presst das Wasser aus dem Schlamm heraus und chemische Vorgänge lassen ihn allmählich zu Stein werden. In Jahrmillionen entsteht dadurch ein Fossil in Form eines *Abdrucks* oder es bleiben Knochen als echte Versteinerungen zurück. Werden verfaulende Weichteile, zum Beispiel im Inneren einer Muschel, durch einfließenden Schlamm ersetzt, dann entsteht ein Ausguss des Schaleninneren, der ebenfalls zu Stein wird. Ein solches Fossil bezeichnet man als *Steinkern*.

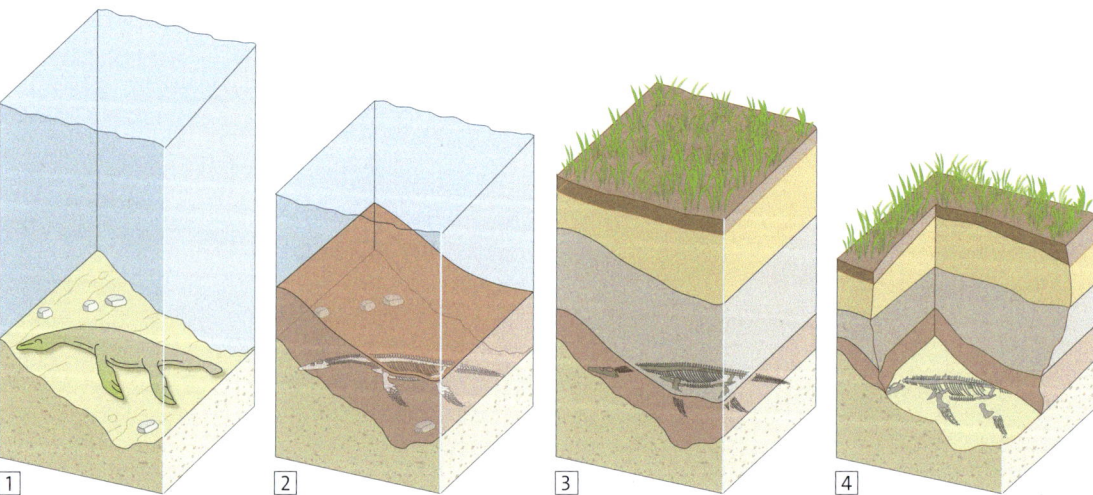

2 Ein Beispiel für die mögliche Entstehung von Fossilien

3 Steinkern-Seeigel

Die Stechmücke im Bernstein

Bernsteineinschlüsse gehören zu den außergewöhnlichsten und schönsten Fossilien, die man kennt. Bernstein ist das getrocknete Harz urzeitlicher Nadelbäume. In der honiggelben Masse, die an den Baumstämmen herablief, verfingen sich meist kleinere Lebewesen. Rasch nachströmendes Harz schloss ihre Körper vollständig ein. Auf diese Weise sind Spinnen, Insekten, Asseln, Vogelfedern und Fellhaare, ja sogar kleine Eidechsen und Frösche Millionen von Jahren erhalten geblieben. In Deutschland ist die Küste der Ostsee für ihre Bernsteinfunde bekannt.

Das Mammut im Eis

In den Dauerfrostböden Alaskas und Sibiriens wurden die nahezu vollständig erhaltenen Körper von Mammuts und Wollnashörnern entdeckt. Während der zurückliegenden Eiszeit waren die Tiere vermutlich in eine Spalte gestürzt, gestorben und durch das Eis mit Haut und Haaren sehr schnell vollständig konserviert.

Der Farn in der Kohle

Vor etwa 330 Millionen Jahren wuchsen auf der Erde riesige Sumpfwälder. Abgestorbene Pflanzenteile versanken im Sumpfboden und wurden unter Sauerstoffabschluss zu Torf. Durch Ablagerung weiterer abgestorbener Pflanzen und Erdschichten entstanden unter zunehmendem Druck und hohen Temperaturen Braun- und schließlich Steinkohle. Diesen Prozess nennt man Inkohlung. Einzelne Pflanzenteile von Schachtelhalmen oder Baumfarnen sind bis heute in den Kohlenschichten erkennbar.

In Kürze

Fossilien sind die Überreste oder Spuren von Lebewesen aus früheren Erdzeitaltern. Meist handelt es sich um versteinerte Abdrücke von Lebewesen. Auch in Bernstein und Eis wurden Lebewesen konserviert.

Aufgaben

1 ☐ Erstelle mit Hilfe von Bild 2 ein Flussdiagramm, das die Entstehung von Versteinerungen zeigt.
2 ■ Fossilien von Landtieren und Landpflanzen sind viel seltener als solche von wasserlebenden Formen. Begründe diese Aussage.
3 In Mooren versunkene Lebewesen bleiben sehr lange erhalten. Dort fand man die Körper von Tieren und auch von Menschen, die vor über 2000 Jahren zu Tode kamen. Bei einigen Menschen waren sogar noch die Reste der letzten Mahlzeit im Magen erhalten geblieben.
   a ☐ Nenne Bedingungen, damit eine Leiche im Moor zum Fossil werden kann.
   b ■ Aus Moorleichen können mehr Rückschlüsse gezogen werden als aus manchen anderen Fossilien. Begründe die Gültigkeit der Aussage.
   c ■ Manche dieser Moorleichen waren gefesselt. Stelle begründete Vermutungen an.

Altersbestimmung von Fossilien

Im Jahr 2007 gelang ein Sensationsfund im sibirischen Eis: Ein Wollhaarmammut wurde nahezu unversehrt entdeckt und spektakulär als ganzer Eisblock geborgen. Ganz sicher stammt das Tier aus einer der zurückliegenden Eiszeiten. Wie können Wissenschaftler überhaupt das genaue Alter dieses Fossils bestimmen?

Datierung mit radioaktivem Kohlenstoff

Zur absoluten Altersbestimmung von Fossilien nutzt man den radioaktiven Kohlenstoff ^{14}C (sprich C-14), er ist in allen Lebewesen enthalten. Die im Körper vorhandenen ^{14}C-Atome zerfallen allmählich, ihr Anteil nimmt beständig ab. Gleichzeitig nehmen Lebewesen etwa über die Nahrung ^{14}C aus der Umwelt auf. Dadurch ist der ^{14}C-Gehalt in lebenden Organismen konstant. Mit dem Tod endet die ^{14}C-Aufnahme aus der Umwelt. Die Halbwertszeit der ^{14}C-Atome, also die Zeit, nach der die Hälfte der vorhandenen Atome zerfallen ist, beträgt etwa 6000 Jahre. Mit empfindlichen Geräten kann man die Strahlung einer Probe messen und anhand des verbliebenen ^{14}C-Gehalts das Alter des Fossils berechnen.

Da radioaktiver Kohlenstoff relativ »schnell« zerfällt, eignet sich diese *Radiokarbonmethode* nur für »junge« Fossilien, die höchstens 50 000 bis 70 000 Jahre alt sind.

1 Sibirisches Mammut im Eisblock

Bestimmung durch Leitfossilien

Ein Fossil ist meist so alt wie die umgebende Gesteinsschicht. Liegen die Ablagerungen ungestört übereinander, sind Fossilien aus unteren Schichten älter als die Funde darüber. Diese relative Altersbestimmung liefert eine grobe Einordnung. Fossilien, die nur in bestimmten Schichten vorkommen und sich damit einem bestimmten Abschnitt der Erdgeschichte zuordnen lassen, nennt man *Leitfossilien*.

Aufgabe

1 ☐ Das 2007 gefundene Mammut hatte einen ^{14}C-Anteil von 20 Prozent. Folgere hieraus, wann das Mammut gelebt hat.

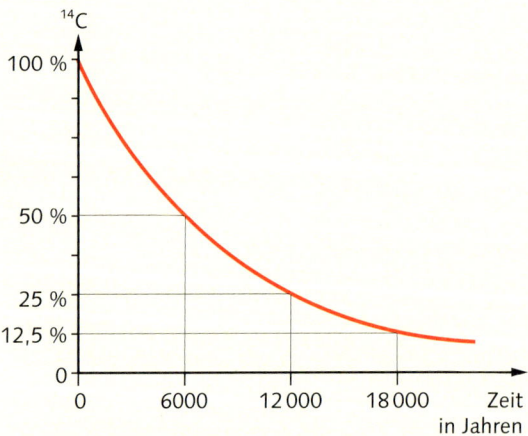

2 Zerfallskurve von radioaktivem ^{14}C

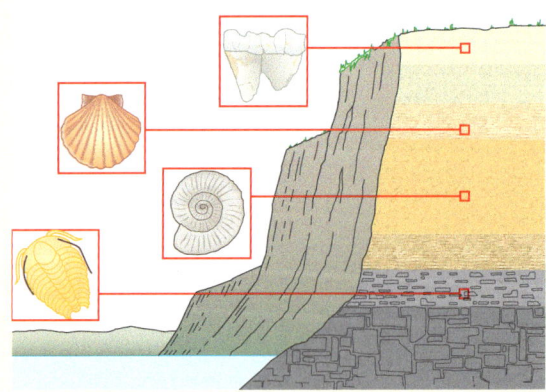

3 Ablagerungen mit den jeweiligen Leitfossilien

Nachbilden von Fossilien 🔵

Ein aus Sedimenten entstandenes, festes Gestein nennt man Ablagerungsgestein. Es bildet sich im Laufe von vielen Millionen Jahren am Meeresgrund.

Durch den folgenden Versuch kannst du modellhaft nachvollziehen, wie Fossilien beziehungsweise deren Abdrücke zwischen den Ablagerungsschichten entstehen.

Material leere Milchtüte, Sand, Vaseline, Gips, Wasser, Joghurtbecher, Gummibecher, Löffel, Muschelschalen, Schneckengehäuse oder Pflanzenreste, Hammer, kleiner Flachmeißel, Schutzbrille

Durchführung

- Wähle dein »Fossil« und bestreiche es von allen Seiten sorgfältig mit Vaseline.
- Schneide die obere Hälfte der Milchtüte ab. Mische je einen halben Becher Gips mit einem Becher Wasser (Schutzbrille!).
- Fülle die Milchtüte bis zur Hälfte mit dieser Mischung. Drücke deine vorbereiteten Gegenstände etwa bis zur Hälfte ein. Lass die Mischung antrocknen und bestreiche diese dann mit Vaseline.
- Gieße eine neu angerührte Gips-Sand-Mischung über die eingelegten Gegenstände.
- Stelle die Milchtüte nun auf die Fensterbank und lass sie dort einige Tage stehen.
- Nimm den Block aus der Milchtüte. Wenn dieser ganz durchgetrocknet ist, versuche vorsichtig mit Hammer und Meißel seitlich die Schichten voneinander zu trennen (Schutzbrille!). Nun erkennst du die darin liegenden »Abdruckfossilien« und ihre Abdrücke.

Aufgaben

1 ☐ Nenne für die Materialien Gips, Sand und Muschel die Entsprechungen in der Wirklichkeit.

2 ■ Übertrage die durchgeführten Arbeitsschritte auf die entsprechenden Vorgänge in der Natur.

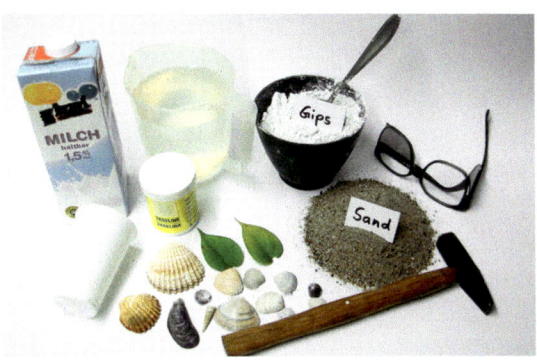

1 Materialien

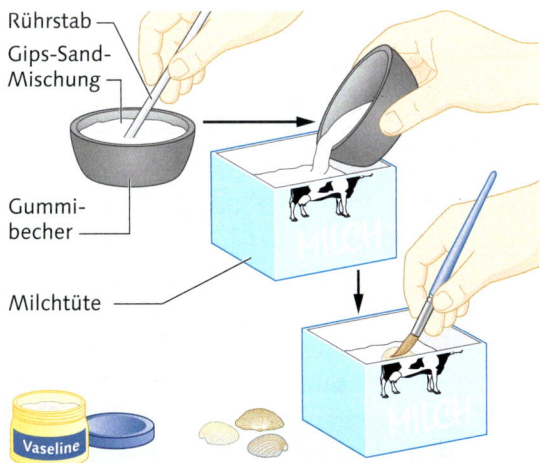

Rührstab
Gips-Sand-Mischung
Gummibecher
Milchtüte

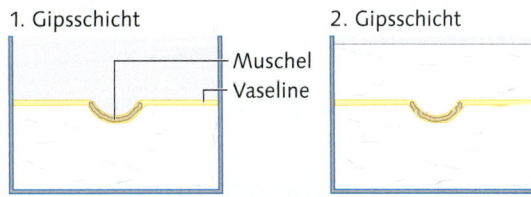

1. Gipsschicht — Muschel, Vaseline — 2. Gipsschicht

2 Arbeitsschritte

3 Fertiger Abdruck des »Fossils«

Übergangsformen

1861 fand ein Arbeiter in einem Steinbruch nahe des mittelfränkischen Ortes Solnhofen im Altmühltal eine seltsame Versteinerung: ein urtümliches Tier, das offenbar Federn hatte. Das Fossil wurde nach kurzer Zeit zu einem international bekannten Star der Naturwissenschaft. Denn alle erkannten schnell, dass dieser Fund nicht nur für die Forscher besonders wertvoll war. Seither fand man mindestens zehn weitere unterschiedlich vollständige Skelette dieses Tieres.

1 Steinbruch bei Solnhofen (historische Zeichnung)

Saurier mit Federn

Man nannte das versteinerte Tier *Archaeopteryx*, was übersetzt »uralte Feder« bedeutet. Der etwa elstergroße Archaeopteryx war der erste als Fossil gefundene Saurier, der auch Federn besaß. Das Skelett unterscheidet sich stark von dem heute lebender Vögel. Das Tier hatte eine nach hinten gerichtete erste Zehe, freie Fingerglieder mit Krallen an den Flügeln und eine Schwanzwirbelsäule. Anders als bei Vögeln bestand sein Schnabel nicht aus Horn, sondern aus bezahnten Kieferknochen. Neben solchen Reptilienmerkmalen besaß er auch typische Vogelkennzeichen.

Mögliche Lebensweise

Das Federkleid diente dem vor etwa 150 Millionen Jahren lebenden Archaeopteryx vermutlich zur Wärmeisolation. Außerdem nutzten Raubsaurier und frühe Vögel ihre Armschwingen beim schnellen Laufen zum Halten des Gleichgewichts. Die Federn hatten vermutlich auch eine schmückende Funktion.

Untersuchungen zur Flugfähigkeit

Röntgenanalysen der Röhrenknochen des Oberarms und der Elle eines versteinerten Flügels lieferten Hinweise auf das Flugverhalten. Demnach waren die Knochen von zahl-

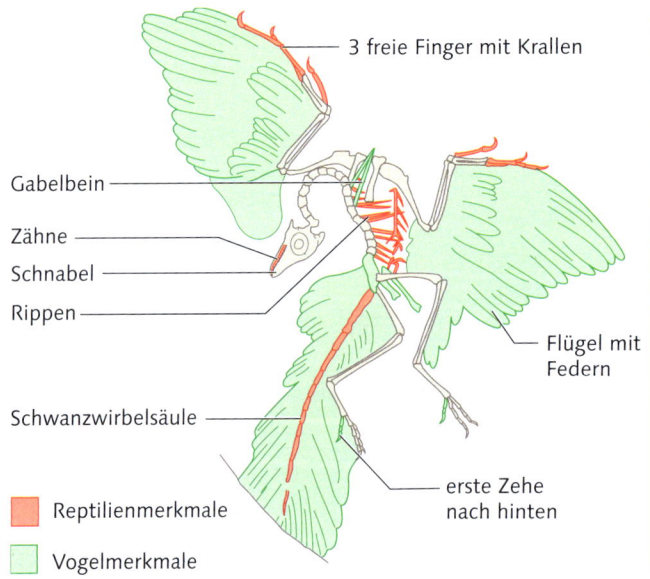

3 freie Finger mit Krallen

Gabelbein

Zähne

Schnabel

Rippen

Schwanzwirbelsäule

Flügel mit Federn

erste Zehe nach hinten

■ Reptilienmerkmale

■ Vogelmerkmale

2 Archaeopteryx – Merkmale von Reptil und Vogel

3 Mögliches Erscheinungsbild des Archaeopteryx

die für die Milchproduktion wichtig sind. Daneben finden sich aber auch Erbanlagen, die denen von Vögeln und Reptilien gleichen, wie etwa Gene für die Eierproduktion.

reichen Blutgefäßen durchzogen. Das deutet auf eine aktive Benutzung der Flügel hin. Außerdem war die kompakte Rinde der Armknochen ähnlich dünn wie die heutiger Vogelflügel. Die Knochen von Archaeopteryx waren widerstandsfähig gegenüber Verdrehungen beim Flug. Man geht davon aus, dass sich Archaeopteryx, ähnlich einem hochflatternden Huhn, nach einem schnellen Lauf zumindest kurzfristig erheben und mit den Flügeln schlagend in der Luft halten konnte.

Übergangsformen verbinden

Lebewesen, die Merkmale verschiedener Gruppen vereinen, stellen mögliche Übergänge zwischen Tier- oder Pflanzengruppen dar. Daher nennt man sie auch *Übergangsformen*. Ihre Merkmale ähneln einem Mosaik, das aus unterschiedlichen Teilen zusammengefügt ist. Deshalb werden solche Organismen auch als *Mosaikformen* bezeichnet.

Das Schnabeltier

Schnabeltiere leben in Teilen Australiens und zeigen Merkmale verschiedener Tiergruppen. Wegen des Fells und der Milchdrüsen hielt man Schnabeltiere früher für typische Säugetiere. Allerdings legen sie Eier mit pergamentartiger Schale, die für kurze Zeit bebrütet werden. Die Jungtiere lecken die Milch aus dem Fell. Das Erbgut des Schnabeltiers weist säugertypische Gene auf. Dazu zählen solche,

Der Ginkgobaum

Der Ginkgo ist eine in China heimische Baumart, die heute weltweit angepflanzt wird. Seit Hunderten Millionen von Jahren wachsen Ginkgobäume nahezu unverändert auf der Erde. Lebewesen, die man bereits als Fossilien kennt, die aber auch heute noch vorkommen, werden als *lebendes Fossil* bezeichnet.

Ginkgos unterscheiden sich von allen anderen lebenden Bäumen durch ihr Aussehen und ihre Fortpflanzung. Die Leitbündel in den ledrigen Laubblättern verlaufen nahezu parallel, wie sonst bei Nadelblättern. Zur Befruchtung schwimmen die männlichen Geschlechtszellen aktiv mit Hilfe von Geißeln zu den weiblichen Geschlechtsorganen. Dies kommt sonst nur bei Algen, Moosen und Farnen vor. Wie bei den Nadelholzgewächsen sind die Fruchtblätter nicht ganz geschlossen. Ginkgobäume zählen daher zu den nacktsamigen Pflanzen. Ihr Befruchtungsmechanismus und ihre Blätter geben eine Vorstellung von Bau und Lebensweise der Bäume in früheren Stadien der Evolution.

> **In Kürze**
> Organismen mit Merkmalen verschiedener Gruppen nennt man Übergangsformen. Sie geben Hinweise auf den möglichen Verlauf der Evolution.

Aufgaben

1 ■ Das Fossil eines Archaeopteryx kann mehrere Millionen Euro wert sein. Bewerte, ob solch ein Fund dem Entdecker oder dem Staat zustehen sollte.

2 ◪ Erläutere den Begriff Übergangsform am Beispiel des Schnabeltiers.

Fossilien und Übergangsformen

1 Leitfossilien geben Auskunft

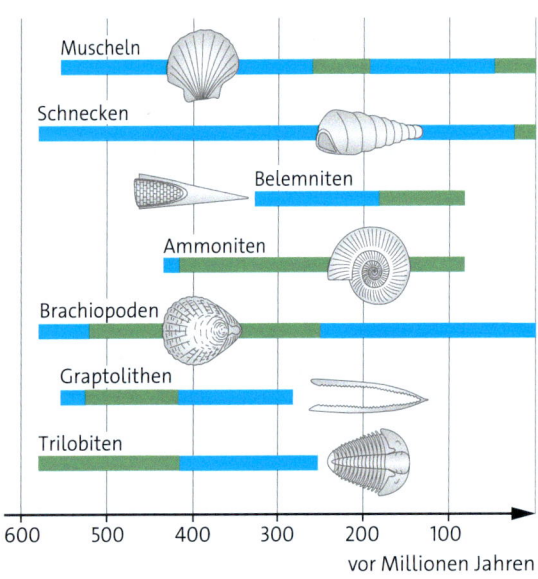

1 Vorkommen (farbiger Balken) und Bedeutung als Leitfossilien (grün)

Die Gesteinsschichten der Erde lassen sich in eine zeitliche Abfolge ordnen, wobei die unterste meist die älteste ist. Jede Schicht enthält charakteristische Leitfossillen, die auf eine bestimmte Zeit hinweisen.

a ☐ In einem Steinbruch wurde die im Bild links gezeigte Versteinerung gefunden. Beschreibe mit Hilfe von Bild 1 eine Vorgehensweise, um herauszufinden, wann der Organismus ungefähr gelebt hat.

b ■ Stelle begründete Vermutungen an, ob der Ursprung des Fossils tierisch oder pflanzlich ist.

c ◪ Wissenschaftler fanden neben einem versteinerten Reptilienkiefer noch zahlreiche Fossilien von Ammoniten und Brachiopoden. Gib an, in welchem Zeitraum das Reptil in etwa lebte.

2 Ammoniten und Belemniten

Ammoniten und Belemniten gehörten zu den Kopffüßern wie die heute lebenden Tintenfische. Ein Merkmal der Tintenfische und Belemniten ist ein von Weichteilen umschlossenes Gehäuse.

a ◪ Fertige Zeichnungen an, wie lebende Ammoniten und Belemniten ausgesehen haben könnten.

b ☐ Nenne einen Unterschied im Körperbau zwischen Tintenfischen und Ammoniten.

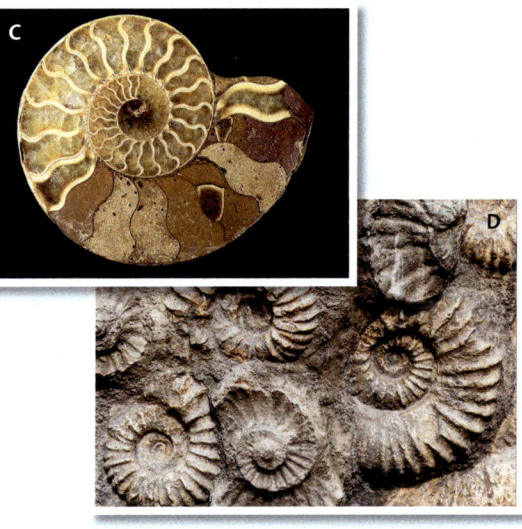

2 Fossilien: Belemniten (A, B), Ammoniten (C, D)

3 Acanthostega – eine Übergangsform

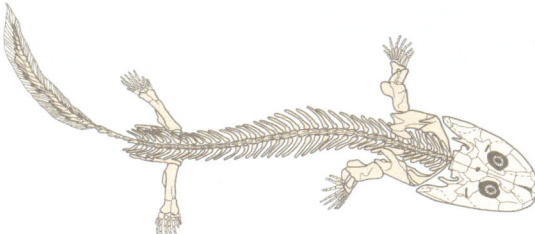

3 Skelett und mögliches Aussehen von Acanthostega

Im Jahr 1935 fand man in Grönland das Fossil eines bislang unbekannten Lebewesens. Das dazugehörige Tier, Acanthostega, lebte im Wasser, bewegte sich vermutlich auf dem Sumpfboden fort und atmete nur über Kiemen. Die zur selben Zeit im Wasser lebenden Fische fingen ihre Beute durch An- und Einsaugen. Eine Analyse der Schädelknochen von Acanthostega ergab hingegen, dass er vermutlich bereits eine Bisstechnik nutzte.

a ◪ Acanthostega gilt als Übergangsform. Notiere Merkmale, die diese Aussage stützen.

b ☐ Bild 4 zeigt eine Skizze eines Fundes von Acanthostega. Gib an, welche Teile des Skeletts du hier erkennen kannst.

4 Nautilus – ein lebendes Fossil

5 Nautilus – Fossilien und aktuelle Aufnahme

Nautilusarten leben heute im westlichen Pazifik und in einigen Bereichen des Indischen Ozeans.

a ◪ Man bezeichnet Nautilus als lebendes Fossil. Erkläre mit Hilfe von Bild 5, wie es zu dieser Bezeichnung kommt.

b ◼ Stelle begründete Vermutungen an, mit welchen auf dieser Doppelseite abgebildeten Organismen Nautilus verwandt ist.

5 Spuren vergangenen Lebens

◪ Entscheide, welches der in Bild 6 gezeigten Lebewesen als Fossil abgebildet ist. Begründe deine Entscheidung.

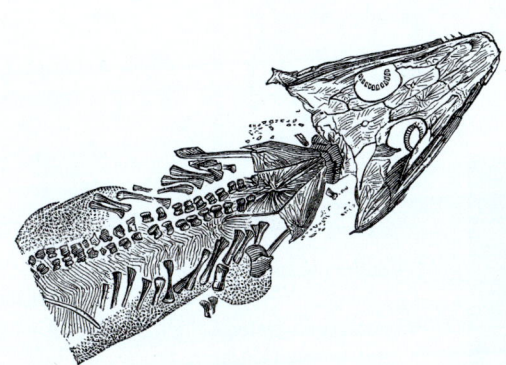

4 Versteinerung von Acanthostega

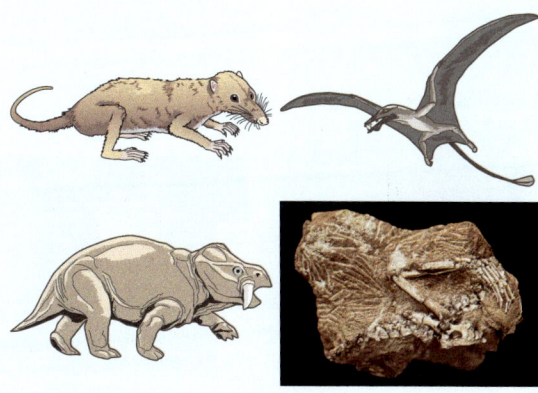

6 Lebewesen vor 240 Millionen Jahren

Weitere Hinweise auf frühere Lebensformen

Im Japanischen nennt man sie »Oyashirazu«, das heißt »den Eltern unbekannt«. Damit sind die Weisheitszähne gemeint, da sie meist durchbrechen, wenn man das Elternhaus längst verlassen hat. Oft drücken sie gegen die Backenzähne. Dann müssen die Weisheitszähne entfernt werden. Das hat in der Regel keine negativen Folgen, da sie für die Funktion des Gebisses nicht mehr wichtig sind.

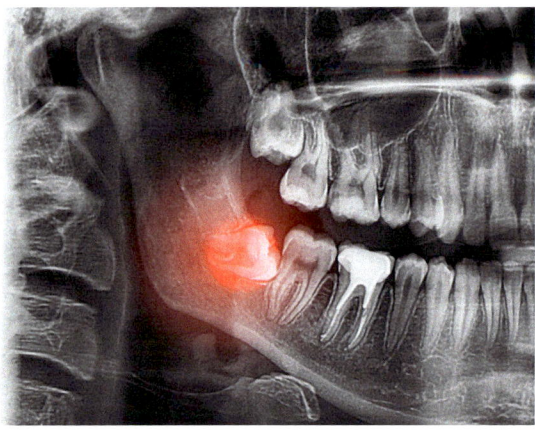

1 Weisheitszähne im menschlichen Kiefer

Organe ohne Funktion

Während ihrer langen Entwicklung haben manche Organe ihre ursprüngliche Funktion verloren und wurden zurückgebildet. Die Reste dieser heute meist funktionslosen Organe nennt man *Rudimente*. Sie zeigen, dass sich Lebewesen über lange Zeiträume hinweg verändern, und weisen auf Verwandtschaft hin.

Rudimente bei Tieren

Der Grönlandwal besitzt Reste eines Beckens sowie von Ober- und Unterschenkelknochen. Das deutet darauf hin, dass seine Vorfahren Hintergliedmaßen hatten. Bei der Erzschleiche sind die Beine zurückgebildet. Sie haben für die Fortbewegung keine Bedeutung mehr.

Rudimente beim Menschen

Auch beim Menschen gibt es rudimentäre Organe, die auf andersartige, frühere Lebensformen hinweisen.

Der Wurmfortsatz des Blinddarms ist der Rest eines früher größeren Darmanhangs. Das deutet auf eine andere Ernährungsweise hin, die zur Verdauung einen längeren Darm benötigte. Das Steißbein ist der stark verkürzte und zusammengewachsene Rest einer Schwanzwirbelsäule.

Ansätze der Ohrmuskulatur und die zurückgebildete Körperbehaarung sind weitere Rudimente beim Menschen. Die Weisheitszähne weisen auf ein größeres Gebiss und vermutlich auf andere Nahrung als heute hin.

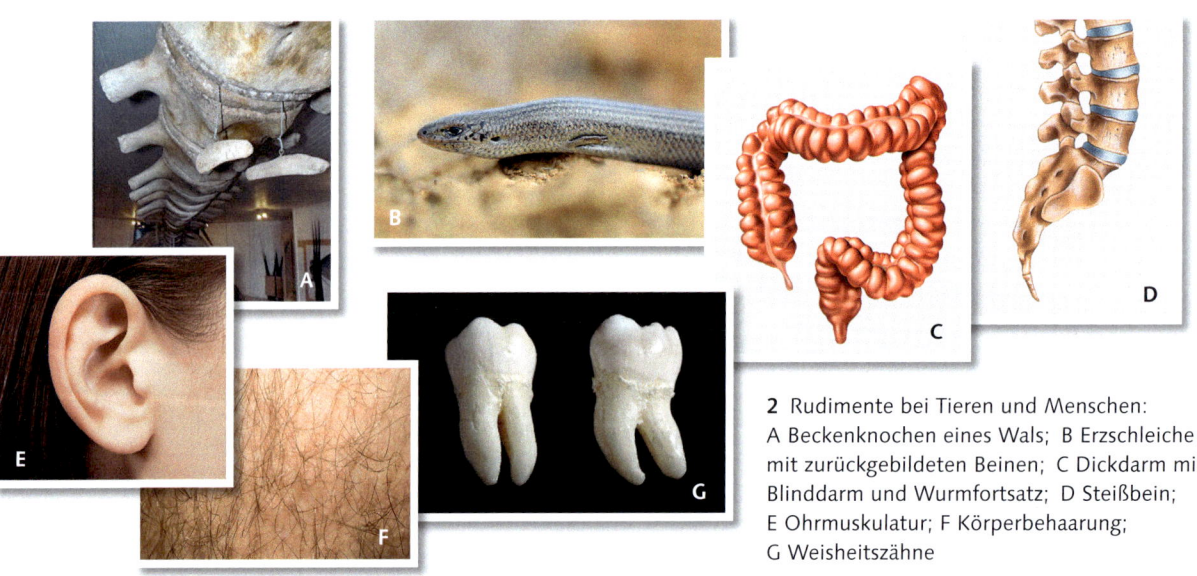

2 Rudimente bei Tieren und Menschen: A Beckenknochen eines Wals; B Erzschleiche mit zurückgebildeten Beinen; C Dickdarm mit Blinddarm und Wurmfortsatz; D Steißbein; E Ohrmuskulatur; F Körperbehaarung; G Weisheitszähne

Verschwundene Merkmale kehren zurück

Bei einzelnen Lebewesen treten manchmal unvermittelt Merkmale wieder auf, die im Laufe der stammesgeschichtlichen Entwicklung bereits verschwunden waren. Dieses Phänomen nennt man *Atavismus*. Dabei werden rudimentär vorhandene Organe, die für die gegenwärtige Entwicklungsstufe keine Funktion mehr besitzen, wieder voll ausgebildet.

Beispiele für Atavismen

Bei Pferden oder Rindern kann es am Schienbein zur Ausbildung von Zehen kommen. Dies ist ein Hinweis auf mehrzehige Vorfahren. Beim Menschen können zusätzliche Brustwarzen ausgebildet werden. Eine dichte Behaarung weist auf ein bei den Vorfahren vorhandenes Fell hin. Manche Menschen können ihre Ohren mit besonderen Muskeln gezielt bewegen. Bewegliche Ohren waren für das Erkennen von Beute oder Fressfeinden von Vorteil.

3 Kiwi, ein Vogel ohne Flügel

Aufgaben

1 a ☐ Nenne die Definition für rudimentäre Organe.

b ☐ Nenne Beispiele für rudimentäre Organe.

2 a ■ Stelle Vermutungen an, weshalb man die Zähne in Bild 1 Weisheitszähne nennt.

b ■ Sollte man deiner Meinung nach diese Zähne entfernen? Begründe deine Entscheidung.

3 ◪ Die in Neuseeland beheimateten Kiwis können nicht fliegen. Sie besitzen nur Flügelstummel. Erkläre, weshalb diese Vögel trotzdem derartige Körperteile besitzen.

4 ◪ Atavismus heißt übersetzt »Urahne«. Erkläre diesen Begriff.

> ### In Kürze
> Rudimente und Atavismen geben Hinweise auf frühere Lebensformen. Sie weisen darauf hin, welche Veränderungen in der Evolution stattgefunden haben.

Extra

Embryonalentwicklung

Bereits im 19. Jahrhundert fiel Forschern auf, dass sich die Embryonen verschiedener Wirbeltierarten in einer bestimmten Zeit ihrer Embryonalentwicklung ähneln. Auch beim Menschen kann man diese Beobachtung machen. Er entwickelt für kurze Zeit unter anderem eine dichte Behaarung am ganzen Körper. Diese Übereinstimmungen während der Embryonalentwicklung lassen darauf schließen, dass sich die Wirbeltiere aus gemeinsamen Vorfahren entwickelt haben. Bereits Ernst Haeckel (1834–1919) formulierte die Hypothese, dass sich in der Embryonalentwicklung die Stammesentwicklung wiederholt. Neueste Untersuchungen scheinen die Richtigkeit der Hypothese zu bestätigen.

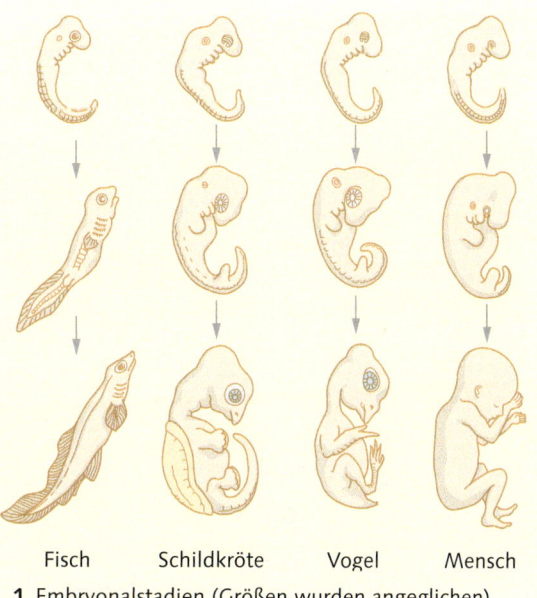

Fisch   Schildkröte   Vogel   Mensch

1 Embryonalstadien (Größen wurden angeglichen)

Ähnlichkeit und Verwandtschaft

Fledermäuse sind wendige und schnelle Flieger, die ihre Beute meist nachts im Flug jagen. Ihre Flügel bestehen aus Häuten, die zwischen den langen, dünnen Knochen der Hand gespannt sind. Auch Vögel haben Flügel. Gehören Fledermäuse deswegen zu den Vögeln?

1 Nächtlich jagende Langohrfledermaus

Gleicher Grundbauplan – Homologie

Hinweise auf Verwandtschaft geben Gemeinsamkeiten im Grundbauplan. Ein Beispiel sind die Skelette der Vordergliedmaßen von Wirbeltieren. Sie sind je nach Art unterschiedlich gestaltet, gliedern sich aber immer in Oberarmknochen, Elle, Speiche sowie in Handwurzel-, Mittelhand- und Fingerknochen. Ähnlichkeiten gibt es auch bei inneren Organen oder Verhaltensweisen. Solche Ähnlichkeiten aufgrund gemeinsamer Abstammung fasst man als *Homologien* zusammen. Organe von verschiedenen Lebewesen, die unterschiedlich aussehen können, aber einen gemeinsamen Grundbauplan haben, sind *homologe Organe*. Je mehr homologe Organe verschiedene Lebewesen haben, desto näher verwandt sind sie. Oft lassen sich Zwischenformen feststellen, die durch Fossilien oder in der Embryonalentwicklung belegt sind.

Unterschiedliche Funktionen

Homologe Organe weisen darauf hin, dass zum Beispiel Wirbeltiere gemeinsame Vorfahren haben. Im Laufe der Entwicklung sind diese Organe durch Angepasstheiten an verschiedene Umweltbedingungen immer unterschiedlicher geworden. Ausformungen der Organe wie Flossen bei Delfinen oder Flügel bei Vögeln ermöglichen unterschiedliche Funktionen und Lebensweisen. Der Grundbauplan ist aber erhalten geblieben.

Gleiche Funktion – Analogie

Eine Maulwurfshand und die Grabschaufel einer Maulwurfsgrille sehen sich äußerlich sehr ähnlich und erfüllen die gleiche Funktion. Ihr Grundbauplan und der Aufbau sind aber völlig unterschiedlich. Die Maulwurfshand ist aus einem knöchernen Innenskelett, die Grab-

- ■ Oberarm
- □ Unterarm
- □ Handwurzel
- ■ Mittelhand
- □ Finger

2 Homologe Vordergliedmaßen bei Wirbeltieren

3 A Maulwurf; B Maulwurfsgrille

schaufel der Maulwurfsgrille aus einem äußeren Chitinskelett aufgebaut. Organe mit einem unterschiedlichen Grundbauplan, die bei ähnlichen Umweltbedingungen die gleiche Funktion erfüllen, nennt man *analoge Organe*.

> **In Kürze**
>
> Homologe Organe haben den gleichen Grundbauplan, aber unterschiedliche Funktionen. Sie weisen auf Verwandtschaft hin. Analoge Organe erfüllen ähnliche Funktionen, sind aber unterschiedlich gebaut.

Erschließungsfelder

Bau und Funktion sowie Angepasstheit

Der Bau beschreibt den Aufbau einer Zelle sowie deren Bestandteile, eines Gewebes, eines Organs oder Körperteils. Diese sind so strukturiert, dass sie jeweils bestimmte Funktionen, also Aufgaben, erfüllen oder erleichtern können. So unterstützen die veränderten Knochen der Vordergliedmaßen bei Vögeln das Fliegen. Zusammen mit den besonders geformten Schwungfedern bilden sie eine ausreichend große Oberfläche, die den nötigen Auftrieb erzeugt. Hohle Knochen, der Schnabel aus Horn und die stark verkürzte Schwanzwirbelsäule bewirken, dass ein Vogel im Vergleich zu einem Säugetier gleicher Größe viel leichter ist. Mithilfe der großen Brustmuskulatur erfolgt der Auf- und Abschlag der Flügel. Der Brustmuskel setzt an einem vergrößerten Brustbeinkamm an. Durch die besonders gebaute Lunge wird der eingeatmeten Luft besonders viel Sauerstoff

Aufgaben

1 ☐ Beschreibe Gemeinsamkeiten und Unterschiede im Aufbau der Wirbeltiergliedmaßen in Bild 2. Vergleiche zwei Beispiele deiner Wahl.

2 ◪ Erkläre, weshalb die in Bild 3 dargestellten Gliedmaßen analoge Organe sind.

3 ■ Alle drei Tiere in Bild 4 haben Flossen, die sich rein äußerlich sehr ähnlich sehen. Entscheide, ob es sich bei den Flossen jeweils um analoge oder um homologe Organe handelt. Begründe deine Entscheidung.

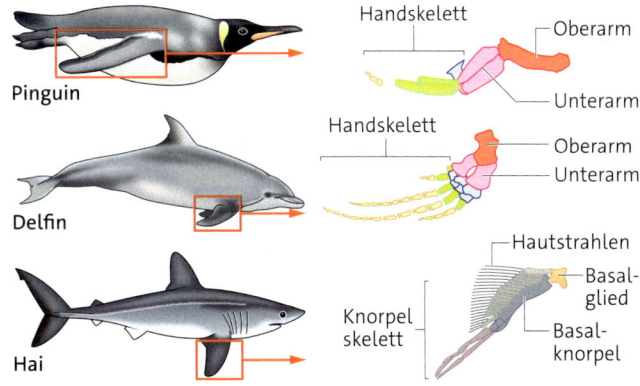

4 Analogie – Homologie

1 Viele körperbauliche Besonderheiten ermöglichen das Fliegen.

entnommen, sodass die Muskulatur auch noch in größeren Höhen und bei starker Belastung ausreichend versorgt werden kann. Aus all diesen baulichen Besonderheiten ergibt sich die Angepasstheit der Vögel an die Fortbewegung und Lebensweise in ihrem Lebensraum. So können sie beispielsweise ausreichend Nahrung finden, ihren Feinden entkommen und sich fortpflanzen.

Stammesentwicklung der Wirbeltiere

Bei vielen Wirbeltierfossilien ist die Wirbelsäule besonders gut zu erkennen. Mit Hilfe verschiedener Datierungsmethoden kann man das Alter der Fossilien bestimmen und sie in Entwicklungsepochen einordnen und Hinweise auf die Stammesentwicklung ableiten.

Entwicklung der Wirbelsäule

500 Millionen Jahre alte Fossilien zeigen Wesen, die an eine Mischung aus Wurm und Fisch erinnern und im Wasser lebten. Sie besaßen einen lang gestreckten, biegsamen »Stab«, der als eine Art Innenskelett diente. Er lag zwischen dem Rückenmark und dem Darm. Tiere mit einem solchen Stab nennt man *Chordatiere*. Das heute noch lebende Lanzettfischchen sieht diesen Fossilien sehr ähnlich. Da alle Wirbeltiere während ihrer Entwicklung als Fetus eine Chorda ausbilden, geht man heute davon aus, dass sie den Vorläufer der Wirbelsäule darstellt.

Die Fische

Mit der Entwicklung der Wirbelsäule entstanden als erste Wirbeltiere vielfältige Fischarten. Man teilt sie in Kieferlose, Knorpelfische und Knochenfische ein. Sie besiedelten alle Meere und Binnengewässer. Nach dem Perm entwickelten die Knochenfische eine große Artenvielfalt. Bei einer Gruppe der Fische entwickelten sich einfache Lungen. Dies war eine wichtige Voraussetzung für das Leben an Land.

1 Fossil eines Fisches mit gut erkennbarer Wirbelsäule

Die Amphibien

Die Fossilien des Ichthyostega zeigen ein Skelett mit einem Schulter- und Beckengürtel sowie Beinen. Dadurch ist das Skelett gegenüber dem von Fischen stabiler und ermöglicht die Fortbewegung an Land. Die Atmung über Lungen und eine Haut, die einen zeitweisen Schutz vor Austrocknung bietet, waren weitere Angepasstheiten an das Leben an Land. In diesem neuen Lebensraum konnten sehr unterschiedliche Lebewesen entstehen. Zunächst entwickelten sich die Amphibien. Sie benötigen feuchte Lebensräume, weil ihre Haut nicht austrocknen darf. Auch zur Fortpflanzung müssen die meisten Arten das Wasser aufsuchen. Viele Amphibienlarven entwickeln sich zunächst im Wasser. Die Amphibien bildeten als erste Landwirbeltiere einen großen Artenreichtum.

Die Reptilien

Im Erdmittelalter besiedelten Reptilien Land, Luft und Wasser. Sie waren die ersten Wirbeltiere, die dauerhaft an Land leben konnten. Ihre Haut ist durch Knochen- oder Horn-

2 Lanzettfischchen

3 Feuersalamander leben an Land und im Wasser.

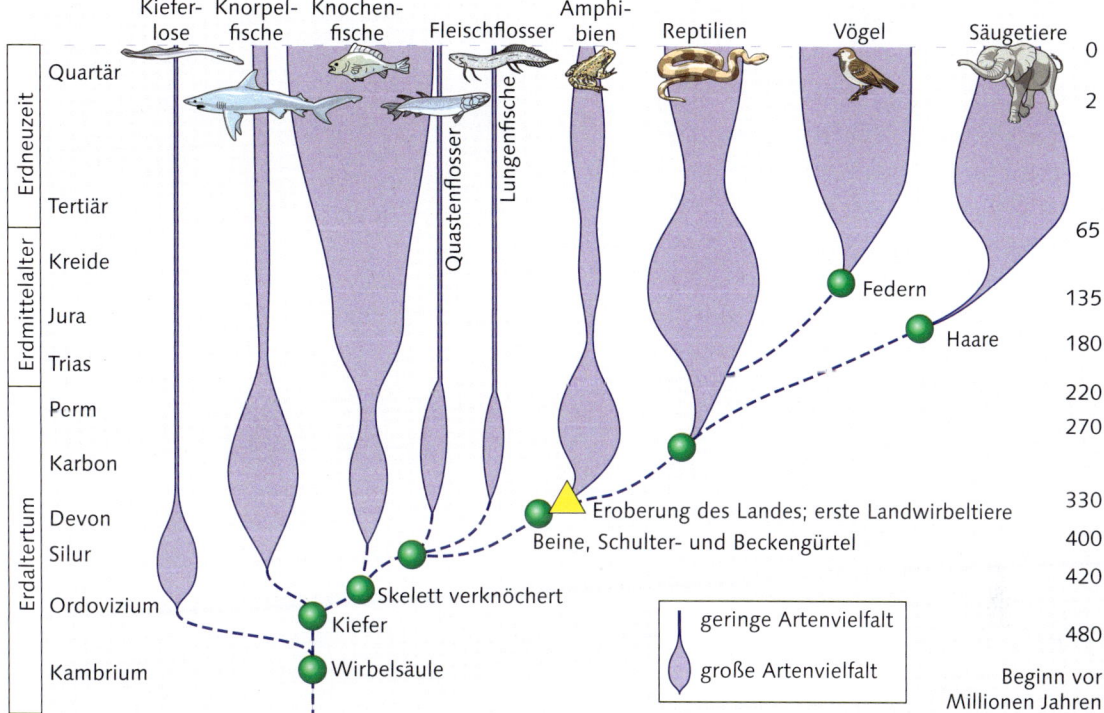

Kiefer-lose Knorpel-fische Knochen-fische Fleischflosser Amphi-bien Reptilien Vögel Säugetiere

Quastenflosser Lungenfische

Erdneuzeit
Quartär — 0
— 2
Tertiär — 65

Erdmittelalter
Kreide — 135
Jura — 180
Trias

Erdaltertum
Perm — 220
— 270
Karbon
Devon — 330
Silur — 400
— 420
Ordovizium — 480
Kambrium

Federn — 135
Haare — 180

Eroberung des Landes; erste Landwirbeltiere
Beine, Schulter- und Beckengürtel

Skelett verknöchert

Kiefer

Wirbelsäule

| geringe Artenvielfalt
| große Artenvielfalt

Beginn vor
Millionen Jahren

4 Stammbaum der Wirbeltiere – vermutete Entwicklung

schuppen vor dem Austrocknen geschützt. Ihre Eier werden im Körper befruchtet und sind von pergamentartigen Schalen umgeben. Eine besonders artenreiche Untergruppe der Reptilien waren die Saurier.

Die Säugetiere
Bereits während der Blütezeit der Saurier entwickelten sich die ersten Säugetiere. Ihre wichtigste Angepasstheit ist die gleichbleibende Körpertemperatur, dadurch sind sie nicht mehr von wechselnden Umgebungstemperaturen abhängig. Zudem sind Säugetiere durch Haare, durch ihr Fell, vor Wärmeverlust geschützt. Auch die Art der Fortpflanzung änderte sich grundlegend. Die Jungen entwickeln sich im Körper des Muttertiers und kommen lebend zur Welt. In den ersten Lebenswochen werden sie von der Mutter mit Milch aus den Milchdrüsen gesäugt.

Die Vögel
Einige Saurierarten besaßen Federn. Aus diesen Sauriern entwickelten sich vermutlich die ersten Vögel. Diese gleichwarmen Tiere konnten mit Hilfe der Federn, der Flügel und einer geringeren Körpermasse aufgrund von hohlen Knochen den Lebensraum Luft erobern.

In Kürze
Die Wirbeltiere entwickelten sich aus wirbellosen Vorfahren. Die ersten Wirbeltiere waren Fische. Aus ihnen entwickelten sich vermutlich die Amphibien, daraus wiederum die Reptilien und schließlich die Säugetiere und Vögel. Dieser Vorgang wird mit dem Begriff Stammesentwicklung bezeichnet.

Aufgaben
1 ☐ Stelle in einer Tabelle die typischen Entwicklungsmerkmale von Fischen, Amphibien, Reptilien, Säugetieren und Vögeln dar.
2 ◪ Beschreibe mit Hilfe von Bild 4, wie sich im Laufe der Entwicklung die Artenvielfalt der Wirbeltiere veränderte.
3 ◼ Stelle Vermutungen an, weshalb sich die Artenvielfalt der Wirbeltiergruppen veränderte.

Wie verläuft Evolution?

Der Gepard schleicht sich an seine Beute an und greift dann mit einer Geschwindigkeit von ungefähr 60 Kilometer pro Stunde an. Dabei handelt es sich noch nicht um seine Höchstgeschwindigkeit. Geparden sind spezialisiert und an ihre Jagdmethode sehr gut angepasst. Der Gepard ist ein hoch entwickelter Organismus. Was ist damit eigentlich gemeint? Ist hoch entwickelt besser als nicht so hoch entwickelt, beispielsweise wie eine einfach gebaute Qualle?

1 Der Gepard weist einen komplexen Bau auf.

Evolution hat kein Ziel

Betrachtet man die Entwicklung der Organismen aus heutiger Sicht, scheint es, als wenn es eine geradlinige Entwicklung vom Niederen zum Höheren gegeben hätte. Das ist jedoch nicht der Fall. Evolutionsprozesse verlaufen weder geradlinig, noch sind sie auf ein bestimmtes Endziel gerichtet. So „funktioniert" der Gepard als hoch komplexes Lebewesen in seiner Umwelt nicht besser oder schlechter als ein einfach gebauter Organismus wie beispielsweise eine Qualle. Entscheidend für ihr Überleben ist die jeweilige Angepasstheit an den Lebensraum und die dort herrschenden Umweltbedingungen. Oft umfasst die Herausbildung solcher Angepasstheiten einen langen Zeitraum. Bei Lebewesen mit einem kurzen Reproduktionszeitraum lassen sich in einigen Fällen die Auswirkungen von Veränderungen auch im Zeitraum eines Menschenlebens beobachten. Evolution dauert auch heute noch an. Sie führt zu fortdauernden Veränderungen der Lebewesen in Abhängigkeit von den sich jeweils ändernden Umweltbedingungen.

Von einfach bis komplex

In Wechselwirkung mit den Umweltbedingungen bildeten sich im Laufe der Entwicklungsgeschichte des Lebens immer neue Organisationsstufen heraus. So entstanden mit der Zeit Eukaryoten, bei denen wichtige Zellräume voneinander durch Membranen abgegrenzt sind, später Mehrzeller. Im Verlauf der Stammesentwicklung traten mit der Zeit Mehrzeller auf, bei denen besonders geformte Zellen spezielle Aufgaben erfüllten. Die Komplexität und Differenziertheit nahm demnach bei einigen Organismengruppen zu. Damit verbunden war eine höhere Leistungsfähigkeit der entsprechenden Strukturen.

Diese höhere Leistungsfähigkeit durch Zunahme der Komplexität lässt sich gut am Beispiel der Lungen von Landwirbeltieren verdeutlichen. Amphibien atmen durch einfach gebaute Lungen und durch ihre Haut. Weil die Körperoberfläche von Reptilien, Säugetieren und Vögeln durch Hornschuppen oder Horn-

2 Ohrenquallen sind relativ einfach gebaut.

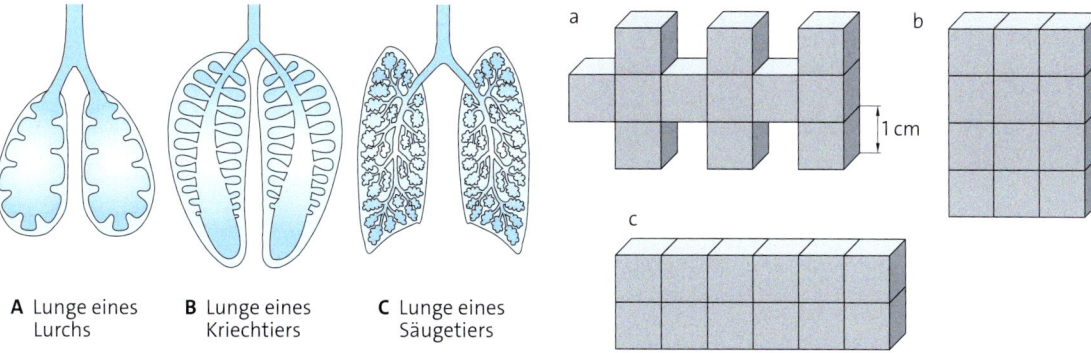

A Lunge eines Lurchs   **B** Lunge eines Kriechtiers   **C** Lunge eines Säugetiers

3 Die Lungen einiger Wirbeltiergruppen

4 Gleiches Volumen, unterschiedliche Oberfläche

platten, durch Fell oder durch Federn bedeckt ist, kann der Gasaustausch bei ihnen nicht über die Haut erfolgen. Die Tiere atmen daher nur durch unterschiedlich gebaute Lungen. Die Lungen der Reptilien sind mehrfach gekammert und besitzen dadurch eine viel größere innere Oberfläche als die der Amphibien. Durch diese große Lungenoberfläche kann ausreichend Sauerstoff aus der Luft aufgenommen werden, um die Tiere zu versorgen. Die innere Oberfläche der Säugetierlungen ist durch Lungenbläschen noch stärker vergrößert. Somit gelangt bei gleichem Volumen noch mehr Sauerstoff in den Körper. Für die Bewegung wird Sauerstoff vor allem in den Muskeln benötigt. Die leistungsfähigen Lungen ermöglichen so auch die höhere Leistungsfähigkeit der Muskulatur, beispielsweise um die hohe Geschwindigkeit eines Geparts bei der Jagd zu realisieren.

Auch Vögel weisen eine sehr komplex gebaute Lunge auf. Lungenpfeifen und Luftsäcke bewirken, dass der Atemluft besonders viel Sauerstoff entnommen wird, sodass die Flugmuskulatur mit ausreichend Sauerstoff versorgt werden kann. Auch hier ist der komplexe Bau mit einer höheren Leistungsfähigkeit verbunden. Diese Entwicklungstendenz bezeichnet man auch als *Höherentwicklung*.

Einfach gebaut geht auch

Auch wenn bei der stammesgeschichtlichen Entwicklung in einigen Organismengruppen eine Zunahme der Komplexität zu beobachten ist, heißt das nicht, dass die einfacher gebauten Organismen ausgestorben sind. So existiert auch heute noch eine große Artenzahl von Bakterien, also Einzellern, die keinen abgegrenzten Zellkern besitzen. Die Vielfalt von Einzellern mit abgegrenzten Funktionsräumen in ihren Zellen ist ebenfalls groß. Zudem bevölkern viele einfach gebaute Pflanzen und Tiere die Erde.

An den Beispielen wird deutlich, dass durch evolutionäre Prozesse im Verlauf der Entwicklungsgeschichte des Lebens letztendlich die Artenvielfalt erhöht wird.

In Kürze

Bei einigen Organismengruppen ist im Laufe der Evolution eine Zunahme der Komplexität verbunden mit einer Erhöhung der Leistungsfähigkeit erfolgt. Diese Entwicklungstendenz wird als Höherentwicklung bezeichnet.

Aufgaben

1 ◪ Erläutere die Entwicklungstendenz Höherentwicklung an einem Beispiel.
2 ◼ „Als weitere Entwicklungstendenz der Evolution lässt sich die Spezialisierung feststellen." Erläutere diese Aussage am Beispiel der Schnäbel von Steinadler und Stockente. 🗒

5 Verschieden gebaute Vogelschnäbel

Stammbaum der Lebewesen

Die faszinierende Schönheit und Farbenpracht eines Korallenriffs lassen sich bei einem Tauchgang besonders gut erleben. Dabei kann man auch die Vielzahl der verschiedenartigsten Lebewesen beobachten. Neben Fischen und den zu den Nesseltieren zählenden unterschiedlichen Korallen leben hier Tintenfische, Seesterne und Pflanzen. Kaum zu glauben, dass sie trotz ihrer Verschiedenheit miteinander verwandt sind.

1 Vielfalt der Lebewesen rund um ein Korallenriff

Stammbaum – Abbild der Evolution

Stammbäume legen die Verwandtschaftsbeziehungen von Lebewesen dar, die einen gemeinsamen Vorfahren haben. Viele bilden nur die Verwandtschaft einer Gruppe von Lebewesen ab. Wissenschaftler versuchen, einen Stammbaum aufzustellen, der die Verwandtschaftsbeziehungen möglichst vieler Lebewesen veranschaulicht. Nach heutigem Wissensstand lässt sich der Stammbaum der Lebewesen mehr als drei Milliarden Jahre zurückverfolgen. Er weist noch große Lücken auf, denn man kennt noch nicht alle verwandtschaftlichen Be-

ziehungen. Dies wirft immer wieder neue Fragen auf.

Praktischer Nutzen

Wenn man versteht, wie die Vielzahl von Lebewesen miteinander verwandt ist, lassen sich Zusammenhänge erkennen. So können Wissenslücken geschlossen, in der Medizin neue Medikamente entwickelt, in der Landwirtschaft Nutzpflanzen durch Züchtung verändert und der Natur- und Artenschutz verbessert werden.

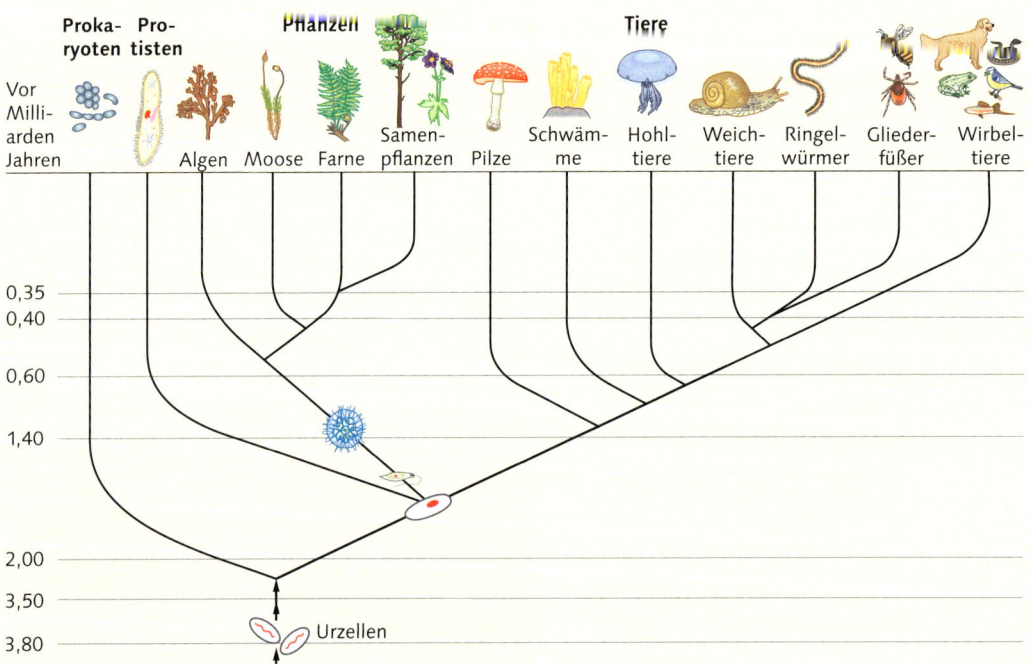

2 Ein Stammbaum – eine Darstellung der Abstammung und Verwandtschaft der Lebewesen

Abstammung von Lebewesen

1 Stammbaum der Pferde

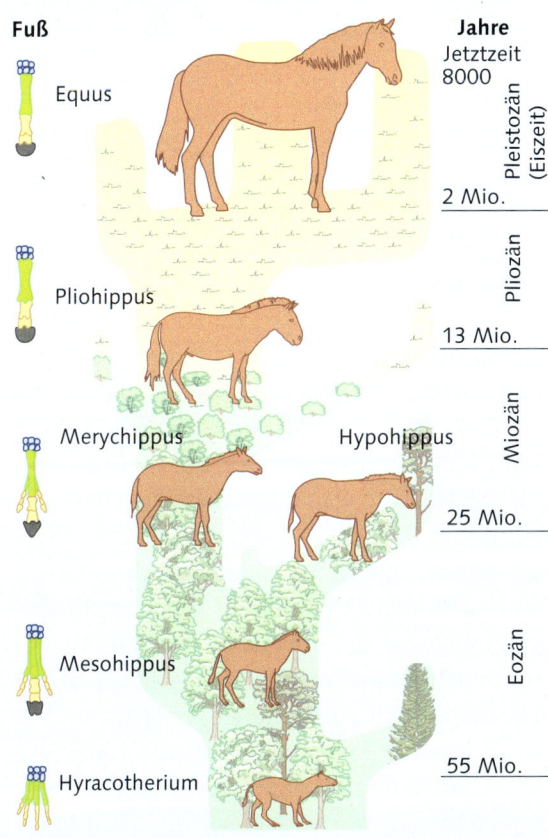

1 Stammbaum der Pferde

Das Urpferd Hyracotherium lebte vor etwa 55 Millionen Jahren in dichten, sumpfigen Urwäldern. Fossilienfunde belegen, dass es katzengroß war und kurze Beine, einen gewölbten Rücken, eine kurze Schnauze sowie einen kurzen Hals hatte. Mit der Zeit veränderte sich sein Lebensraum. Aus den Urwäldern entstanden Steppen.

a ☐ In Bild 1 ist der Stammbaum der Pferde dargestellt. Beschreibe die Veränderungen im Körperbau der Pferde, die im Laufe der Stammesentwicklung erfolgten.

b ◪ Begründe die Entwicklung der Fußformen mit Hilfe der dargestellten Veränderungen des Lebensraums.

c ◼ Begründe, dass die unterschiedliche Größe der Pferde in den jeweiligen Lebensräumen für sie von Vorteil war.

2 Homologe Verhaltensweisen

2 Balzputzverhalten verschiedener Entenarten

Angeborene Verhaltensweisen sind artspezifisch und laufen nach einem Schema ab.

a ◪ In Bild 2 ist das Scheinputzverhalten verschiedener Entenarten während ihrer Balz dargestellt. Dabei werden die auffälligen Schwungfedern gesäubert. Dies ist ein angeborenes, homologes Verhalten. Begründe.

b ◪ Der Muntjak, ein Moschushirsch, besitzt ein verkümmertes Geweih, aber hauerartig verlängerte Eckzähne. Die Eckzähne des Rothirschs sind zurückgebildet, er droht jedoch ebenfalls durch Zurückziehen der Oberlippe. Begründe, weshalb das Verhalten des Rothirschs ein homologes Verhalten zu den Drohgebärden des Muntjaks ist.

c ◼ Der Handgreifreflex ist eine angeborene Verhaltensweise bei Menschenbabys. Affen- und Eichhörnchenjunge zeigen diesen Reflex ebenso, andere am Boden lebende Nagetiere aber nicht. Interpretiere diese Verhaltensweise und leite mögliche Rückschlüsse ab. Begründe deine Aussagen.

Geschichte der Evolutionstheorien

Seit jeher haben sich die Menschen Gedanken über die Entstehung der Lebewesen gemacht. Bis ins Mittelalter war man überzeugt, dass Lebewesen sich aus Schlamm oder Mist entwickeln. Manche glaubten auch an Entenbäume, die an Ufern von Gewässern wachsen. Fallen deren Früchte ins Wasser, dann schlüpfen aus ihnen Enten. Auf Schafbäumen wuchsen Schafe. Es gibt verschiedene Theorien, die versuchen, die Frage nach der Entstehung der Artenvielfalt zu beantworten.

Ein Weltbild beginnt sich zu ändern

Im christlichen Kulturkreis glaubte man an die biblische Schöpfungserzählung. Man war der Überzeugung, dass Gott den gesamten Kosmos, die Erde und alle Lebewesen erschaffen hat. Man glaubte an die Unveränderlichkeit, die *Konstanz*, der Arten als eine unverrückbare Tatsache. Die Frage nach dem Ursprung des Lebens war für die Menschen unwichtig. Sie war ein göttliches Geheimnis.

Eine allmähliche Einstellungsänderung brachte die Entdeckung Amerikas. Hier, in der »Neuen Welt«, begegnete man plötzlich vollkommen anderen Tieren und Pflanzen sowie fremdartigen Völkern und deren Kulturen. Man fragte sich – ausgehend von den Beobachtungen, die nicht immer im Einklang mit den biblischen Aussagen standen –, wie die Vielfalt der Pflanzen und Tiere, aber auch die Andersartigkeit der neu entdeckten Kulturen entstanden war.

In den neu entstehenden Naturwissenschaften begann man die vielfältigen Phänomene des Lebens zu untersuchen und ihre Ursachen zu hinterfragen. Die Antworten der Wissenschaftler führten dazu, dass das früher vorherrschende Weltbild in Frage gestellt wurde.

1 Entenbaum

Ordnung in der Vielfalt

Der schwedische Naturforscher Carl von Linné entwickelte die erste wissenschaftliche Einteilung der Lebewesen aufgrund gemeinsamer Merkmale. Ihm war aufgefallen, dass bestimmte Lebewesen viele Gemeinsamkeiten aufweisen, andere sich aber deutlich voneinander unterscheiden. Jeweils gleich aussehende Pflanzen und Tiere fasste Linné als Art zusammen. Für ihn war klar: Je ähnlicher sich Lebewesen sind, desto näher verwandt sind sie. Mit seiner Einteilung versuchte er, die Verwandtschaftsbeziehungen zwischen Lebewesen aufzuzeigen. Den Menschen ordnete er ins Tierreich ein, als nahen Verwandten des Schimpansen und des Orang-Utans. Linné glaubte an die Unveränderlichkeit der Arten. Er war davon überzeugt, dass Gott alle Tier- und Pflanzenarten geschaffen hat, so wie es in den Schöpfungstexten der Bibel steht.

2 Carl von Linné (1707–1778)

3 Georges Baron de Cuvier (1769–1832)

4 Jean-Baptiste de Lamarck (1744–1829)

Katastrophentheorie von Cuvier

Georges Cuvier war einer der streitbarsten Verfechter von der Lehre der Unveränderlichkeit der Arten. Die unterschiedlich aussehenden Fossilien erklärte er mit Hilfe seiner Katastrophentheorie: Durch Naturkatastrophen, wie zum Beispiel die biblische Sintflut, werden weitgehend alle Lebewesen vernichtet – und entstehen anschließend in gleicher oder anderer Form neu.

Aufgrund geologischer Erkenntnisse kann die häufige Wiederkehr globaler Naturkatastrophen ausgeschlossen werden. Da auch die Katastrophentheorie von der Unveränderlichkeit der Arten ausgeht, gilt sie heute als wissenschaftlich widerlegt.

Evolutionstheorie nach Lamarck

Jean-Baptiste de Lamarck gilt als Begründer der Abstammungslehre. Nach seiner Theorie sind Lebewesen, entsprechend dem Grad ihrer Ähnlichkeit, unterschiedlich eng miteinander verwandt. In seinem 1809 veröffentlichten Buch »Philosophie zoologique« führte er als Erster den Begriff Evolution ein, wonach sich alle Lebewesen aus einfacheren Vorfahren im Laufe der Erdgeschichte allmählich entwickelten. Als Beweis nannte er Fossilien, die je nach Alter unterschiedlich aussehen. Die Ursache für die Evolution oder den Artenwandel versuchte er so zu erklären: Durch den Gebrauch oder Nichtgebrauch von Organen werden diese entweder besonders gut ausgebildet oder sie verkümmern. Solche erworbenen Eigenschaften werden nach seiner Meinung auf die Nachkommen vererbt. Bis heute gibt es aber keinen Beweis dafür, dass erworbene Eigenschaften vererbt werden, wie zum Beispiel die Fähigkeit vieler Menschen mit der Zehn-Finger-Technik auf einer Tastatur zu schreiben oder eine handwerklich erlernte Technik auszuüben. Die Evolutionstheorie von Lamarck wird daher als unhaltbar abgelehnt.

In Kürze

Ausgehend von der Unveränderlichkeit der Arten versuchten verschiedene Theorien die Abstammung der Lebewesen zu begründen. Die Theorien von Cuvier und Lamarck werden heute als überholt abgelehnt.

Aufgaben

1 ☐ Beschreibe, wie Linné versuchte, Pflanzen und Tiere wissenschaftlich einzuteilen.
2 ☐ Gib die Definition des Begriffs Evolution wieder.
3 ◪ Erläutere, wie Lamarck die schlechte Sehfähigkeit von Maulwürfen begründen würde.
4 ◪ Nenne Alltagsbeobachtungen, mit denen man die Theorie von Lamarck widerlegen kann.
5 ◪ Erläutere am Beispiel der Evolutionstheorien, dass sich Wissen verändert und altes Wissen als falsch verworfen wird.

Die Evolutionstheorie nach Darwin

Als Charles Darwin zur Weltumsegelung mit einem Vermessungsschiff der britischen Marine aufbrach, war er noch fest davon überzeugt, dass alle Lebewesen in einem einmaligen Schöpfungsakt und in unveränderlicher Weise von Gott erschaffen wurden. Aber seine Beobachtungen auf der Reise ließen ihn immer mehr daran zweifeln.

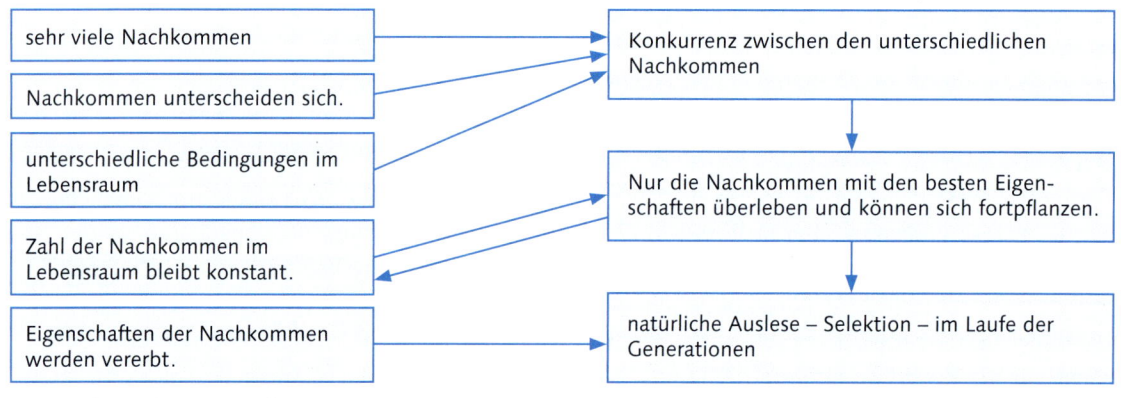

ON

THE ORIGIN OF SPECIES

BY MEANS OF NATURAL SELECTION,

OR THE

PRESERVATION OF FAVOURED RACES IN THE STRUGGLE FOR LIFE.

By CHARLES DARWIN, M.A.,

1 Titelseite von Darwins revolutionärem Buch

Darwins Beobachtungen

Darwin ging bei seiner Erklärung von der Entstehung der Artenvielfalt von folgenden Annahmen aus:

Alle Lebewesen haben mehr Nachkommen, als für die Erhaltung der Art notwendig sind. Folglich müsste ihre Zahl von Generation zu Generation zunehmen. Das ist nicht der Fall. Also müssen viele Nachkommen sterben.

Die Merkmale der Eltern werden an die nächste Generation vererbt, aber es sind Unterschiede zwischen den Nachkommen zu erkennen.

In einem Lebensraum herrschen unterschiedliche Bedingungen, die sich auf die Überlebenschancen auswirken.

Darwins Schlussfolgerungen

Aus diesen Beobachtungen leitete Darwin seine Theorie über die Entstehung der Arten ab. Alle Lebewesen einer Art konkurrieren in einem Lebensraum um Überlebenschancen. Da sie sich in ihren Eigenschaften unterscheiden, gibt es einige, die aufgrund ihrer vererbten Merkmale in ihrem Lebensraum besser zurechtkommen als andere. Viele Nachkommen überleben nicht oder pflanzen sich nicht fort, da sie an die herrschenden Lebensbedingungen weniger gut angepasst sind.

Darwin sagt, die überlebenden Nachkommen werden durch die herrschenden Umweltbedingungen ausgewählt oder selektiert. Verändern sich die Umweltbedingungen, so können über lange Zeiträume durch diese natürliche Zuchtwahl oder Selektion allmählich neue Arten entstehen, die sich deutlich von der ursprünglichen Art unterscheiden. Darwin wusste allerdings nicht, dass die neuen veränderten Merkmale durch Mutationen oder Veränderungen der Erbsubstanz zustande kommen.

sehr viele Nachkommen → Konkurrenz zwischen den unterschiedlichen Nachkommen

Nachkommen unterscheiden sich.

unterschiedliche Bedingungen im Lebensraum

Zahl der Nachkommen im Lebensraum bleibt konstant.

Eigenschaften der Nachkommen werden vererbt. → Nur die Nachkommen mit den besten Eigenschaften überleben und können sich fortpflanzen.

→ natürliche Auslese – Selektion – im Laufe der Generationen

2 Entstehung der Artenvielfalt nach Darwin

3 Evolution der Giraffen nach Darwins Evolutionstheorie

Evolution am Beispiel der Giraffe

Vermutlich waren die Urgiraffen kurzhalsige Waldbewohner. Durch sich ändernde Umweltbedingungen verschwanden die Wälder allmählich. Es entstand eine Landschaft mit wenigen, vereinzelt stehenden Bäumen. Jetzt waren die Giraffen mit einem etwas längeren Hals im Vorteil. Sie hatten bessere Überlebenschancen, da sie noch an die etwas weiter oben wachsenden Blätter herankamen. Sie überlebten und konnten sich fortpflanzen. Die Giraffen mit den kürzeren Hälsen starben letztlich.

Reaktion auf Darwins Evolutionstheorie

Die Öffentlichkeit reagierte auf Darwins Lehre mit Entsetzen, da sie der biblisch-christlichen Lehre von der Schöpfung Gottes widersprach. Besonders aus den Reihen der Kirche erhob sich ein Sturm der Entrüstung, denn nach Darwin war der Mensch nun nicht mehr die Krone der Schöpfung. Als ehemaliger Theologiestudent war er sich dieser Tatsache durchaus bewusst. Deshalb zögerte er über 20 Jahre, seine Theorie über die Entstehung der Arten zu veröffentlichen. Erst als er erfuhr, dass andere Forscher zu ähnlichen Ergebnissen kamen, trat er 1858 in einem Vortrag und 1859 mit seinem Buch über die Entstehung der Arten an die Öffentlichkeit. In der modernen Naturwissenschaft zweifelt heute niemand mehr ernsthaft an der Richtigkeit seiner Beobachtungen und Schlussfolgerungen.

In Kürze

Charles Darwin begründete durch sein Lebenswerk die moderne Evolutionstheorie. Danach entwickeln sich alle Lebewesen allmählich aus früheren Formen.

Aufgaben

1 **a** ☑ Übersetze die Titelseite von Darwins Buch in Bild 1 ins Deutsche.

   b ☑ Erkläre, weshalb dieses Buch zur Zeit Darwins als revolutionär bezeichnet wurde.

2 ☑ Begründe, weshalb Darwin die Selektion, nicht aber die Mutation in seinem Buch erwähnte.

3 ■ Erläutere mit Hilfe von Bild 3 die Evolution der Giraffen.

4 Darwin zögerte fast 20 Jahre, bis er seine Forschungsergebnisse über die Entstehung der Arten veröffentlichte.

   a ☑ Begründe, weshalb er so lange wartete.

   b ☑ Erkläre, was ihn veranlasste, seine Evolutionstheorie dennoch zu veröffentlichen.

5 ■ Bei der Tierzucht werden nur die Jungtiere mit den gewünschten Eigenschaften und Merkmalen für die Weiterzucht ausgewählt. Durch diese künstliche Zuchtwahl gelingt es in relativ kurzer Zeit, eine Vielzahl unterschiedlichster Tierrassen zu schaffen.
   Darwin vermutete, dass auch in der Natur eine Zuchtwahl stattfindet. Unklar war ihm noch, »wer« auswählt und »wie« ausgewählt wird. Vergleiche natürliche und künstliche Zuchtwahl. Beantworte dabei auch »wer« und »wie«.

Charles Darwin

Leben und Werk

Charles Robert Darwin kam am 12. Februar 1809 in Shrewsbury, nahe Birmingham, in England zur Welt. Er stammte aus einer wohlhabenden Familie. Bereits sein Großvater war Naturforscher und beschäftigte sich auch mit der Abstammungslehre. Auf Wunsch seines Vaters studierte Darwin Theologie. Sein großes Interesse galt aber schon sehr früh der Botanik und der Zoologie. Daher besuchte er oft naturwissenschaftliche Vorlesungen.

1831 erhielt er auf Vermittlung seines Botanikprofessors das Angebot, als Naturforscher an der Expedition mit dem Segelschiff »Beagle« teilzunehmen. Während dieser fast fünfjährigen Weltreise sammelte er zahlreiche Fossilien, Pflanzen und Tiere.

Auf den Galapagosinseln fielen ihm Vögel auf, die er vorher noch nie gesehen hatte und die nur hier vorkamen. Er stellte fest, dass sich die heute nach ihm benannten »Darwinfinken« in ihrer Größe, ihrem Verhalten und besonders in der Schnabelform unterscheiden. Diese Beobachtung brachte ihn auf den Gedanken, dass die Finken von einer ursprünglichen Art abstammen, dass sie sich also aus ihr entwickelt haben könnten.

1 Charles Darwin (1809–1882) im Alter von 31 Jahren

Die Bedeutung der natürlichen Zuchtwahl

Darwin hatte beobachtet, dass viele Blätter fressende Insekten grün, andere, hauptsächlich auf Baumrinden lebende Insekten bräunlich gefärbt sind und dass Alpenschneehühner nur im Winter ein weißes Federkleid haben. Er schloss daraus, dass diese Färbungen für die Tiere von Vorteil sind, da sie von möglichen Fressfeinden in ihrem jeweiligen Lebensraum nur schwer zu entdecken sind. Als Taubenzüchter wusste Darwin außerdem, dass weiße Tauben sehr oft die Beute von Raubvögeln werden. Er bezeichnete die Erhaltung günstiger und das Verschwinden nachteiliger Veränderungen als natürliche Zuchtwahl.

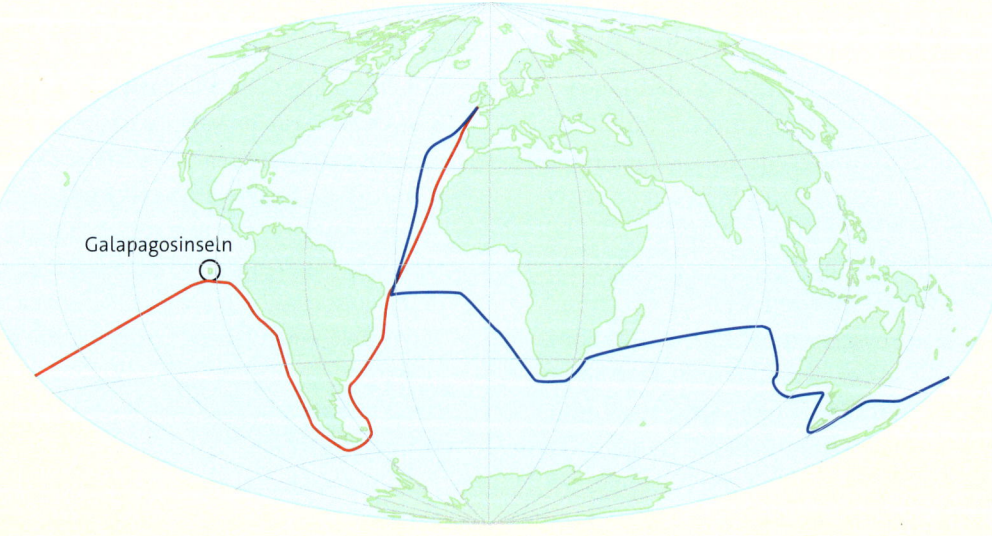

Galapagosinseln

2 Darwins Weltreise mit der Beagle (Hinreise rot, Rückreise blau)

Kreationismus und Intelligent Design

Das Creation Museum ist ein Museum in den USA, das den Besuchern unter anderem Videos über die Schöpfung zeigt. Man sieht Adam und Eva im Paradies, umgeben von Sauriern, die Sintflut mit der Arche Noah und viele andere Szenen aus der Bibel. Hinter diesen Museen steht eine Bewegung, die sich Kreationismus oder Schöpfungswissenschaft nennt.

1 Im Creation Museum in den USA »leben« Menschen und Saurier zusammen.

Die Anschauungen des Kreationismus

Der Begriff Kreationismus leitet sich vom lateinischen Wort »creatio« ab, das bedeutet Erschaffung oder Schöpfung. Kreationisten verstehen die biblischen Schöpfungstexte als historische Berichte. Sie sind fest davon überzeugt, dass die Entstehung der Welt und aller Lebewesen so verlief, wie es die biblischen Texte darstellen. In den USA geht es den Kreationisten nicht nur um Religion. Ein Ziel ist unter anderem, das Thema Kreationismus neben der Evolutionstheorie zum Inhalt des Biologieunterrichts an Schulen zu machen.

Kreationisten lassen nur die wörtliche Auslegung der Bibel zu. Die Ergebnisse der naturwissenschaftlichen Forschungen können nach ihrer Ansicht nur in Übereinstimmung mit den Bibeltexten interpretiert werden. Etwa 30 Prozent der US-Amerikaner vertreten die Meinung der Kreationisten, rund 19 Prozent sind Anhänger der Evolutionstheorie, in Deutschland sind es ca. 60 Prozent.

Das Alter der Erde im Kreationismus

Im Gegensatz zur Evolutionstheorie behauptet der Kreationismus, dass die Erde einschließlich aller Lebewesen erst vor etwa 10 000 Jahren in sechs Tagen erschaffen wurde. Pflanzen, Tiere und der Mensch sind von Gott so geschaffen worden, wie sie heute noch sind.

Intelligent Design

1990 entstand in den USA die Bewegung des Intelligent Design, abgekürzt ID. Die Anhänger des Intelligent Designs stellen die stammesgeschichtliche Entwicklung als Tatsache nicht in Frage. Sie bestreiten auch nicht, dass die Erde älter als 10 000 Jahre ist und dass sich das Leben allmählich entwickelt hat. Nach ihrer Lehre sind die Phänomene des Lebens aber nicht allein durch Zufall und die Evolutionsfaktoren erklärbar.

Intelligent Design besagt, dass die Entstehung der Erde nur durch eine übergeordnete Kraft, ein intelligentes Wesen, einen Schöpfer oder Designer gesteuert werden kann. Als Beispiel wird die Mausefalle genannt: Sie ist so zweckmäßig konstruiert, dass niemand auf die Idee käme, sie könnte von alleine entstehen sein. Weil es in der Natur auch viele höchst zweckmäßige und in sich fein abgestimmte Details wie Flügel, Beine oder Augen gibt, muss es auch einen intelligenten Planer oder Designer geben.

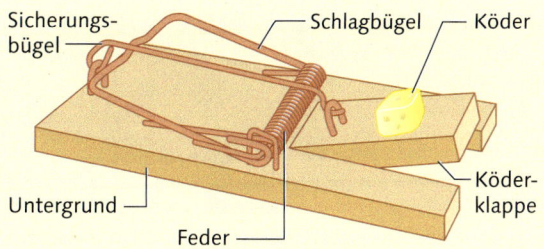

2 Mausefalle als Modell für ein Intelligent Design

Evolutionsfaktoren

Die Hausmaus ist weltweit verbreitet. Forschungen zeigen jedoch, dass Hausmaus nicht gleich Hausmaus ist. Normalerweise ernähren sich Mäuse hauptsächlich vegetarisch. Auf Helgoland fressen die dort lebenden Hausmäuse jedoch unter anderem das Fleisch von toten Seevögeln. Forscher stellten fest, dass sich auch ihr Gebiss in Richtung einer eher fleischfressenden Art entwickelt hat.

1 Die Hausmaus ist weltweit verbreitet.

»Motoren« der Evolution
Der Verlauf der Evolution ist weder vorherbestimmt noch zielgerichtet. Arten verändern sich oder entstehen durch das Zusammenwirken von Umweltbedingungen und Veränderungen der Lebewesen. Man nennt die Triebkräfte der Evolution Evolutionsfaktoren.

Mutation und Neukombination
Mutationen sind zufällige Änderungen der Erbinformationen. Durch sie können neue, vererbbare Merkmale entstehen. Bei der geschlechtlichen Fortpflanzung wird die Erbinformation der Eltern neu kombiniert. Durch Mutation und Neukombination kommt es zur Vielfalt innerhalb einer Population.

Werden Mutationen im Erscheinungsbild wirksam, können sie unter den herrschenden Umweltbedingungen Vor- oder Nachteile für das betreffende Lebewesen bringen. Von Vorteil wäre beispielsweise, wenn die Änderungen das Erschließen einer neuen Nahrungsquelle ermöglichen oder einen besseren Schutz vor Fressfeinden bedeuten.

Selektion
Es hängt von den Umweltbedingungen ab, ob veränderte Merkmale den Entwicklungsprozess antreiben. Lebewesen mit vorteilhaften Merkmalen können mit den Lebensbedingungen besser zurechtkommen als solche mit ungünstigen Eigenschaften. Das bedeutet, dass die besser Angepassten länger leben, sich öfter fortpflanzen können und so mehr Nachkommen haben. Es findet eine natürliche Auslese oder Selektion statt. Als Selektionsfaktoren

Extra Variabilität und Angepasstheit

1 Variabilität bei Schnirkelschnecken

Schnirkelschnecken unterscheiden sich in der Farbe und Bänderung ihrer Gehäuse. Diese Variabilität innerhalb einer Population beruht auf Mutation und Neukombination. Die Abweichungen in der Färbung bieten unter bestimmten Umweltbedingungen Vorteile. Dunkel gefärbte Schneckengehäuse absorbieren mehr Sonnenstrahlen und wandeln diese in Wärme um. In kalten Regionen ist das ein Überlebensvorteil für das einzelne Tier. Dunklere Formen sind in kälteren Regionen entsprechend häufiger. Solche Variabilität ist eine Voraussetzung dafür, dass neue Angepasstheiten entstehen.

können Fressfeinde, Nahrungskonkurrenz, aber auch klimatische Bedingungen wirken.

Die natürliche Auslese bewirkt, dass sich ungünstige Merkmale in Populationen nicht durchsetzen. Sie verschwinden mit der Zeit.

Eine Population verändert sich

Birkenspanner haben eigentlich eine helle Flügelfarbe mit dunklen Flecken. So sind sie auf den hellen Birkenstämmen für Fressfeinde kaum erkennbar. Durch Mutation entstandene Birkenspanner mit dunklen Flügeln werden dagegen leicht entdeckt und oft schnell gefressen. Zu Beginn der Industrialisierung wurde die Luft in vielen Gebieten stark verschmutzt. Helle Birkenspanner waren nun auf den dunklen Baumstämmen für Vögel gut erkennbar. Mit der Zeit setzte sich in der Population die dunkle Flügelfarbe durch. Nur noch wenige Exemplare waren hell gefärbt.

Isolation

Ein weiterer wichtiger Evolutionsfaktor ist die Isolation. Darunter versteht man die Trennung von Lebewesen einer Art, die bisher einen Lebensraum besiedelt haben. Dies kann durch Umweltkatastrophen, Krankheiten oder klimatische Veränderungen geschehen. Die getrennten Tiergruppen besitzen meist nur jeweils einen Teil der in der Ursprungsgruppe vorhandenen genetischen Variabilität. Durch verschiedene Mutationen erfolgen weitere Veränderungen. Voneinander abweichende

3 Je zwei Birkenspanner auf heller und dunkler Borke

Umweltbedingungen in den unterschiedlichen Lebensräumen führen dazu, dass sich die Tiergruppen jeweils völlig anders entwickeln. Eine Vermischung der Merkmale der einen Gruppe mit denen der anderen Gruppe ist durch die räumliche Trennung nicht mehr möglich. Es entstehen allmählich verschiedene Arten mit unterschiedlichen Merkmalen.

Dies geschieht zum Beispiel bei der Neubesiedlung von Inseln. So entstand auf den Kerguelen – einer Inselgruppe im Pazifik – zufällig eine Fliegenart mit Stummelflügeln. Normalerweise haben solche Fliegen schlechte Überlebenschancen – nicht aber auf den Kerguelen. Hier wehen ständig starke Winde. Fliegende Insekten werden aufs Meer hinausgeweht, wenn sie sich in der Luft befinden. Flügellose Fliegen können nicht fliegen. Ihre Überlebenschancen sind unter den Umweltbedingungen besser.

2 Kurzflüglige Fliegenart auf den Kerguelen

In Kürze

Evolutionsfaktoren treiben den Entwicklungsprozess voran. Dazu gehören Mutation zusammen mit Neukombination, Selektion sowie Isolation.

Aufgaben

1 ☐ Nenne Evolutionsfaktoren und beschreibe ihre Wirkung.

2 ◩ Erläutere das Zusammenwirken von Mutation und Selektion am Beispiel des Birkenspanners.

3 ■ Vermute, wie sich bei den Mäusen auf Helgoland neue Merkmale herausbilden konnten.

Entstehung neuer Arten

Kohlmeisen zählen mit zu den bekanntesten, heimischen Singvögeln. Besonders im Winter kann man sie fast immer in großer Zahl und laut zwitschernd am Futterplatz beobachten. Kohlmeisen sind nicht nur in unseren Breiten häufig anzutreffen, es gibt sie in ganz Europa und Asien. Allerdings sehen sie dort etwas anders aus als unsere heimischen Kohlmeisen.

1 Kohlmeisen bei der Winterfütterung

Verschiedene Kohlmeisenarten

Es ist nicht so einfach zu entscheiden, ob unterschiedliche Populationen noch zur gleichen Art gehören oder nicht. Entscheidend ist unter anderem, ob die Vertreter miteinander fruchtbare Nachkommen zeugen können. Danach werden mehrere Kohlmeisenarten unterschieden. Diese sehen heute nicht nur etwas anders aus, sie singen auch jeweils anders.

Räumliche Trennung

Man geht davon aus, dass es früher nur eine einzige Kohlmeisenart in Europa, Asien und Nordafrika gab. Während der Eiszeit, vor etwa 20 000 Jahren, wurde ihr Verbreitungsgebiet durch das Vordringen der Gletscher in mehrere kleinere Gebiete unterteilt. Nur dort, wo es wärmer war, konnten die voneinander getrennten Populationen der Kohlmeisen die Eiszeit überleben. Diese Isolation dauerte mehrere Tausend Jahre. Während der langen Zeit kam es bei den Kohlmeisen zu zahllosen Mutationen. Diese und die Selektion führten dazu, dass die Meisen in den voneinander getrennten Gebieten allmählich unterschiedlich aussahen. Im Laufe von Jahrtausenden bildeten sich drei verschiedene Kohlmeisenarten. Bis heute unterscheiden sie sich in der Färbung, aber auch im Gesang.

Nicht nur räumlich getrennt

Nach der Eiszeit, vor etwa 12 000 Jahren, trafen die Kohlmeisen wieder aufeinander. Einige Kohlmeisen konnten sich noch paaren, unter anderem haben sie sich trotz der Unterschiede am Gesang erkannt.

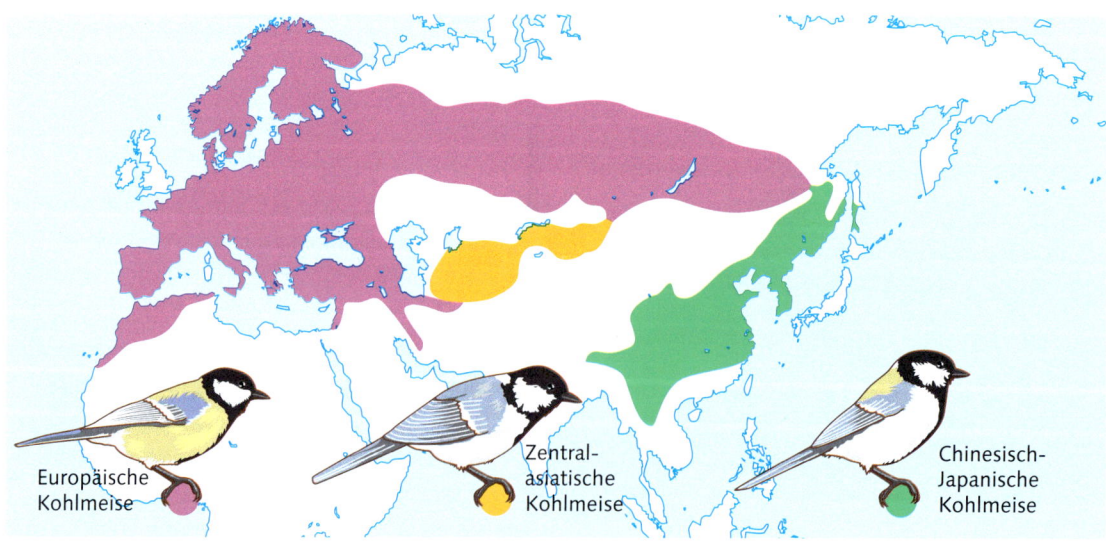

Europäische Kohlmeise

Zentralasiatische Kohlmeise

Chinesisch-Japanische Kohlmeise

2 Verbreitung der Kohlmeisen

Zwischen den Zentralasiatischen und den Europäischen Kohlmeisen waren die Unterschiede aber bereits zu groß. Sie erkannten sich nicht mehr. Sie konnten sich nur mehr innerhalb der eigenen Art fortpflanzen. Durch das Zusammenwirken von Isolation sowie Mutation, Neukombination und Selektion waren neue Arten entstanden.

Die räumlichen Trennung, also eine *geografische Isolation,* führt oft auch zu einer *sexuellen Isolation.* Man versteht darunter, dass durch bestimmte Gegebenheiten eine Fortpflanzung nicht möglich ist. Das kann zum Beispiel durch den Verlust einer gemeinsamen »Sprache« geschehen, wie unterschiedliches Balz- und Paarungsverhalten, verschiedene Gesänge oder anderes Aussehen. Die Geschlechtspartner finden nicht mehr zusammen. Es kommt zu keiner Paarung.

Artbildung durch Einnischung

Bei der Besiedlung eines neuen Gebiets kann es ebenfalls zur Bildung neuer Arten kommen. Dabei bildet der Konkurrenzdruck im begrenzten Lebensraum, beispielsweise auf Inseln, einen wesentlichen Umweltfaktor. Neue Merkmale, die zu voneinander abweichenden Formen der Nahrung und Nahrungssuche führen, mindern die Konkurrenz und ermöglichen, dass unterschiedliche Spezialisten im gleichen begrenzten Lebensraum existieren können. Sie nutzen jeweils ihre eigene ökologische Nische. Solche neuen Merkmale können unterschiedliche Schnabelformen oder voneinander abweichende Aktivitätszeiten sein. Auf diese Weise können sich aus einer ursprünglichen Art mehrere Arten entwickeln, die sich durch ihre Ansprüche an die Umwelt unterscheiden. Man bezeichnet diese Form der Isolation als *ökologische Isolation.*

> ### In Kürze
> Durch das Zusammenwirken der Evolutionsfaktoren kommt es zur Veränderung von Arten. Geografische, sexuelle und ökologische Isolation führen über längere Zeiträume zur Entstehung mehrerer Arten aus einer Ursprungsart.

3 Zentralasiatische Kohlmeise

Aufgaben

1 ☐ Nenne ein Merkmal, in dem sich heimische von Zentralasiatischen Kohlmeisen unterscheiden.

2 Es gibt zwei Arten der amerikanischen Florfliege, die sich in ihren Vibrationsgesängen unterscheiden. Sie paaren sich nur mit Partnern, deren Vibrationsgesang sie kennen. Weibchen, die Vibrationen wahrnehmen, antworten mit Gesängen. Unterscheiden sich die Gesänge, so kommt es zu keiner Paarung.

a ◪ Erläutere, wie aus einer einheitlichen zwei getrennte Florfliegenpopulationen entstehen können.

b ◪ Entscheide, ob es bei den Florfliegen zu Mischformen kommen kann. Begründe deine Entscheidung.

3 ◪ Gelb- und Rotbauchunken sind bis zu 5 cm kleine Froschlurche. Die Gelbbauchunken haben ihr Hauptverbreitungsgebiet in West-, die Rotbauchunken in Osteuropa. Es gibt ein Gebiet, in dem beide Unken vorkommen. Sie können sich miteinander paaren. Diese Hybriden oder Mischformen sind unfruchtbar. Stelle Vermutungen an, ob es sich bei den Unken um zwei Arten handelt.

4 Gelb- und Rotbauchunke

Ein Evolutionsspiel

Entstehung von Arten

Dieses Spiel könnt ihr gemeinsam auf einer mit Laub bedeckten Lichtung im Wald oder einem Rasen spielen. Immer drei Schülerinnen und Schüler bilden eine Gruppe.

Vorbereitung Markiert mit langen Stöcken ein Quadrat von ungefähr drei mal drei Metern auf dem Boden. Jede Gruppe sucht sich einen Platz, der mindestens zehn Meter von diesem Quadrat entfernt ist und einen gut geschützten Brutplatz bildet. Baut in der Gruppe dort ein Vogelnest aus Zweigen und Blättern, die ihr in der Umgebung findet.

Material je 30 rot, blau, gelb, grün und braun gefärbte Zahnstocher, Stoppuhr

Durchführung Alle Gruppen begeben sich zu ihren Nestern. Ein Spielleiter wirft alle Zahnstocher auf einmal gemischt in das markierte Quadrat und startet die Stoppuhr. Aus jeder Gruppe läuft nun ein Mitglied zum Quadrat und sucht einen Zahnstocher. Diesen bringt ihr zum Nest. Wenn der Zahnstocher im Nest liegt, kann der nächste Spieler loslaufen. Nach 5 Minuten ist das Spiel beendet. Die Gruppe mit den meisten Zahnstochern im Nest hat gewonnen.

Auswertung

Nutzt für die Auswertung den Computer und geeignete Programme.

1 a Sortiert die gefundenen Zahnstocher nach Farben und zählt sie jeweils aus.
  b Erfasst die ermittelten Daten mit Hilfe eines Tabellenkalkulationsprogramms in einer Wertetabelle.
  c Startet den Diagrammassistenten und stellt die Daten in einem geeigneten Diagramm dar.
  d Wertet die Daten aus. Erläutert dabei auch die Bestandteile des Modellspiels.
2 Begründet, weshalb viele Bodentiere braun gefärbt sind.
3 Stellt Vermutungen auf, weshalb sich rote oder blaue Bodenlebewesen weniger erfolgreich vermehren könnten.
4 Überlegt, wie die Ergebnisse auf einem anderen Untergrund aussehen würden.

1 Achtung! Genau hingeschaut!

Evolutionsmechanismen

1 Unterschiedliche Salmler

Salmler sind eine Gruppe von Fischen, deren Vertreter sehr unterschiedlich aussehen können. Es gibt farbige und sehende Salmler, die das Oberflächenwasser bewohnen, aber auch farblose und blinde Fische, die in der vollständigen Dunkelheit von Höhlensystemen leben. Das Wachstum der Augen endet während der Entwicklung vorzeitig. Dadurch wird Stoffwechselenergie gespart. Der blinde Höhlensalmler ist deshalb auf andere Sinne angewiesen. Mit seinem großen Maul, das mehr Zähne besitzt als das der sehenden Form, kann er den Gewässergrund nach Nahrung durchwühlen. Zudem befinden sich an Maul und Gaumen sehr viele Geschmacksknospen. Gehirnregionen, die visuelle Informationen verarbeiten, sind verkleinert. Das typische Schwarmverhalten der sehenden Salmler zeigen die blinden Höhlensalmler nicht.

a ◩ Vergleiche die beiden Salmler in einer Tabelle.

b ◩ Erläutere jeweils aus der Sicht von Lamarck und Darwin die Entstehung der beiden unterschiedlichen Salmlerformen.

c ▪ Begründe, welche der beiden Erklärungen auf die Entstehung der unterschiedlichen Salmler zutrifft.

2 Arten bilden sich neu

Darwin entdeckte auf den Galapagosinseln verschiedene Finkenarten, die sich in mehreren Merkmalen sehr ähnlich waren. Die nach ihm benannten Darwinvögel unterscheiden sich in der Form ihres Schnabels und in der Körpergröße. Auch die Gesänge sind unterschiedlich. Heute kennt man 13 Arten von ihnen. Darwin vermutete, dass die Vögel von einer Stammform des südamerikanischen Festlands abstammen. Durch genetische Untersuchungen hat sich diese Vermutung 1999 bestätigt. Vor etwa zwei bis drei Millionen Jahren gelangten die ersten Vögel auf die Inseln.

a ☐ Beschreibe die geografische Lage der Galapagosinseln. Stelle dabei auch den Bezug zum Festland her.

b ☐ Beschreibe mit Hilfe von Bild 2, worin sich diese vier Darwinfinken unterscheiden.

c ▪ Die relativ kleine Stammform der Darwinfinken konnte die lange Strecke vom Festland bis zu den Galapagosinseln nicht fliegend überwinden. Stelle begründete Vermutungen an, wie sie dennoch auf die Inseln gelangten.

d ▪ Stelle Vermutungen an, welche Evolutionsfaktoren zur Entwicklung der unterschiedlichen Darwinfinken führten.

1 Sehender und blinder Salmler

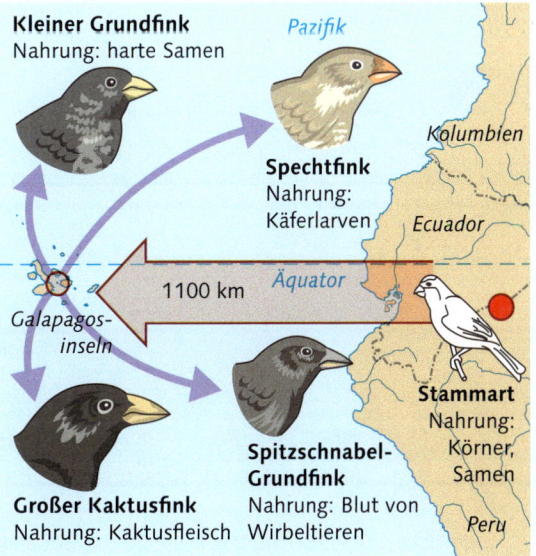

2 Verbreitung der Finkenarten

Der Mensch und seine »Verwandten«

Jahrhundertelang galt der Mensch als Krone der Schöpfung. Heute belegen wissenschaftliche Untersuchungen die enge Verwandtschaft zwischen Menschenaffen und Menschen sowie die Existenz gemeinsamer Vorfahren, die vor mehreren Millionen Jahren lebten.

1 Mensch und Schimpanse

Die »Verwandten« des Menschen

Der Mensch gehört wie die Menschenaffen und viele andere Affen zur Ordnung der *Primaten*. Innerhalb dieser Gruppe zählt er ebenso wie Schimpansen, Gorillas und Orang-Utans zu den *Hominiden*, den Menschenartigen. Forscher nehmen an, dass sich Vorfahren von Menschenaffen und Mensch vor 10 Millionen Jahren getrennt, sich dann wieder vereinigt und schließlich vor etwa fünf bis sechs Millionen Jahren endgültig getrennt haben.

Rumpf und Gliedmaßen

Menschenaffen können nur für kurze Strecken aufrecht gehen. Ein Grund ist das nach vorne gekippte Becken. Ihre Wirbelsäule ist C-förmig gekrümmt und am Hinterkopf befestigt. Hier setzen kräftige Nackenmuskeln an. Dieser Bereich ist beim Menschen kleiner und liegt mittig unter dem Kopf. Seine Arme sind kürzer als die Beine, bei Menschenaffen ist das umgekehrt. Der Körperschwerpunkt liegt bei Menschenaffen weiter vorne.

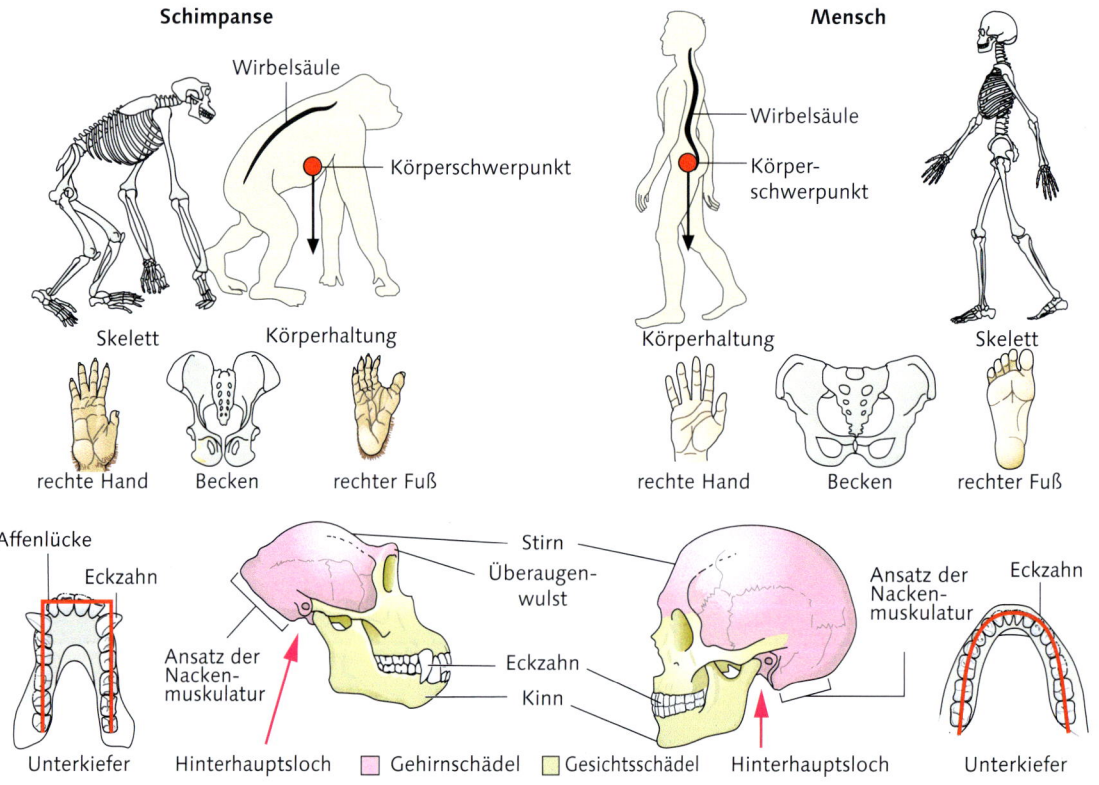

2 Körperbau im Vergleich

Hände und Füße

Mensch und Menschenaffen können die Daumen und die anderen Finger der Hand gegenüberstellen. So sind sie in der Lage, wie mit einer Pinzette zu greifen. Dieser *opponierbare Daumen* ermöglicht es, Äste zu umklammern,

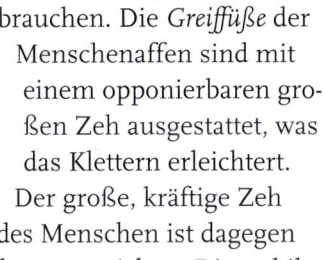

aber auch Werkzeuge zu gebrauchen. Die *Greiffüße* der Menschenaffen sind mit einem opponierbaren großen Zeh ausgestattet, was das Klettern erleichtert. Der große, kräftige Zeh des Menschen ist dagegen nach vorn gerichtet. Die stabile Ferse und ein Fußgewölbe verteilen das Gewicht beim aufrechten Gang. Nur Menschen und Affen haben Fingernägel. Andere Tiere besitzen Krallen.

Schädel offenbaren Unterschiede

Der Gesichtsschädel der Menschenaffen ist schnauzenförmig nach vorne gezogen. Die Stirn ist deutlich flacher als die des Menschen. Die Kaumuskeln der Menschenaffen sind viel stärker ausgeprägt. Die Kaufläche ihrer Backenzähne ist erheblich größer. Wulstartige Verdickungen über den Augen, die *Überaugenwülste,* verleihen dem Schädel die notwendige Stabilität beim Kauen auch von hartschaliger Nahrung. Mensch und Menschenaffen besitzen jeweils 32 Zähne. Beim Affengebiss ist die sogenannte *Affenlücke* zwi-

schen den Schneide- und Eckzähnen erkennbar, die bei geschlossenem Maul Platz für die dolchartig verlängerten Eckzähne bietet. Das *Hinterhauptsloch,* der Bereich, an dem das Rückenmark den Schädel verlässt und die Wirbelsäule ansetzt, liegt beim Menschen zentral, bei Affen weiter hinten. Bezogen auf ihre Körpergröße haben Menschenaffen die größten Gehirne aller landlebenden Säugetiere. Das Gehirn eines Menschen ist noch etwa dreimal so groß.

3 Unterschiede in der Erbinformation

Genetische Untersuchungen

Untersuchungen der Erbsubstanz von Mensch und Menschenaffen zeigen, dass die Erbinformation des Menschen zu 98,8 Prozent mit der des Bonobo übereinstimmt. Er gilt damit als nächster Verwandter des Menschen. Gorillas sind demzufolge näher mit dem Menschen verwandt als Orang-Utans.

Die Untersuchungen zeigen aber auch, dass alle Menschen auf der Erde zu mindesten 99,9 % genetisch übereinstimmen. Zudem betreffen die geringen genetischen Unterschiede vor allem Gene, die Informationen für die Gestaltung der Körperoberfläche infolge von Angepasstheiten an klimatische Verhältnisse enthalten. Trotz oberflächlicher Unterschiede wie die Färbung der Haut können Vertreter aller Ethnien miteinander fruchtbare Nachkommen zeugen. Alle heute lebenden Menschen gehören zu einer Art und haben dieselbe kulturellen Fähigkeiten.

In Kürze

Die Verwandtschaft zwischen Mensch und Menschenaffe lässt sich sowohl genetisch als auch anatomisch belegen. Unterschiede existieren etwa in der Form der Wirbelsäule und der Größe des Gehirns. Alle heute lebenden Menschen gehören zu einer Art.

Aufgaben

1 ☐ Beschreibe Belege für die Verwandtschaft von Menschenaffen und Mensch.
2 ◪ Vergleiche die Schädel von Mensch und Menschenaffe. Arbeite in einer Tabelle.

Schlüsselereignisse der Menschwerdung

Mitte des 19. Jahrhunderts stellte man sich Schimpansen sehr menschenähnlich vor. Trotz großer genetischer Übereinstimmung bestehen erhebliche Unterschiede. Menschen und Schimpansen sind das Ergebnis von Entwicklungen, die vor Millionen von Jahren begannen.

Klimaveränderungen ...

Fossilienfunde aus Afrika belegen, dass die Vorfahren von Menschenaffen und Mensch in tropischen Regenwäldern lebten. Durch Verwerfungen der Erdkruste und intensive Vulkantätigkeiten entstand vor etwa zwanzig Millionen Jahren der ostafrikanische Graben. Hohe Berge teilten den Kontinent nun in einen westlichen und einen östlichen Teil. Die Gebirge hielten die Wolken zurück. Dadurch wurde das Klima in den östlichen Gebieten trockener und kühler. Der Lebensraum veränderte sich drastisch. Die Savanne, eine Graslandschaft mit vereinzelt stehenden Baumgruppen, verdrängte den dichten Regenwald.

... mit Folgen

Bei einigen Waldbewohnern hatten Mutationen körperliche Veränderungen hervorgerufen. Sie waren dadurch gut an den neu entstandenen Lebensraum angepasst und konnten überleben. Viele andere starben aus.

1 Zeichnung von Schimpansen um 1850

Entwicklung des aufrechten Gangs

Vor sieben Millionen Jahren lebten in den Regenwäldern erste Primaten, die bereits zeitweilig auf zwei Beinen gehen konnten. Es entwickelten sich zunehmend längere Arme, was eine stärkere Aufrichtung ermöglichte. Das Laufen ähnelte dem Knöchelgang der heutigen Menschenaffen. Der Fund von etwa vier Millionen Jahre alten Fußspuren ist ein sicherer Beleg für den aufrechten Gang. Hier waren mehrere Individuen auf zwei Beinen durch Vulkanasche gelaufen. Aufrecht zu gehen bietet wichtige Vorteile. Beim Laufen wird weniger Energie umgesetzt. In der Savanne bietet die höhere Sichtposition eine gute Übersicht. Feinde und Beute werden so eher wahrgenommen. Auch tiefere Gewässer können durchwatet werden. Zudem sind Arme und Hände frei für den Gebrauch von Werkzeugen und den Transport von Dingen.

2 Landschaft im Bereich des großen Grabens

3 Fußspuren von Laetoli: 4 Millionen Jahre alt

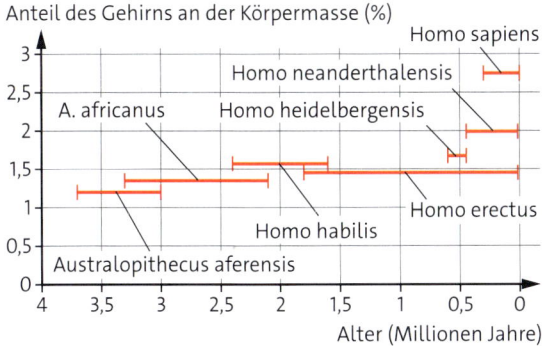

4 Entwicklung der Gehirngröße

6 Faustkeile und andere Steinwerkzeuge

Das Gehirn wird größer

Der Mensch hat im Vergleich zu anderen Säugetieren ein ungewöhnlich großes Gehirn. Zur Versorgung dieses Organs werden 20 bis 25 Prozent der Gesamtenergie aufgewandt. Bei Affen sind es unter 10 Prozent. Die Erhöhung des Fleischanteils und damit eine energie- und proteinreichere Ernährung ermöglichte die Gehirnentwicklung. Da Fleisch leichter verdaut wird, konnte sich die Darmlänge zurückbilden. Mit der Beherrschung des Feuers wurde das Fleisch leichter verdaulich und konnte für kurze Zeit aufbewahrt werden.

Entwicklung der Sprache

Durch anatomische Veränderungen im Rachen und Kehlkopf begann vor 100 000 Jahren die Entwicklung der Sprache. Sie ermöglicht den Austausch über Aktuelles, Vergangenes und Zukünftiges. Dadurch wird der Zusammenhalt von Gruppen gefördert. Wissen wird angesammelt. Es bilden sich Traditionen aus.

Beginn der Kultur

Die Einflussfaktoren bedingten sich und setzten weitere Prozesse in Gang. So ermöglichte die Gehirnentwicklung und das Freiwerden der Hände die Erfindung von Werkzeugen. Die ältesten, etwa drei Millionen Jahre alten Steinwerkzeuge ermöglichten seinem Besitzer eine Unabhängigkeit von dem Ort, an dem die Beute erlegt wurde, und die Möglichkeit, erste Vorräte anzulegen. Das wichtigste Werkzeug war der Faustkeil, der noch bis vor 40 000 Jahren verwendet wurde. Höhlenmalereien und erste Skulpturen weisen auf den Ursprung der Kunst hin. Alles, was der Mensch selbst gestaltend hervorbringt, fasst man unter dem Begriff Kultur zusammen.

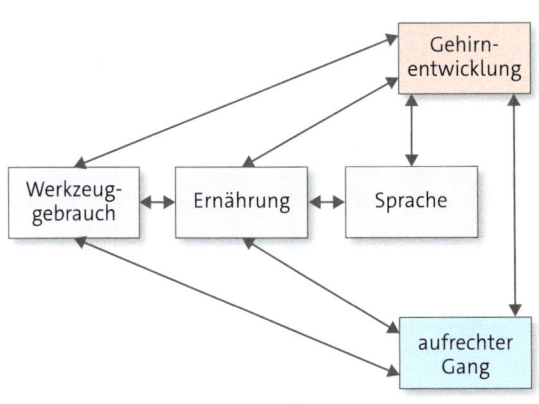

5 Einflussfaktoren hängen zusammen.

> ### In Kürze
> Die Entwicklung des aufrechten Gangs ist ein Schlüsselereignis auf dem Weg zur Menschwerdung. Über seine Entstehung gibt es verschiedene Hypothesen. Die Vergrößerung des Gehirns, die Entwicklung der Sprache und die Entwicklung einer Kultur sind weitere Schlüsselereignisse, die eng zusammenhängen.

Aufgaben

1 ☐ Nenne Vorteile des aufrechten Gangs.
2 ◪ Erläutere die Bedeutung der in Bild 5 durch Pfeile dargestellten Zusammenhänge.
3 ◪ Stelle die Bedeutung der Sprache in einer Mindmap dar.

Vom Vormenschen …

Auf der Grundlage von Fossilien konstruieren Wissenschaftler Modelle von Vormenschen. Sie helfen dabei, uns ein Bild von unseren Vorfahren machen zu können. Allerdings dürfen sie nicht darüber hinwegtäuschen, dass vieles noch ungeklärt ist.

Ursprung der Menschen

Wann genau die Entwicklung zum Menschen begann, ist ungeklärt. *Paläoanthropologen*, also Wissenschaftler, die sich mit menschlichen Fossilien beschäftigen, gehen heute davon aus, dass *Sahelanthropus tchadensis* der letzte gemeinsame Vorfahre von Mensch und Menschenaffe ist. Mit ihm begann einerseits die Entwicklung der modernen Menschenaffen und andererseits die des Menschen. Er ist gleichzeitig »Voraffe« und »Vormensch«. Gefunden wurde er im Tschad, einem Staat in Zentralafrika. Das Alter wird auf etwa sieben Millionen Jahre datiert. Die kleinen Eckzähne und die kurze Schnauze von Sahelanthropus werden bereits als erste menschliche Merkmale gedeutet. Die Körpergröße betrug etwa einen Meter und das Körpergewicht lag bei 30 bis 40 Kilogramm. In der Nahrungskette war dieser zierliche Pflanzenfresser eher Beute als Jäger. Da man bis auf einzelne Schädelfragmente bisher keine weiteren Funde auswerten konnte, ist es schwierig, genauere Aussagen über die Lebensweise zu machen.

1 Rekonstruktion von Vormenschen

Aufrecht gehen

Ardipithecus ramidus, was »Wurzel der Bodenaffen« bedeutet, war nicht mehr Affe, aber noch nicht Mensch. Etwa 4,4 Millionen Jahre alte Skelettteile dieser etwa 1,20 Meter großen *Vormenschen* wurden in Äthiopien entdeckt. Die langen Arm- und Fingerknochen und der opponierbare große Zeh am Fuß sind Hinweise, dass Ardipithecus noch auf Bäume kletterte. Allerdings besitzt der Fuß kräftige Mittelfußknochen, die viel Gewicht tragen können und so in der Lage waren, am Boden die Fortbewegung auf zwei Beinen zu ermöglichen. Wahrscheinlich sammelte Ardipithecus pflanzliche Nahrung, die durch Insekten, Vogeleier und kleine Säuger ergänzt wurde.

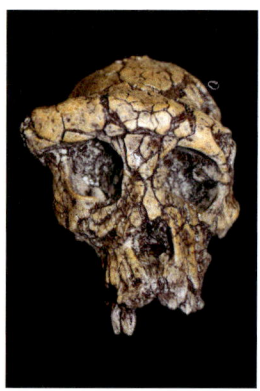 

2 Sahelanthropus tchadensis: Fund und Rekonstruktion

3 Ardipithecus ramidus: Fund und Rekonstruktion

4 Verschiedene Vertreter von Australopithecus: A A. anamensis; B A. afarensis; C A. africanus; D A. boisei

Über Millionen Jahre Vielfalt

Mehrere Arten der Gattung *Australopithecus*, was so viel bedeutet wie »südlicher Affe«, lebten gleichzeitig im Zeitraum zwischen vier und zwei Millionen Jahren in verschiedenen Gebieten Afrikas. Zwar unterschieden sie sich in einigen Merkmalen, alle hatten aber noch ein eher kleines Gehirn und deutliche Überaugenwülste. Diese Vormenschen konnten bereits aufrecht gehen. Sie hinterließen die ältesten fossilen Fußspuren. Mit ihren freien Händen pflückten sie Nahrung und nutzten Steine als Werkzeuge. Außerdem war es durch das Aufrichten möglich, über die hohen Gräser der Savanne Ausschau nach Feinden oder Nahrung zu halten. Die Nacht verbrachten sie wahrscheinlich in Baumkronen.

In Kürze

Bei Regenwaldbewohnern entwickelte sich der aufrechte Gang. Diese Vormenschen hatten noch kleine Gehirne. Die freien Hände ermöglichten den Gebrauch von Werkzeugen.

Aufgaben

1 □ Die Rekonstruktion von Sahelanthropus tchadensis in Bild 2 zeigt ein affenähnliches Wesen. Nenne Merkmale, die ihn dennoch zu einem wahrscheinlichen Vorfahren des Menschen machen.

2 ◪ Vergleiche Ardipithecus und Australopithecus in einer Tabelle.

3 ◪ Beschreibe mit Hilfe der Karte Fundorte der Australopithecinen. Verwende hierzu einen Atlas oder eine Smartphone-App.

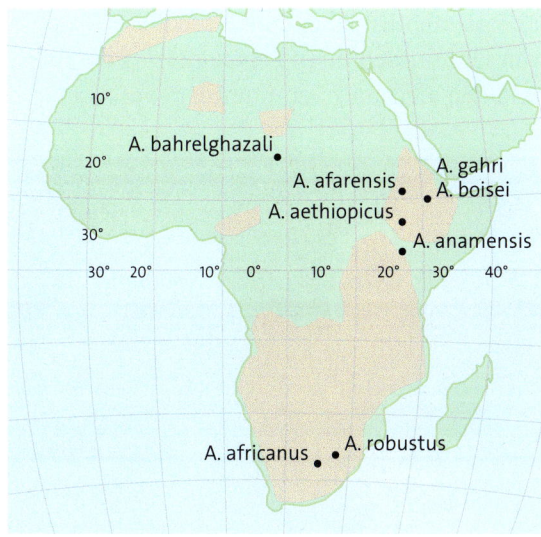

5 Funde von Australopithecus

Extra Afrika – Wiege der Menschheit

Nach heutigen Erkenntnissen hat sich der gemeinsame Vorfahre des Menschen und der Menschenaffen in Afrika entwickelt. Lange Zeit vollzog sich die weitere Entwicklung auf dem afrikanischen Kontinent. Verschiedene Vormenschen mit Unterschieden in Aussehen, Fähigkeiten und Verhaltensweisen entstanden. Die jeweilige Verwandtschaft und Abstammung sind in vielen Fällen nicht geklärt. Irgendwann wanderten Nachfahren der Vormenschen aus Afrika aus und verbreiteten sich. Forscher nehmen an, dass es in unserer Stammesgeschichte mehrfache Auswanderungswellen von unterschiedlichen Gruppen gab.

... zum modernen Menschen

Antworten auf die Frage nach der Herkunft des Menschen wurden bis in das 19. Jahrhundert hinein in den Schöpfungsgeschichten der Bibel gefunden. Künstlerische Darstellungen wie die »Erschaffung Adams« von Michelangelo Buonarroti (etwa 1510) in der Sixtinischen Kapelle in Rom stellen oft den heutigen europäischen Menschentyp dar. Heute weiß man, dass die ersten Menschen keine weißen Mitteleuropäer waren. Die Suche nach den Wurzeln der Menschheit führt nach Afrika.

Erste Menschen

Bei Ausgrabungen in Tansania fand man bei einem etwa zwei Millionen Jahre alten Fossil bearbeitete Werkzeuge. Es wurde erstmals als Mensch bezeichnet: *Homo habilis*, was übersetzt »geschickter Mensch« bedeutet. Er behaute Steine, die zunächst als Schlagwerkzeug zum Öffnen von Knochen genutzt wurden. Später verwendete er sie als eine Art Messer zum Zerlegen von Tieren. Als Fleischfresser erschloss sich Homo habilis im Vergleich zu den vorwiegend von Pflanzen lebenden Vormenschen neue ökologische Nischen. Das Gehirn war bereits deutlich größer als das von Australopithecus. Untersuchungen des Schädels lassen vermuten, dass Homo habilis bereits eine einfache Sprache beherrschte. Aus Gejagten wurden allmählich selbst Jäger.

1 Die Erschaffung Adams

Der Mensch breitet sich aus

Da sich *Homo ergaster*, der »arbeitende Mensch« und *Homo erectus*, der »aufgerichtete Mensch« ähneln, werden sie oft in einer Gruppe zusammengefasst. Ihre Entstehung folgt einem Prinzip: Entweder es entwickelt sich ein langer Darm, wie es bei Pflanzenfressern der Fall ist, das Gehirn bleibt dann relativ klein. Oder aber die Ernährung mit Fleisch ist möglich, dann verkürzt sich der Darm und ein größeres Gehirn entsteht. So entwickelten sich *Frühmenschen*, deren Körperbau – außer den starken Überaugenwülsten – bereits weitgehend dem des modernen Menschen gleicht. Statt Körperkraft besaßen sie die Intelligenz, Feuer zu machen und den Faustkeil zu erfinden, der die Menschheit mehr als 1,5 Millionen Jahre als Werkzeug begleitete. Dank der neu erworbenen Fähigkeiten konnte diese Gruppe von Hominiden ihren Lebensraum ausweiten und den afrikanischen Kontinent verlassen.

2 Homo habilis: Schädel und Rekonstruktion

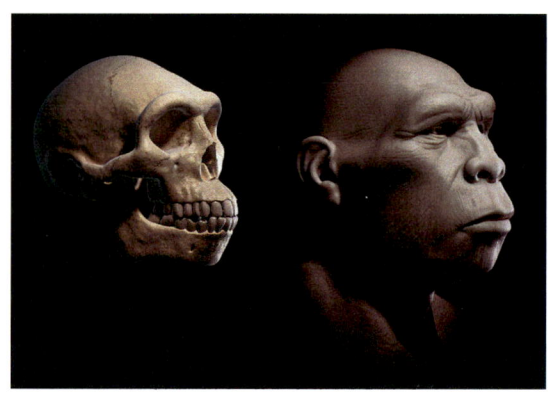

3 Homo erectus: Schädel und Rekonstruktion

4 Rekonstruktionen von Homo heidelbergensis

5 Rekonstruktion einer Neandertalerfamilie

Ein gemeinsamer Vorgänger?

In Deutschland fand man in der Nähe von Heidelberg einen Unterkiefer, der auf ein Alter von etwa 600 000 Jahren datiert wurde. Die neu entdeckte Menschenart wurde nach dem Fundort Homo heidelbergensis genannt. Der Homo heidelbergensis entwickelte sich aus dem Homo erectus. Der mit kräftigen Muskeln und einem großen Gehirn ausgestattete Frühmensch war ein guter Jäger, jagte in Gruppen und verwendete über zwei Meter lange hölzerne Wurfspeere. Er gilt sicher als der Vorfahre des Neandertalers. Anatomisch vergleichbare Fossilien wurden in Europa und in Afrika gefunden. Forscher sind sich über die Einordnung einiger afrikanischer Funde als Homo erectus oder Homo heidelbergensis nicht einig. Daher wird auch die direkte Abstammung des modernen Menschen noch diskutiert.

In Europa entstanden: der Neandertaler

Der *Homo neanderthalensis* ist vor etwa 200 000 Jahren in Europa entstanden. Er war nicht nur körperlich angepasst, sondern er passte sich aktiv an die Umwelt an. Dank funktioneller Kleidung aus Tierfellen, starker sozialer Bindungen innerhalb der Gruppe sowie spezialisierter Werkzeuge und Jagdwaffen musste er nicht vor dem rauer werdenden Klima flüchten. Der Neandertaler lebte gleichzeitig mit dem modernen Menschen und paarte sich mit ihm. Trotz des großen Gehirnvolumens und der 30 Prozent größeren Muskelmasse starb er etwa vor 39 000 Jahren aus.

Homo sapiens – der moderne Mensch

Vor etwa 300 000 Jahren entwickelte sich vermutlich im Osten Afrikas der moderne Mensch. Er wird wissenschaftlich als *Homo sapiens*, »weiser Mensch«, bezeichnet. Von der Vielzahl der Vorfahren ist er die einzige Menschenart, die überlebt hat. Ihr gehören alle heute lebenden Menschen an. Die Überlegenheit des Homo sapiens ist vor allem in den noch besseren Jagdmethoden begründet. Das Leben in der Gruppe ist arbeitsteilig organisiert, die Kultur kann sich entwickeln.

Von Afrika aus wanderte der Mensch vor etwa 100 000 Jahren in das Gebiet des heutigen Israel aus. Von dort breitete er sich langsam, etwa fünf Kilometer pro Generation, über die ganze Welt aus. Die Wanderbewegungen lassen sich anhand von Skelettfunden nachvollziehen.

In Kürze

Die stammesgeschichtlichen Vorfahren des heutigen Menschen haben Werkzeuge und Jagdwaffen entwickelt. Der moderne Mensch ist im Osten Afrikas entstanden und hat sich über die ganze Welt ausgebreitet, alle anderen Menschenarten sind ausgestorben.

Aufgaben

1 ☐ Beschreibe zwei grundlegende Entwicklungstendenzen bei der Menschwerdung.

2 ◪ Homo habilis war an seinen Lebensraum angepasst. Der Neandertaler konnte sich anpassen. Erläutere den Unterschied.

»Lucy«

Fossilienfunde sind sehr selten und neben genetischen Untersuchungen die einzige Möglichkeit, Urahnenforschung zu betreiben. Im Jahr 1974 war deshalb die Freude des Forschungsteams um Donald Johanson groß: Sie fanden in Äthiopien das zu diesem Zeitpunkt mit 40 Prozent am besten erhaltene älteste Skelett eines menschlichen Vorfahren.

Lucy gehört zu den Australopithecinen

Der amerikanische Forscher Donald Johanson ist einer der erfolgreichsten Paläoanthropologen unserer Zeit. Bei Ausgrabungen in Äthiopien begleitete er am 30. November 1974 einen Studenten zu einer Fundstelle. Auf dem Rückweg bemerkte Johanson das Stück eines Armknochens und war sich sicher, dass dieser Knochen nicht von einem Affen stammte. Ringsum lagen Wirbel, Rippen und Stücke von einer Hand. Die Knochen ordnete die Forschergruppe der Gattung *Australopithecus afarensis* zu, die vor etwa 3,2 Millionen Jahren lebte. Sie vermutete, dass es sich bei dem Fund um einen weiblichen Hominiden handelte und nannten ihn »Lucy«. Sie war vermutlich ungefähr einen Meter groß und 25 Kilogramm schwer. Anhand der Knochen folgerten die Forscher, dass »Lucy« bereits aufrecht ging. Ihr Gesicht hingegen war noch affenähnlich mit Überaugenwülsten und einer niedrigen Stirn.

Wie Lucy zu ihrem Namen kam

Am Abend, nachdem die Knochen bestimmt, sortiert und beschriftet waren, setzte sich das Team um Donald Johanson in dem einfachen Zeltlager, das irgendwo in der afrikanischen Savanne auf dem Stammesgebiet der Afar stand, zusammen. Ein solch spektakulärer Fund war natürlich ein Grund zu feiern. Aufgeregt wurde diskutiert und einige Flaschen Bier geleert. Dabei lief immer wieder der Beatles-Song »Lucy in the sky with diamonds«. Seit dieser Nacht heißt das Skelett »Lucy«.

 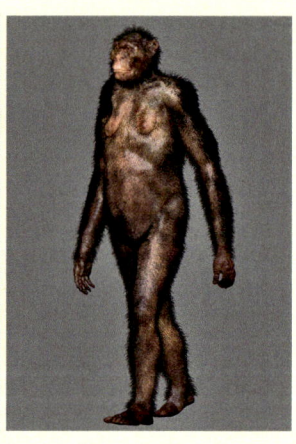

1 Lucy: gefundene Skelettteile und Rekonstruktion

Ein Bild von Lucy

Obwohl man nicht alle Knochen zur Verfügung hat, kann man sich mit technischen Hilfsmitteln ein Bild davon machen, wie »Lucy« und ihre Verwandten ausgesehen haben könnten. Hierzu werden dreidimensionale Aufnahmen der Knochen gemacht. Um ein komplettes Skelett entstehen zu lassen, müssen fehlende Knochen durch Vergleich mit ähnlichen Skeletten ergänzt werden. Auch Muskulatur, Haut und Haare können am Computer hinzugefügt werden, sodass ein vollständiges Bild entsteht.

Da noch nie ein vollständiges Skelett gefunden wurde und das Aussehen von Haut und Haaren auf Vermutungen basiert, sind Rekonstruktionen jedoch immer nur eine Annäherung an die Realität.

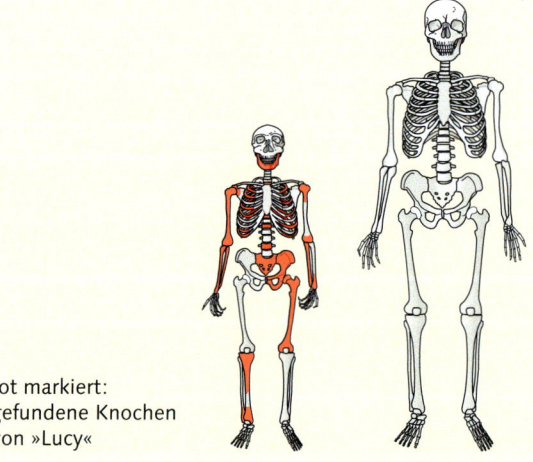

rot markiert:
gefundene Knochen
von »Lucy«

2 Vergleich »Lucy« und Mensch

Neandertaler

Im Jahre 1856 fand man bei Arbeiten in einem Steinbruch im Neandertal nahe Düsseldorf ungewöhnlich geformte Knochen. Waren dies die Überreste eines Verbrechens oder etwa die Knochen eines Höhlenbären? Der Naturforscher Carl Fuhlrott war überzeugt, dass die Knochen von einem »Menschen aus vorhistorischer Zeit« stammten.

Fuhlrotts später Triumph

Die These eines Urmenschen aus der Eiszeit löste Diskussionen aus. Damals war der Glaube an die göttliche Schöpfung vorherrschend und fast niemand glaubte an die Vermutungen Fuhlrotts. Ein Arzt deutete den Fund als krankhafte Veränderung eines »normalen« Menschen. Daraufhin gab Fuhlrott seine These auf und äußerte sich nie wieder zu diesem Thema. Spätere Forschungen ergaben, dass der gefundene Neandertaler vor etwa 42 000 Jahren gelebt hat. So erhielt Fuhlrott erst im 20. Jahrhundert die Anerkennung, die er verdient hat. Heute befindet sich nahe dem Fundort das bekannte Neanderthal Museum.

Das Leben der Neandertaler

Früher wurden die Neandertaler noch affenähnlich dargestellt. Heute geht man davon aus, dass sich der Homo neanderthalensis vor über 200 000 Jahren entwickelte und in dem damaligen kalten Klima in Europa lebte. Er war etwa 1,60 Meter groß, 60 bis 80 Kilo-

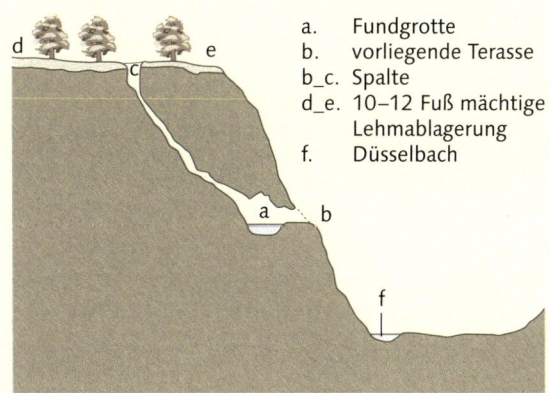

a.	Fundgrotte
b.	vorliegende Terasse
b_c.	Spalte
d_e.	10–12 Fuß mächtige Lehmablagerung
f.	Düsselbach

1 Fuhlrotts Beschreibung des Fundortes (1856)

gramm schwer und insgesamt breiter und muskulöser gebaut als der heutige Mensch. Neandertaler trugen wärmende Kleidung, lebten in Gruppen zusammen und jagten ihre Beute mit Speeren. Sie pflegten kranke Artgenossen und bestatteten die Toten in Gräbern.

Freund oder Feind?

Es ist bis heute unbekannt, warum die Neandertaler ausstarben. Sie könnten Klimaveränderungen zum Opfer gefallen oder gegenüber Krankheitserregern anfällig gewesen sein. Vielleicht hat sie der moderne Mensch bekämpft und verdrängt. Allerdings ergaben Untersuchungen, dass 1 bis 4 Prozent der Erbinformationen moderner, nicht afrikanischer Menschen vom Neandertaler stammen. Neuere Forschungen vermuten, dass sich beide gepaart haben, als Homo sapiens Afrika vor 100 000 Jahren verlassen hat und im Nahen Osten auf Neandertaler traf.

2 Neandertalerdarstellung früher – heute

3 Nachgestellte Neandertaler auf der Jagd

Die kulturelle Entwicklung

Die Erschaffung von Kunstwerken ist eine wesentliche Fähigkeit von Menschen. Eines der frühesten Beispiele ist etwa 32 000 Jahre alt. Die Skulptur aus Elfenbein wurde in der Höhle Hohlenstein-Stadel in der Schwäbischen Alb gefunden. Der Löwenmensch ist 28 Zentimeter groß und stellt ein Fabelwesen mit menschlichem Körper, einem Löwenkopf und tierischen Gliedmaßen dar.

1 Löwenmensch

Epochen der Kulturentwicklung

Das Erschaffen von Kunstwerken, die Werkzeugherstellung, aber auch Religion und Wissenschaft, also die gesamte Kultur, werden unterschiedlichen Epochen zugeordnet. In der *Altsteinzeit* vor etwa 2,5 Millionen Jahren fertigten die Menschen Waffen und Werkzeuge vor allem aus Stein und Holz. In der *Jungsteinzeit* vor 12 000 Jahren wurde der Mensch sesshaft und entwickelte Handwerke. Während der *Bronze- und Eisenzeit* vor 2500 bis 4000 Jahren wurde hauptsächlich Metall verarbeitet.

Kunst ist typisch für den Menschen

Bereits in der Altsteinzeit fertigten Menschen auch Gegenstände, die Ausdruck künstlerischen Schaffens waren. Die Höhlenmalereien von Lascaux sind hierfür ein Hinweis. Kunstgegenstände wurden im Rahmen von religiösen Ritualen genutzt oder sollten einfach gefallen.

Sprache und Schrift

Die frühen Menschen konnten wahrscheinlich durch die Verwendung von Sprache ihre Jagd organisieren und so den Jagderfolg steigern. Für das Zusammenleben in Gruppen ist zudem der soziale Austausch besonders wichtig. Durch verlässliche Informationen über andere konnten sich größere Gruppen bilden, in denen arbeitsteilig kooperiert wurde. Hier wurden Fähigkeiten erlernt und Informationen weitergegeben. Erste Ansätze einer Schrift waren Kerben in Holz oder Striche an Wänden. Diese wurden zu Bilder- und Zeichenschriften weiterentwickelt. Während zuvor oft ältere Mitglieder der Gruppe mündlich von Erfahrungen berichteten oder Tätigkeiten beschrieben, wurde es mit Hilfe der Schrift möglich, Wissen dauerhaft zu speichern und jederzeit abzurufen.

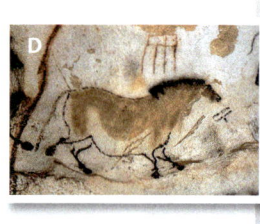

2 Werkzeuge: A Gefäß (etwa 5000 Jahre alt); B Werkzeuge (etwa 5000 Jahre alt); C Dolch (etwa 3000 Jahre alt); Kunstwerke: D Höhlenmalerei (35 000 Jahre alt); E Vase (2500 Jahre alt); F Gemälde mit Maria und Kind (600 Jahre alt)

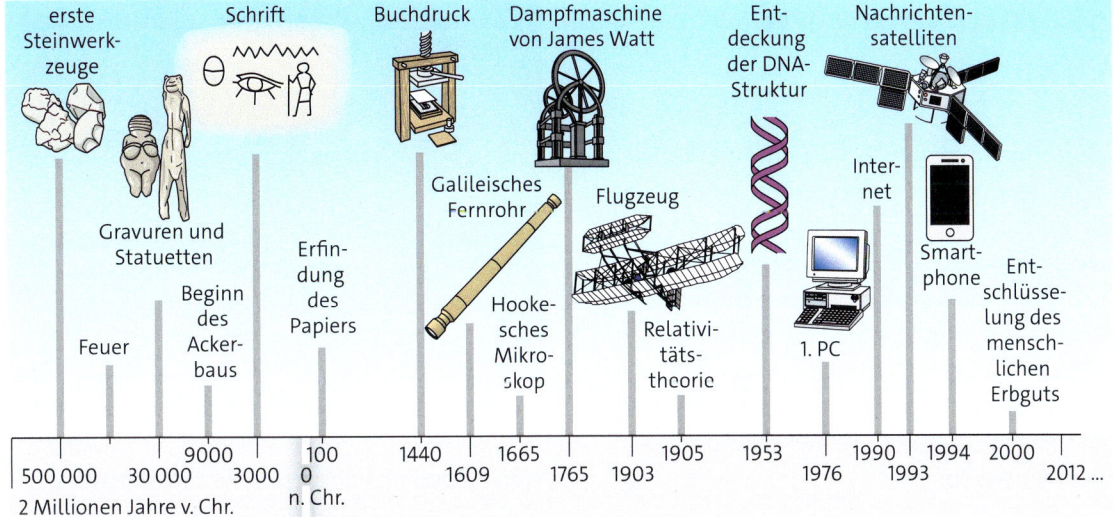

3 Meilensteine der technischen Entwicklung

Unabhängig von der Umwelt

Durch die Herstellung und den Gebrauch von Werkzeugen glich der Mensch seine verhältnismäßig geringe Körperkraft aus. So konnte er sich von den Umweltbedingungen weitgehend unabhängig machen oder er passte sich aktiv an: Mit Hilfe von funktioneller Kleidung und dem Errichten von Behausungen konnte er auch in kalten Gegenden überleben.

Der Mensch verändert die Umwelt

Mit dem Übergang vom Sammler und Jäger zum Ackerbauern, der in festen Siedlungen lebte, gestaltete der Mensch die Umwelt nach seinen Bedürfnissen um. Er rodete Wälder und legte Ackerflächen an, auf denen er besonders gezüchtete Pflanzen anbaute. Ähnliches geschah bei der Tierzucht. Aus Wildtieren wurden Nutztiere, die als Arbeitstiere, aber auch zur Ernährung verwendet wurden.

»Neue« technische Entwicklungen

Werkzeuge sind aber nicht nur »künstliche Organe«, mit deren Hilfe fehlende Körpereigenschaften ausgeglichen werden. Die Erfindung des Buchdrucks veränderte die Informationsweitergabe grundlegend. Mit der Erfindung der Dampfmaschine im Jahre 1765 begann die »industrielle Revolution«. Es entstanden Fabriken, in denen Maschinen verschiedenste Produkte in großen Mengen sehr schnell und preiswert herstellten. Heute verbindet man mit dem Begriff Technik digitale Maschinen sowie Internet, Onlinebanking oder soziale Netzwerke. Da die digitale Welt seit dem Beginn des neuen Jahrtausends nahezu alle Lebensbereiche beeinflusst, spricht man von einer »digitalen Revolution«.

Verantwortung des Menschen

Aus diesen Fähigkeiten und der Möglichkeit, über das eigene Tun nachzudenken, erwächst die Verantwortung des Menschen für sich, seine Mitmenschen und für einen nachhaltigen Umgang mit seiner Umwelt.

> **In Kürze**
> Die kulturelle Entwicklung gibt es nur beim Menschen. Er kann die Umwelt nach seinen Vorstellungen verändern, trägt für sie aber auch Verantwortung. Nach vielen Erfindungen ist die heutige Zeit von der digitalen Revolution geprägt.

Aufgaben

1 ☐ Nenne die Epochen der Kulturentwicklung.

2 ◪ Erläutere die Bedeutung der Unabhängigkeit von der Umwelt für den Menschen.

3 ◼ Nenne die für dich wichtigste Erfindung, die in Bild 3 dargestellt ist. Begründe.

Stammbaum im Wandel

Im Frühjahr 2019 wurden Spuren einer kleinwüchsigen, bisher unbekannten Menschenart gefunden. Fundort ist Luzon, die größte Insel der Philippinen. Die Fundstücke des *Homo luzonensis* geben den Forschern Rätsel auf. Sie ähneln sehr alten Australopithecusarten und nicht dem Homo erectus, der eigentlich als Vorfahre in Frage käme. Australopithecus hat aber nach bisherigem Wissensstand Afrika nicht verlassen.

Out of Africa – eine Theorie zur Diskussion

Da fast alle heute bekannten Hominidenarten nach der Analyse der bisherigen Funde in Afrika lebten, sind die meisten Forscher der Ansicht, dass auch der anatomisch moderne Mensch in Afrika entstanden ist. Nach der *Out-of-Africa-Theorie* hat er sich von hier aus auf der ganzen Erde verbreitet. Dagegen geht die *Multiregionale Theorie* davon aus, dass sich der Homo sapiens durch einen kontinuierlichen Austausch an vielen Stellen der Welt entwickelt hat. Keines der beiden Modelle ist allerdings in der Lage, alle bisher verfügbaren Funde und Daten zum Ursprung des anatomisch modernen Menschen ohne Einschränkung und völlig widerspruchsfrei zu erklären.

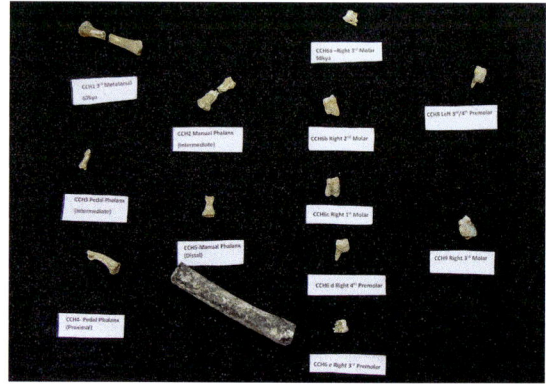

1 Fundstücke des Homo luzonensis

Neue Funde bedingen neue Erkenntnisse

In der Familie der Hominiden sind immer wieder neue Arten entstanden und wieder verschwunden. Die Übergänge sind fließend. Mit jedem Fund müssen die Stammesgeschichte und der Stammbaum des Menschen neu hinterfragt werden. Dem Stammbaum aus dem Jahr 1927 lagen nur wenige Funde zugrunde. Er zeigt eine eindeutige Entwicklung hin zum modernen Menschen. Dieser wurde damals in unterscheidbare »Rassen« eingeteilt. Knapp hundert Jahre und viele Funde später wissen wir, dass dies so nicht stimmt. Paläoanthropologen müssen die Erkenntnisse regelmäßig neu beschreiben, strukturieren und analysieren. Forschungen stellen immer einen vorläufigen Stand der Erkenntnis dar, der morgen bereits wieder veraltet sein kann.

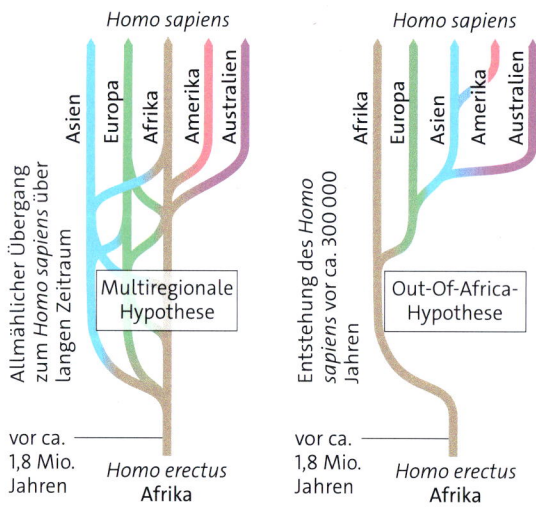

2 Modelle zur Ausbreitung des Menschen

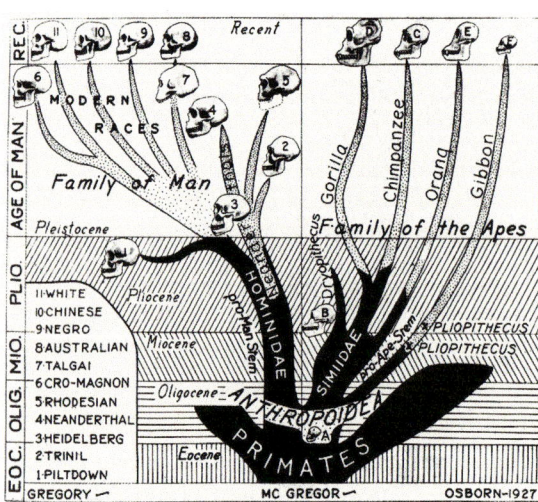

3 Stammbaum aus dem Jahr 1927

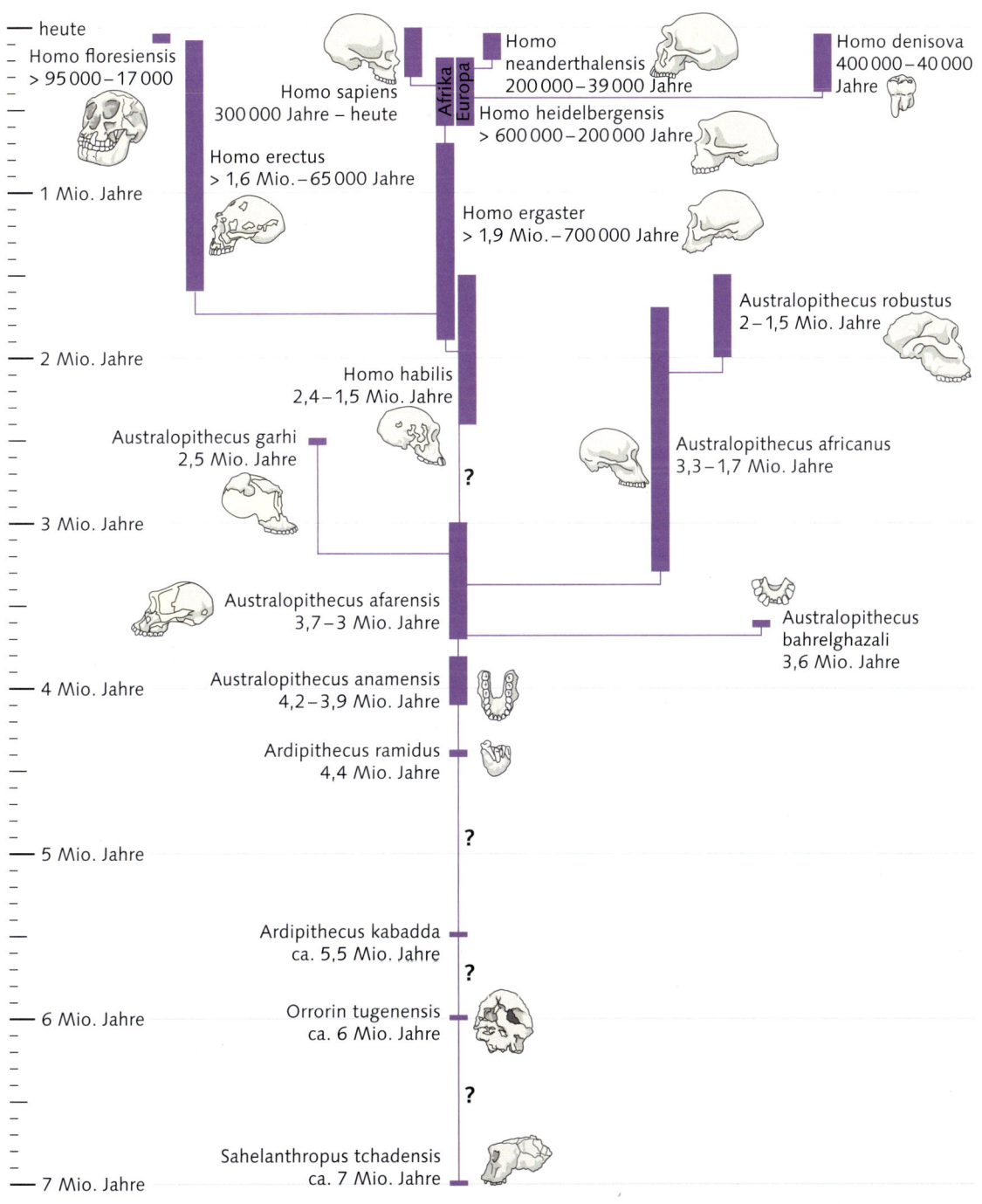

— heute

Homo floresiensis
> 95 000 – 17 000

Homo sapiens
300 000 Jahre – heute

Afrika
Europa

Homo neanderthalensis
200 000 – 39 000 Jahre

Homo denisova
400 000 – 40 000 Jahre

Homo heidelbergensis
> 600 000 – 200 000 Jahre

Homo erectus
> 1,6 Mio. – 65 000 Jahre

— 1 Mio. Jahre

Homo ergaster
> 1,9 Mio. – 700 000 Jahre

Australopithecus robustus
2 – 1,5 Mio. Jahre

— 2 Mio. Jahre

Homo habilis
2,4 – 1,5 Mio. Jahre

?

Australopithecus garhi
2,5 Mio. Jahre

Australopithecus africanus
3,3 – 1,7 Mio. Jahre

— 3 Mio. Jahre

Australopithecus afarensis
3,7 – 3 Mio. Jahre

Australopithecus bahrelghazali
3,6 Mio. Jahre

Australopithecus anamensis
4,2 – 3,9 Mio. Jahre

— 4 Mio. Jahre

Ardipithecus ramidus
4,4 Mio. Jahre

?

— 5 Mio. Jahre

Ardipithecus kabadda
ca. 5,5 Mio. Jahre

?

Orrorin tugenensis
ca. 6 Mio. Jahre

— 6 Mio. Jahre

?

Sahelanthropus tchadensis
ca. 7 Mio. Jahre

— 7 Mio. Jahre

4 Vereinfachter Stammbaum des Menschen

In Kürze

Die Out-of-Africa-Theorie ist die gängige Theorie zum Ursprung des Menschen. Demnach besiedelte er von Afrika aus die Erde. Aufgrund neuer Funde muss der Stammbaum des Menschen immer wieder überarbeitet und ergänzt werden.

Aufgaben

1 ☐ Nenne den Zeitraum, in dem laut Stammbaum im Bild 4 die meisten Hominidenarten lebten.

2 ◨ Erläutere, warum im unteren Teil des Stammbaums mehr Lücken existieren als im oberen.

3 ◨ Erläutere, warum der abgebildete Stammbaum als vorläufig bezeichnet werden muss.

Grundlagen der Evolution

1 Fossilien

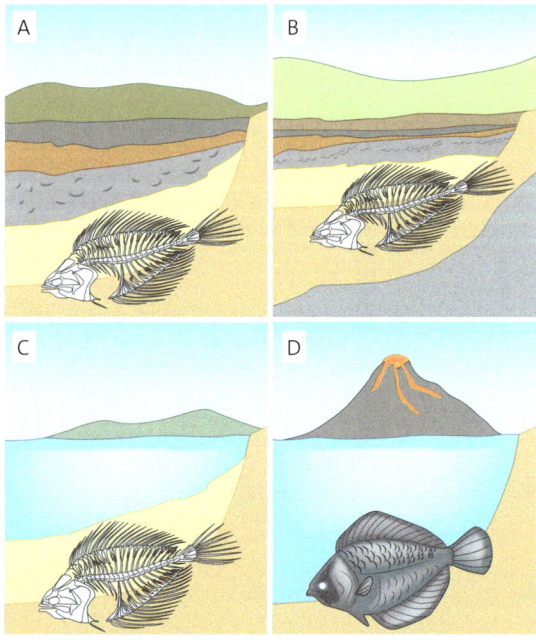

1 Entstehung eines Fossils

a ☐ Notiere die Definition von Fossil.

b ☐ In Bild 1 sind die Stadien der Fossilentstehung falsch geordnet. Ordne sie in der richtigen Reihenfolge.

c ☐ Beschreibe anhand des richtig angeordneten Bildes 1 die Entstehung eines Fossils.

d ☐ Nenne zwei weitere Arten von Fossilien.

e ▨ »Die Schichtung von Fossilien im Erdboden kann oft eine Aussage über deren Alter machen.« Erläutere diese Aussage.

2 Eine Übergangsform

Der knapp einen Meter große Ichthyostega lebte vor ungefähr 400 Millionen Jahren. Er wies Merkmale von Fischen und Amphibien auf. Sein Körper war mit Schuppen bedeckt. Er verfügte über Gliedmaßen und eine Lunge. Ähnlich einem Aal hatte er einen Flossensaum.

a ▨ Ichthyostega ist eine Übergangsform. Erläutere.

b ☐ Liste die jeweils entsprechenden Merkmale von Ichthyostega auf.

3 Ähnlichkeit und Verwandtschaft

3 Verwandt oder nur ähnlich?

a ▨ Erläutere, was man unter Homologie beziehungsweise unter Analogie versteht.

b ▨ Benenne die Tiere in Bild 3. Erkläre ihre Verwandtschaftsbeziehung.

4 Verschiedene Evolutionstheorien

a ▨ Erläutere, wie Cuvier die Unterschiedlichkeit von verschieden alten Fossilien begründete.

b ▨ Graureiher wie in Bild 4 haben sehr lange Beine. Erläutere deren Entstehung jeweils aus der Sicht von Lamarck und Darwin.

c ■ »Survival of the Fittest« bedeutet nach Darwin nicht, dass der »Stärkste überlebt«. Begründe, was Darwin damit ausdrücken wollte.

4 Graureiher

5 Evolutionsfaktoren

a ☐ Nenne die »Motoren« der Evolution.

b ▨ Erläutere das Zusammenwirken der Evolutionsfaktoren.

c ■ Europäische und Zentralasiatische Kohlmeisen sind zwei Arten, die sich untereinander nicht fortpflanzen können. Erkläre, wie es zur Entstehung der beiden Arten kam.

6 Menschenaffe oder Mensch

a ☐ Benenne die dargestellten Körperteile.

b ◩ Ordne die in Bild 5 dargestellten Körperteile entweder den Menschenaffen oder dem Menschen zu. Begründe deine Entscheidung.

c ◩ Beschreibe 3 Unterschiede zwischen einem Affenschädel und einem Menschenschädel.

d ◩ Beschreibe Bau und Funktion des Fußes bei Menschenaffen und beim Menschen.

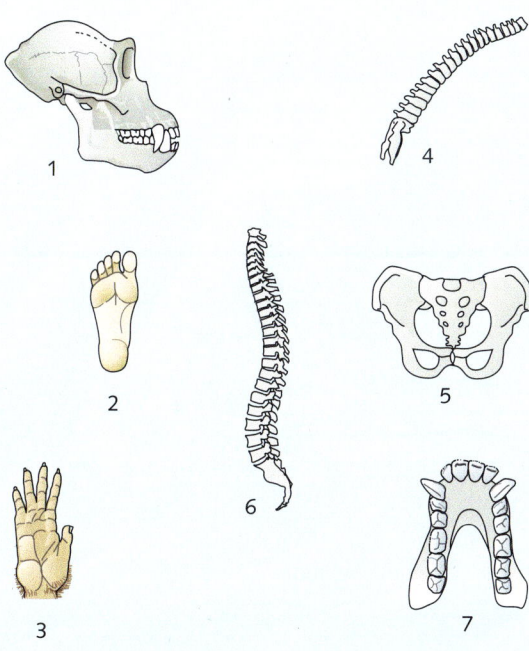

5 Körperteile von Menschenaffe und Mensch

7 Entwicklung zum modernen Menschen

a ☐ Nenne drei Schlüsselereignisse auf dem Weg zur Entwicklung des modernen Menschen.

b ◩ »Statt Körperkraft besaß der Mensch Intelligenz.« Erläutere diese Aussage.

c ◾ Häufig wird der Verlauf der Evolution des Menschen wie in Bild 6 dargestellt. Diskutiere und bewerte die Darstellung.

6 Evolution des Menschen?

Auf den Punkt gebracht

Grundlagen der Evolution

- Fossilien sind Spuren früherer Lebewesen. Sie geben Auskunft über die Entwicklung des Lebens, die Evolution.

- Übergangsformen sind Organismen, die Merkmale verschiedener Gruppen besitzen und so Hinweise über den möglichen Verlauf der Evolution geben.

- Homologe Organe haben den gleichen Grundaufbau. Homologie weist auf Verwandtschaft von Lebewesen hin.

- Charles Darwin ist der Begründer der modernen Evolutionstheorie. Sie besagt, dass sich Lebewesen aus früheren Formen entwickelten.

- Mutation und Neukombination, Selektion sowie Isolation sind Motoren der Evolution.

- Afrika gilt als die Wiege der Menschheit. Dort trennten sich die Abstammungslinien der Affen und der Menschen. Schlüsselereignisse der Menschwerdung sind der aufrechte Gang, die Gehirn-, Sprach- und Kulturentwicklung.

- Die stammesgeschichtlichen Vorfahren des modernen Menschen sind ausgestorben. Alle heute lebenden Menschen gehören der Art Homo sapiens an.

Biologische Probleme
der Globalisierung

Die Biosphäre der Erde

Im Jahr 1991 wurde in Arizona ein großer Gebäudekomplex erbaut – die „Biosphäre 2". Darin waren wichtige Naturlandschaften der Erde und landwirtschaftliche Zonen nachgebildet. Der Komplex stellte ein Modell der Biosphäre der Erde dar. Ein Langzeitexperiment sollte Erkenntnisse über ökologische Zusammenhänge und Wechselwirkungen liefern. Dazu ließen sich acht Wissenschaftler in der Biosphäre 2 einschließen.

1 Außenansicht der Forschungsstation Biosphäre 2

Ein Modell gibt Auskunft

Als Biosphäre wird der Bereich der Erde bezeichnet, der sich durch Leben auszeichnet, sowie die darin befindlichen Lebewesen. Derzeit geht man davon aus, dass der belebte Raum von 5 km unter der Erdoberfläche bis 60 km über die Erdoberfläche reicht.

Ziel des Experiments „Biosphäre 2" war es herauszufinden, ob man eine künstliche Biosphäre gestalten könnte, beispielsweise auf dem Mars. Nach zwei Jahren wurde das Experiment allerdings abgebrochen, weil sich die Bedingungen im Gebäudekomplex zu stark verschlechtert hatten. Zu viele Faktoren und ihr Zusammenwirken waren zu Beginn nicht bekannt und wurden daher nicht ausreichend beachtet. So hatte man den Einfluss der Bodenorganismen und die Entwicklung von Insektenpopulationen unterschätzt. Unsere Biosphäre ist nicht einfach ersetzbar.

Biosphäre 1

Die Biosphäre der Erde ist einmalig. Sie weist, ähnlich wie das Modell, viele unterschiedliche Ökosysteme auf, nur ist die Vielfalt in der Realität natürlich bedeutend größer.

Ökosysteme sind jeweils durch charakteristische Umweltbedingungen und die typische Biozönose gekennzeichnet. Viele Ökosysteme sind zudem in Teilökosysteme gegliedert. So unterscheidet sich der Waldrand sowohl von dicht mit Bäumen bestandenen Flächen als auch von Freiflächen, die durch einen umstürzenden Baum entstanden sind. Auch der tote Baum selbst oder der Baumstumpf bilden Teilsysteme des Waldes.

Benachbarte Ökosysteme beeinflussen sich. Zwischen ihnen besteht ein Austausch durch Tierwanderungen und Samen der Pflanzen, die von einem Ökosystem in das nächste transportiert werden. Aber es gibt auch über-

2 Aus dem Weltall betrachtet ist die Biosphäre nur eine dünne Schicht.

3 Das Totholz bietet für einige Lebewesen die nötigen Lebensbedingungen.

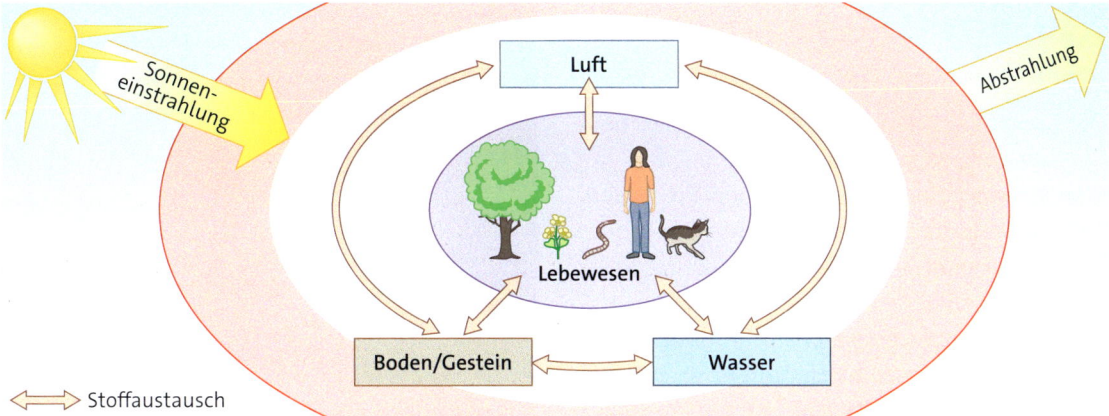

4 Biosphäre, Atmosphäre, Wasserhülle und Boden stehen miteinander in Wechselwirkungen.

regionale Wechselwirkungen. So sind Wasser und Luft für alle Organismen lebensnotwendig. Der regionale Wasserkreislauf wiederum ist Bestandteil der globalen Wasserhülle. Die Atmosphäre, die Lufthülle, macht ebenfalls nicht an den Grenzen eines Ökosystems halt, sondern umspannt die Erde und durchdringt die Biosphäre und die oberen Bodenschichten. Alle Wetterereignisse spielen sich in der Lufthülle ab und beeinflussen einander oft über große Entfernungen.

Durch unsere Tätigkeit greifen wir in die Biosphäre ein und gestalten regionale Ökosysteme nach derzeitigen Bedürfnissen um. Aufgrund der Vernetzung der Systeme auf der Erde haben Veränderungen in einer Region jedoch oft Auswirkungen auf die gesamte Biosphäre. Das bedeutet auch, dass nicht nur wir, sondern auch zukünftige Generationen betroffen sind.

In Kürze

Die Biosphäre umfasst den Bereich der Erde, in dem Leben existiert, einschließlich der Lebewesen und der abiotischen Faktoren. Aufgrund der globalen Vernetzung der Teilbereiche können regionale Veränderungen globale Auswirkungen haben.

Aufgaben

1 ☐ Beschreibe Elemente der Biosphäre.
2 ☐ Begründe, dass es sich bei der Biosphäre um ein biologisches System handelt.
3 ■ Erkläre, warum die Auswirkungen der menschlichen Tätigkeit heute global wirksamer sind als vor 300 Jahren.
4 ■ Erläutere an einem Beispiel den Ausspruch »Global denken, lokal handeln«.
5 ■ Setze dich mit folgendem Satz auseinander: »Wir haben die Erde von unseren Kindern nur geborgt.«

Erschließungsfeld Wechselwirkung

Wechselseitige Zusammenhänge und Abhängigkeiten zwischen Zellen, Lebewesen sowie zwischen Lebewesen und ihrer Umwelt werden als Wechselwirkungen bezeichnet. Sie existieren auf unterschiedlichen Organisationsebenen. So gibt es beispielsweise entsprechende Wechselbeziehungen nicht nur innerhalb einer Biozönose, sondern auch zwischen Biozönose und Biotop eines Ökosystems.

Alle Ökosysteme unserer Erde wiederum sind Elemente der Biosphäre. Auch auf globaler Ebene gibt es vielfältige Wechselwirkungen zwischen den jeweiligen Elementen. Regionale Änderungen können Auswirkungen auf die gesamte Biosphäre haben. Das ist zum Beispiel durch die Verbrennung fossiler Energieträger, die Abholzung der Regenwälder oder Transportwege zwischen entfernten Regionen der Fall.

Stoffkreisläufe

Die Biosphäre ist ein geschlossenes System. Alle Ressourcen sind nur in begrenzten Mengen vorhanden. In natürlichen Prozessen werden Verbindungen ständig auf-, um- und wieder abgebaut. Stoffe werden dabei recycelt, das heißt, »Abfälle« dienen anderen Vorgängen als Ausgangs- oder Rohstoffe. In diesem Kreislauf werden alle Stoffe immer wieder verwendet.

1 Recycling – ein Prinzip natürlicher Prozesse

Produzenten, Konsumenten, Reduzenten

Grüne Pflanzen sind in der Lage, Fotosynthese zu betreiben. Als *Produzenten* stellen sie mit Hilfe des Sonnenlichts energiereiche chemische Verbindungen her. *Konsumenten* können dies nicht. Sie müssen pflanzliche oder tierische Nahrung fressen, wobei Pflanzenfresser als Konsumenten 1. Ordnung bezeichnet werden. Lebewesen, die tierische Nahrung zu sich nehmen, nennt man Konsumenten 2. Ordnung. Abgestorbene Pflanzenteile wie das Herbstlaub, Ausscheidungen von Tieren, aber auch tote Lebewesen enthalten noch energiereiche Stoffe. Diese werden von *Reduzenten* wie Würmern, Insekten oder Mikroorganismen verwertet und schließlich mineralisiert. Übrig bleiben Mineralstoffe, die die Pflanzen aufnehmen und im Stoffwechsel verarbeiten.

Nahrungsbeziehungen

Stellt man die Nahrungsbeziehungen zwischen Lebewesen grafisch dar, so ergeben sich zunächst lineare *Nahrungsketten*. Da sich die Konsumenten in aller Regel vielfältig ernähren, entstehen verzweigte Ketten und schließlich *Nahrungsnetze*.

Biomasse als Vergleichswert

Mit Hilfe verschiedener Kennwerte können ökologische Zusammenhänge verglichen werden. Addiert man die Massen aller Lebewesen eines Ökosystems, so erhält man dessen *Biomasse*. Da der Wassergehalt der Lebewesen sehr unterschiedlich ist, nennt man zum besseren Vergleich oft die *Trockenbiomasse*, also die Biomasse ohne Wasser. Der *Kohlenstoffgehalt* gibt an, wie viel Kohlenstoff in der Biomasse gespeichert ist.

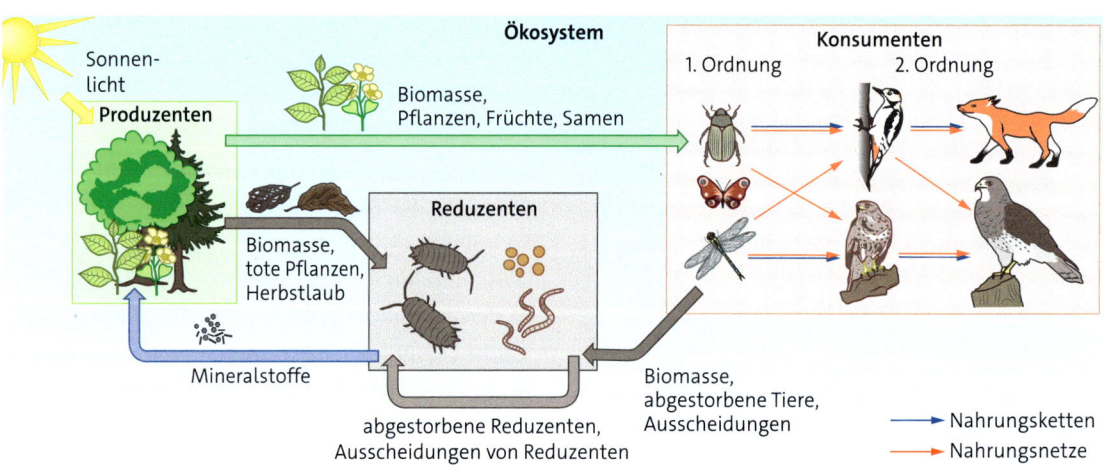

2 Stoffkreisläufe und Nahrungsnetze in einem Ökosystem

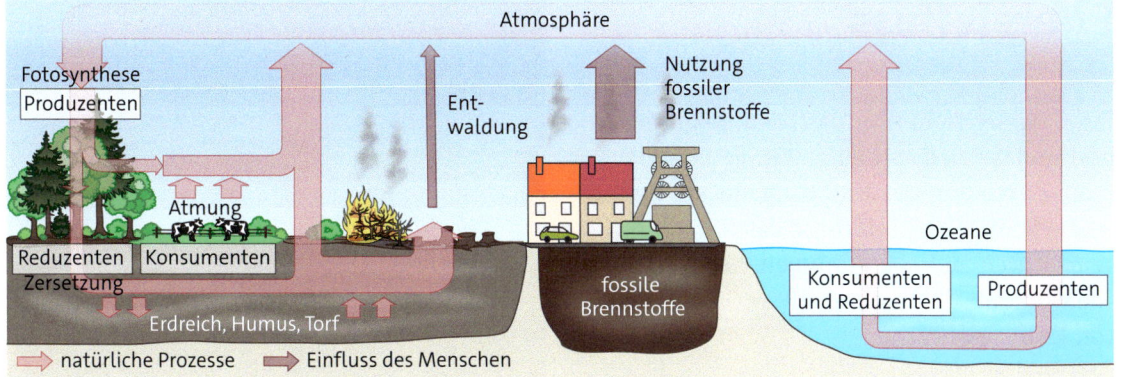

3 Wege des Kohlenstoffs im globalen Kohlenstoffkreislauf (vereinfacht)

Der globale Kohlenstoffkreislauf

Die Bau- und Betriebsstoffe aller Lebewesen sind organische Verbindungen, die alle das Element Kohlenstoff enthalten. Im Zentrum des Kohlenstoffkreislaufs stehen sowohl bei Land- als auch bei Wasserökosystemen die Fotosynthese und die Zellatmung als zusammenhängende Prozesse. In dem natürlichen Kohlenstoffkreislauf wird etwa ein Siebtel des atmosphärischen Kohlenstoffdioxids durch die Fotosynthese gebunden. Die gleiche Menge wird durch die Zellatmung wieder freigesetzt.

Regionale und lokale Kreisläufe

In der Biotonne werden Grünabfälle gesammelt und zu einer regionalen Kompostieranlage gebracht. Diese Grünabfälle werden entweder durch Verrottungsprozesse zu Komposterde umgewandelt oder in Biogasanlagen

4 Kompostieranlage

zu Methan vergoren. Das Methan wird anschließend zur Strom- und Wärmeerzeugung verwendet. In einem Garten kann man den lokalen Kreislauf der Stoffe gut beobachten. In einem Komposthaufen werden die Gartenabfälle abgebaut. Der entstandene Humus dient den Pflanzen als Dünger.

In Kürze

Zwischen den Produzenten, Konsumenten und Reduzenten eines Ökosystems bestehen vielfältige Nahrungsbeziehungen. Kohlenstoffdioxid aus der Atmosphäre wird durch die Fotosynthese in organischen Verbindungen gebunden. Diese werden durch Stoffwechselvorgänge wieder abgebaut, wobei das Kohlenstoffdioxid wieder freigesetzt wird.

Aufgaben

1 ◪ Erläutere die Begriffe Produzent, Konsument und Reduzent mit eigenen Worten.
2 ◪ Vergleiche den globalen, natürlichen Kohlenstoffkreislauf mit dem regionalen Kohlenstoffkreislauf in einer Kompostieranlage.
3 ◪ Vor einigen Jahren wurde vorgeschlagen, Kohlenstoffdioxid zu verpressen und unter der Erde in stillgelegten Bergwerken zu lagern. Recherchiere, warum dieses Verfahren nie verwirklicht wurde, aber heute wieder neu diskutiert wird.
4 ◪ Mit Hilfe der Biomasse ist es möglich, den Kohlenstoffgehalt von Ökosystemen zu vergleichen. Nenne Gründe, warum die Trockenbiomasse in der Regel bessere Vergleichswerte liefert.

Energiefluss

Ein Gewitter zieht über das Land. Man sieht, hört und spürt, dass hier gewaltige Energiemengen wirken. Der Ursprung dieser Energie ist die Sonne. Sie beeinflusst das Klima und seine extremen Veränderungen. Sie spendet allen Lebewesen die Lebensenergie in Form von Licht und Wärme.

Lebensgrundlage Energie

Energie kann nicht gewonnen oder vernichtet werden. Die Energieformen werden nur ineinander umgewandelt. Dieser Grundsatz gilt auch in biologischen Systemen. In Lebewesen wird bei jeder Energieumwandlung neben nutzbarer Energie auch Wärme, also thermische Energie, freigesetzt. Die Wärme wird an die Umgebung abgegeben.

Für alle Lebensvorgänge wird Energie benötigt. In den Zellen findet die Zellatmung statt. Dabei werden energiereiche chemische Verbindungen zu energieärmeren umgesetzt. Dadurch steht den Zellen nutzbare Energie zur Verfügung. Deshalb müssen Lebewesen ständig mit energiereichen Stoffen versorgt werden.

Die Sonne ist die wichtigste Energiequelle der Erde. Allerdings können nur Produzenten die Sonnenenergie durch Fotosynthese in energiereichen Stoffen speichern. Konsumenten nehmen die energiereichen Stoffe mit ihrer Nahrung auf.

1 Blitze am Gewitterhimmel

Nahrungspyramide

Alle Lebewesen eines Ökosystems, die die gleiche Position in der Nahrungskette oder im Nahrungsnetz einnehmen, decken ihren Energiebedarf auf gleiche Art. Man bezeichnet Produzenten oder Konsumenten der verschiedenen Positionen als *Trophiestufen*. Stellt man die Biomasse der Lebewesen von Trophiestufen in einem Modell dar, so erhält man eine Nahrungspyramide.

Übergang zwischen Trophiestufen

Ein Schaf ist ein Konsument 1. Ordnung. Nur ein Teil der beim Grasen gefressenen Pflanzenteile kann vom Tier verwertet werden. Ein Teil der energiereichen Stoffe wird durch den Aufbau von Körpermasse gespeichert, ein Teil wird bei der Zellatmung umgesetzt und ein weiterer Teil wird in Form von Wärme abgegeben.

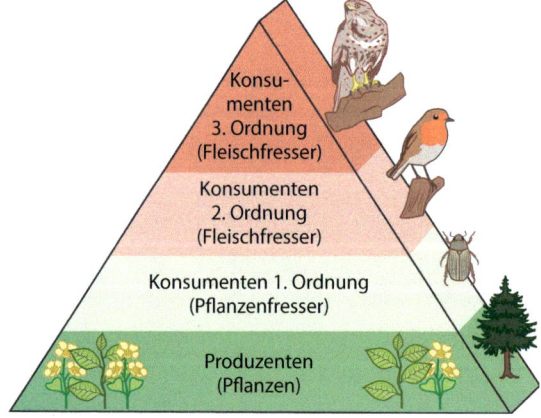

2 Nahrungspyramide

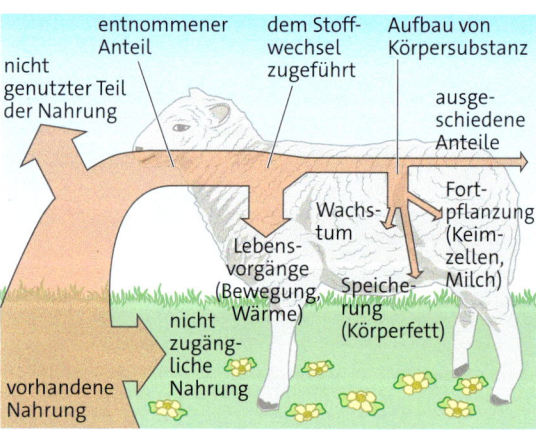

3 Übergang zwischen Trophiestufen

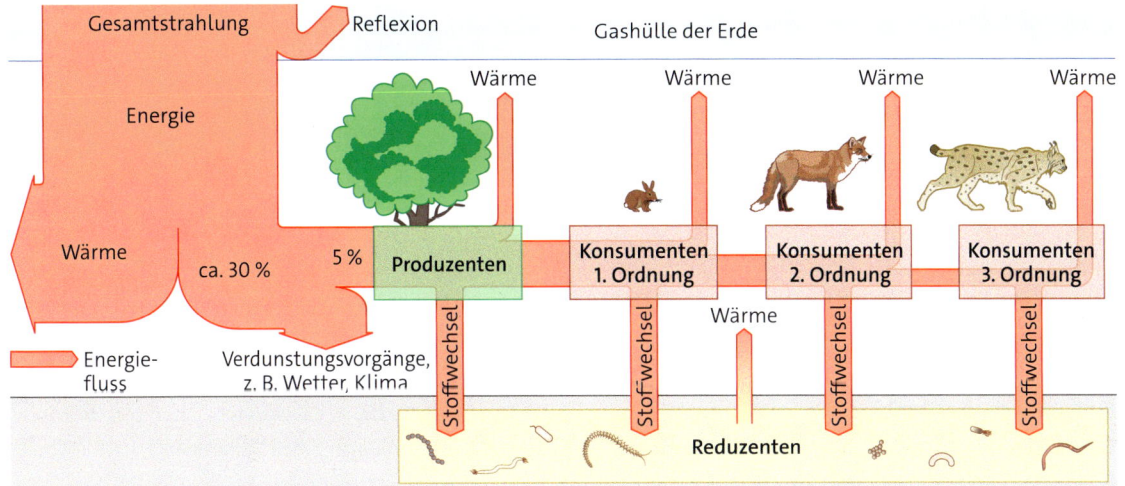

4 Energiefluss in einem Ökosystem

Energiefluss in einem Ökosystem

Nur etwa 5 Prozent der Strahlungsenergie der Sonne stehen für die Produzenten zur Verfügung. Verluste entstehen beispielsweise durch Reflexion der Strahlung durch die Erdoberfläche oder klimatische Prozesse. Auch ein Blatt reflektiert einen Teil des Lichts, ein anderer trifft nicht auf Chloroplasten in den Pflanzenzellen. Letztlich werden nur etwa ein bis zwei Prozent der Energie des Sonnenlichts von den Pflanzen in energiereichen Stoffen gespeichert. Etwa 40 Prozent davon verwenden sie für eigene Lebensprozesse. Wird die Pflanze von einem Konsumenten gefressen, baut dieser aus nur etwa 10 Prozent der darin enthaltenen Energie Biomasse auf. Frisst ein Fleischfresser einen Pflanzenfresser, so werden wiederum nur 10 Prozent der Beute zu Biomasse aufgebaut. In Ausscheideprodukten sowie abgestorbenen Tier- und Pflanzenteilen sind noch geringe Mengen Energie enthalten. Diese werden von den Reduzenten genutzt.

Folgen für den Menschen

Durch den dramatischen Anstieg der Weltbevölkerung stellt sich die Frage, wie die vielen Menschen in Zukunft ernährt werden können. Da für die Fleischproduktion ein vielfacher Energieeinsatz nötig ist, erscheint eine überwiegend aus Pflanzenkost bestehende Ernährung in Zukunft sinnvoll.

In Kürze

Die Strahlungsenergie der Sonne ist die Grundlage für den Energiefluss auf der Erde. Damit bauen Produzenten energiereiche Stoffe auf. Beim Übergang zwischen den Trophiestufen nimmt die zur Verfügung stehende Energie ab.

Aufgaben

1 ◪ Erkläre, warum man bei Stoffen von Kreisläufen, aber von der »Einbahnstraße der Energie« oder vom »Energiefluss« spricht.

2 ◪ Erläutere folgende drei Pyramidendarstellungen und stelle wesentliche Zusammenhänge her:

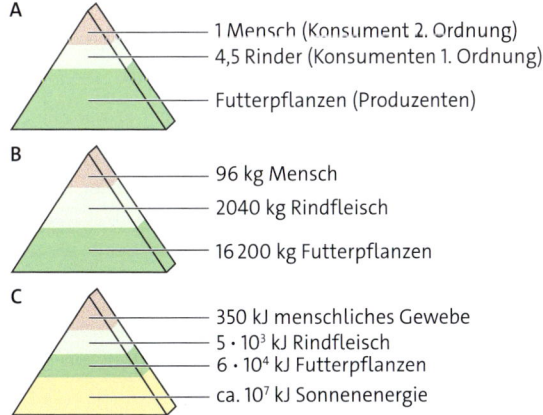

A
1 Mensch (Konsument 2. Ordnung)
4,5 Rinder (Konsumenten 1. Ordnung)
Futterpflanzen (Produzenten)

B
96 kg Mensch
2040 kg Rindfleisch
16 200 kg Futterpflanzen

C
350 kJ menschliches Gewebe
$5 \cdot 10^3$ kJ Rindfleisch
$6 \cdot 10^4$ kJ Futterpflanzen
ca. 10^7 kJ Sonnenenergie

5 Ökologische Zusammenhänge der Ernährung
(A Individuenzahl, B Masse, C Energiegehalt)

3 ■ Erläutere, weshalb zwischen den Trophiestufen nur ein geringer Teil der ursprünglichen Sonnenenergie weitergegeben wird.

Ursachen und Folgen des Klimawandels

Mit dem Beginn der Industrialisierung ist die durchschnittliche bodennahe Lufttemperatur um etwa ein Grad Celsius gestiegen. Die Folgen sind besonders heiße Sommer, Überschwemmungen durch Starkregen und starke Stürme. Diese haben vielfältige Ursachen.

Der natürliche Treibhauseffekt

Das Glasdach eines Gewächshauses ist für Sonnenstrahlung durchlässig. Dadurch erwärmt sich der Boden und gibt Wärmestrahlung ab, die das Glasdach jedoch nicht passieren kann. Deshalb steigt die Temperatur im Gewächshaus an. In der Biosphäre sind es Gase in der Erdatmosphäre, die wie ein Glasdach wirken. Die Erdoberfläche wird durch die Sonneneinstrahlung erwärmt und gibt Wärmestrahlung wieder ab. Die Gase der Atmosphäre verhindern, dass die gesamte Wärmestrahlung ins Weltall abgestrahlt wird. Ein Teil davon wird zurückgeworfen, wodurch sich die Erdoberfläche weiter erwärmt. Erst dieser *natürliche Treibhauseffekt* ermöglicht das Leben auf der Erde, so wie wir es kennen. Ohne ihn läge die Temperatur in Bodennähe bei −18 °C.

1 Überschwemmungen nach Starkregen

Zu den Treibhausgasen gehören vor allem Wasserdampf, Kohlenstoffdioxid, Methan und andere Gase, die auch natürlicherweise in der Atmosphäre enthalten sind.

Menschen beeinflussen den Treibhauseffekt

Seit Beginn der Industrialisierung hat sich die Zusammensetzung der Atmosphäre verändert. Der Anteil der Treibhausgase und Staubpartikel hat sich deutlich erhöht. Der natürliche Treibhauseffekt wird dadurch verstärkt. Seither steigt die globale Temperatur. Man bezeichnet diese zusätzliche, durch Menschen verursachte Erwärmung als *anthropogenen Treibhauseffekt*.

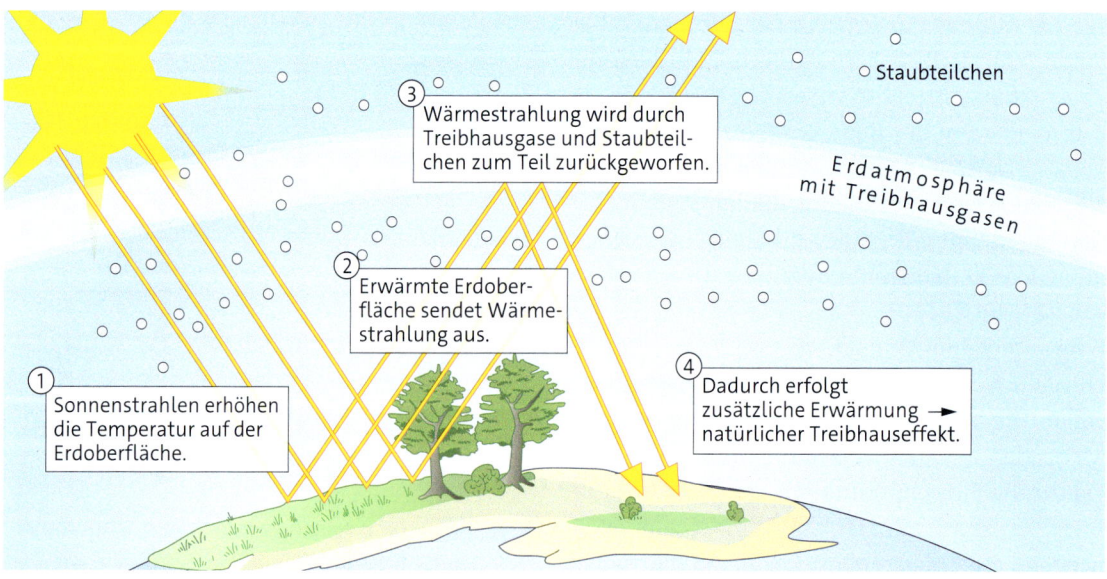

③ Wärmestrahlung wird durch Treibhausgase und Staubteilchen zum Teil zurückgeworfen.

○ Staubteilchen

Erdatmosphäre mit Treibhausgasen

② Erwärmte Erdoberfläche sendet Wärmestrahlung aus.

① Sonnenstrahlen erhöhen die Temperatur auf der Erdoberfläche.

④ Dadurch erfolgt zusätzliche Erwärmung → natürlicher Treibhauseffekt.

2 Natürlicher Treibhauseffekt

Kohlenstoffdioxid-Emissionen

Jährlich werden durch menschliche Aktivitäten bis zu 39 Milliarden Tonnen Kohlenstoffdioxid in die Atmosphäre abgegeben. Es wird vor allem beim Verbrennen fossiler Brennstoffe und durch Brandrodungen großer Regenwaldflächen freigesetzt. Durch die Umwandlung von Waldflächen in Nutzflächen wird CO_2 nicht mehr gespeichert. Den größten Anteil der Kohlenstoffdioxid-Emissionen liefert in Deutschland die Energiewirtschaft, beispielsweise bei der Stromerzeugung durch Kohlekraftwerke. Das Heizen mit Erdgas oder Erdöl und der Verkehr tragen ebenfalls einen großen Teil bei. Ein Teil der Kohlenstoffdioxid-Emissionen werden in den Ozeanen gespeichert. Der stetig ansteigende Kohlenstoffdioxidanteil in den Meeren führt zu einer Versauerung und schädigt dadurch viele Lebewesen wie Plankton, Korallen und Muscheln.

Methan-Emissionen

Die Wirkung von Methan, CH_4, als Treibhausgas ist 25-mal höher als die von Kohlenstoffdioxid. Es wird beim Abbau fossiler Brennstoffe sowie durch Zersetzungsvorgänge auf Mülldeponien freigesetzt. Bei Wiederkäuern wie Rindern entsteht Methan im Laufe des Verdauungsprozesses. Auch aus diesem Grund stellen der hohe Fleischkonsum und die Massentierhaltung Probleme dar.

Folgen des Klimawandels

Der anthropogen bedingte Treibhauseffekt führt zum weltweiten Temperaturanstieg. Die Folgen sind vielfältig. Das Eis der Pole und der Gletscher schmilzt und der Meeresspiegel erhöht sich. Wissenschaftler erwarten, dass extreme Wetterereignisse bei uns in Zukunft zunehmen werden. Das bedeutet einerseits Dürrephasen und andererseits Starkregen und Stürme. Nicht zuletzt ändern sich langfristig mit dem Wandel der Standortbedingungen die Artenzusammensetzungen der Ökosysteme. Neue Arten können einwandern, einige einheimische Arten sich besser durchsetzen, andere werden verdrängt.

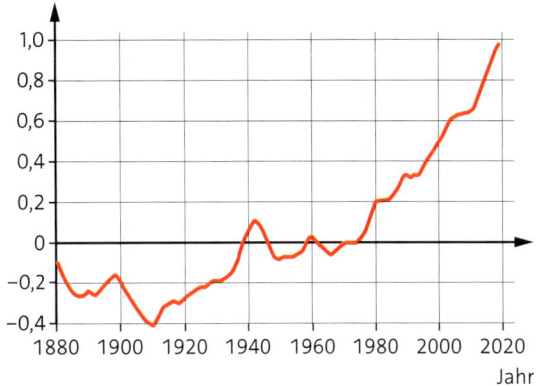

Temperaturabweichung (°C)

3 Globale Temperaturentwicklung: Abweichung vom langjährigen Durchschnitt

In Kürze

Der natürliche Treibhauseffekt wird durch den Menschen verstärkt, indem er den Anteil an Treibhausgasen in der Atmosphäre erhöht. Der anthropogene Treibhauseffekt ist die wesentliche Ursache des Klimawandels.

Aufgaben

1 ◪ Ohne den natürlichen Treibhauseffekt wäre unser Leben auf der Erde nicht möglich. Erläutere den fachlichen Hintergrund dieser Aussage.

2 ▢ Bild 3 zeigt die durchschnittliche weltweite Temperaturveränderung seit 1880.
   a Nenne drei Faktoren, die die Temperaturveränderungen bewirken.
   b Beschreibe die Entwicklungen des Lebensstils, die den Temperaturanstieg erzeugen.

3 ◪ Diskutiert anhand der Tabelle in Bild 4 Möglichkeiten, den Ausstoß von CO_2 maßgeblich zu verringern.

Abfall	1,2 %
Gewerbe / Handel	4,2 %
Landwirtschaft	7,8 %
Haushalte	10,2 %
Verkehr	18,2 %
Industrie	20,7 %
Energiewirtschaft	37,8 %

4 Kohlenstoffdioxidausstoß in Deutschland in verschiedenen Bereichen

Biodiversität in Gefahr

Der tropische Regenwald bedeckt nur etwa 7 Prozent der Erdoberfläche. Aber nach Schätzungen leben dort 40 bis 70 Prozent der bis zu 30 Millionen Tier- und Pflanzenarten. Tropische Regenwälder gehören somit zu den artenreichsten Ökosystemen der Erde.

Biodiversität ist mehr als Artenvielfalt

Die UNO hat *Biodiversität* als Vielfalt auf mehreren Ebenen definiert: Vielfalt unter den Organismen einer Art und damit als genetische Vielfalt, Vielfalt der Organismen in einem Ökosystem, also der Artenvielfalt, und Vielfalt der Ökosysteme auf der Erde.

1 Große Biodiversität in tropischen Regenwäldern

Biodiversität

Je größer die Artenvielfalt in einem Ökosystem ist, umso stabiler ist es. Dann kann es zahlreiche Ökosystemdienstleistungen erbringen. Auf einer Blumenwiese findet man viele unterschiedliche Pflanzenarten. Solche Wiesen bieten Lebensräume für viele Insektenarten, die Nahrungsgrundlage für Vögel oder andere Insektenfresser sind. Auf einer Trophiestufe stehen mehrere Arten, Nahrungsnetze sind eng geknüpft. In artenreichen Ökosystemen werden Funktionen wie die Bestäubung von Pflanzen von mehreren Insektenarten erfüllt. Diese finden ausreichend Nahrung und sind für Insektenfresser abwechslungsreiche Beute. Dadurch wird ein Ökosystem stabil und kann kurzfristige Schwankungen tolerieren.

Monokulturen gefährden die Biodiversität

Der Mensch beansprucht, gestaltet und nutzt Lebensräume für seine Zwecke. In der Landwirtschaft trifft man häufig auf *Monokulturen*. Beispiele sind die großflächigen Raps- und Maisfelder. Für den Landwirt hat dies den Vorteil, dass er weniger spezielle Maschinen benötigt und sich auch nur das Spezialwissen für die wenigen Pflanzenarten aneignen muss. Der Anbau kann sehr effizient erfolgen.

Die Artenvielfalt auf diesen Feldern ist allerdings sehr gering. Zahlreiche Tierarten finden hier keinen Lebensraum mehr. Sie sind in ihrem Bestand bedroht.

Weitere Gefährdungen der Biodiversität

Die Biodiversität ist durch die moderne, auf Effizienz ausgerichtete Landwirtschaft gefährdet. Natürliche Lebensräume werden auch durch Bebauung, Versiegelung durch Straßen oder durch Verschmutzungen zerstört. Diese Lebensräume können den Populationen der verschiedenen Tier- und Pflanzenarten keine ausreichenden Ressourcen bieten.

2 Monokultur von Raps

Gründe für den Schutz von Biodiversität

Nach dem deutschen Grundgesetz ist es Aufgabe des Staates, die natürlichen Lebensgrundlagen für künftige Generationen zu schützen. Der Mensch benötigt die intakte Natur mit einer hohen Artenvielfalt, stabilen Ökosystemen und deren Dienstleistungen. Dies betrifft unterschiedlichste Lebensbereiche wie Ernährung, die Gewinnung von Stoffen für Pharmazie und Medizin, für Bekleidung, die Wirtschaft oder Erholung und Freizeit. Die Artenvielfalt sichert die Stabilität der Nahrungsnetze in einem Ökosystem und so deren Erhalt. Die vielfältigen Ökosystemdienstleistungen werden langfristig erbracht. Fachleute schätzen den Wert der globalen Biodiversität auf die Summe von etwa 33 Billionen US-Dollar.

Wege zur Sicherung der Biodiversität

Verschiedene Wege werden heute eingeschlagen, um die Biodiversität zu sichern. Wissenschaftler versuchen, in speziellen Lagerräumen, sogenannten Saatgutspeichern, das Saatgut zahlreicher Pflanzen zu trocknen und bei −18 °C zu konservieren. Ein Problem ist allerdings, dass die eingelagerten Samen oft nach dem Auftauen nicht mehr auskeimen. Auch die Ausweisung von Schutzgebieten wie Naturschutzgebiete, Nationalparks oder Biosphärenreservate trägt zur Erhaltung der Biodiversität bei. Weltweit entwickeln Politiker und Umweltschützer Strategien, Aktionspläne und Übereinkommen, um die Biodiversität zu erhalten.

4 Nationalpark Sächsische Schweiz

In Kürze

Biodiversität bedeutet biologische Vielfalt auf genetischer Ebene, Artenvielfalt sowie die Vielfalt der Ökosysteme. Durch die modernen Lebens- und Produktionsweisen ist die Biodiversität gefährdet. Weltweit wird versucht, die Biodiversität zu fördern und zu erhalten.

Aufgaben

1 ▱ Erläutere den Begriff Biodiversität.

2 ▱ Erläutere, inwiefern Saatgutspeicherung dazu genutzt werden kann, die Vielfalt zu erhalten.

3 a ▱ Recherchiere am Beispiel des Insektensterbens Gefährdungen der Biodiversität.

  b ▱ Nenne deine Informationsquellen und schätze den jeweiligen Informationswert sowie die Vertrauenswürdigkeit der Quelle ein. 🗒️

4 a ▱ Erläutere die Grafik in Bild 5 anhand eines baumreichen Stadtparks.

  b ▱ Beschreibe Beispiele, wie du durch dein Handeln Biodiversität erhalten kannst.

3 Konservierung von Saatgut

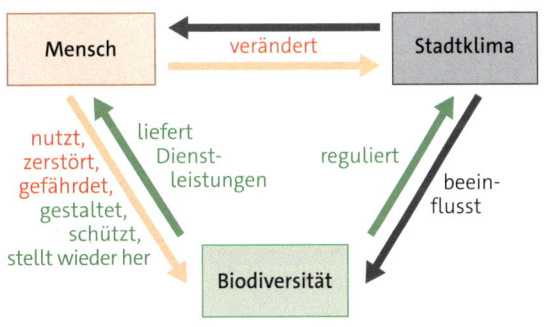

5 Einflüsse auf die Biodiversität

Die weiteren Aussichten sind ungewiss?

Ein beeindruckendes Bild: der Blick vom Mond auf den Blauen Planeten, die Erde. Geht hier die Erde auf oder geht sie unter? Könnte dieses Bild ein Symbol für die Zukunft der Erde sein?

1 Die Erde, vom Mond aus gesehen

Problem: Bevölkerungsentwicklung

Zurzeit leben etwa 7,2 Milliarden Menschen auf der Erde. Jede Minute werden etwa 165 Babys geboren. Das bedeutet, dass sich die Weltbevölkerung bei konstantem Wachstum bis 2050 auf über 11 Milliarden Menschen fast verdoppeln wird. Das geht aus dem Weltbevölkerungsbericht der Vereinten Nationen hervor. Eine derartige Entwicklung bringt große Probleme mit sich, denn wichtige Ressourcen wie Nahrung, Wasser, Wohnraum und Energie werden knapp. Die Frage ist, wie viele Menschen verträgt die Erde, wie viele kann sie ernähren. Unser Planet ist ein Lebensraum, in dem nur begrenzt Ressourcen zur Verfügung stehen. Wenn die Bevölkerungszahl weiterhin so rasant ansteigt, wird ein Zustand erreicht, bei dem die Erde die Menschen nicht mehr ernähren kann. In China versuchte der Staat durch strenge Maßnahmen, das Bevölkerungswachstum zu bremsen, indem er die Ein-Kind-Familie fördert. Erst seit 2016 darf jedes Paar zwei Kinder haben.

Problem: Flächenbedarf

Um die steigende Nachfrage nach Fleisch, Agrartreibstoffen und Tropenholz zu bedienen, werden ständig neue Flächen für Tierzucht und Plantagenwirtschaft benötigt.

Jedes Jahr werden dafür weltweit etwa 120 000 Quadratkilometer Regenwald vernichtet. Das entspricht einer Fläche von 35 Fußballfeldern, die pro Minute verloren gehen.

Auf der ganzen Welt nimmt die Verstädterung zu. Durch die Bebauung sind die Böden sehr stark verdichtet und versiegelt, das Regenwasser kann nicht versickern. Große Wassermassen müssen rasch oberirdisch abfließen, was zu Überschwemmungen führen kann.

Insgesamt verringert sich außerdem das zur Verfügung stehende Ackerland. Während 1960 der Weltbevölkerung pro Kopf 0,44 Hektar zur Verfügung standen, waren es 2003 noch 0,22 Hektar. 2025 sind es vermutlich nur noch 0,17 Hektar.

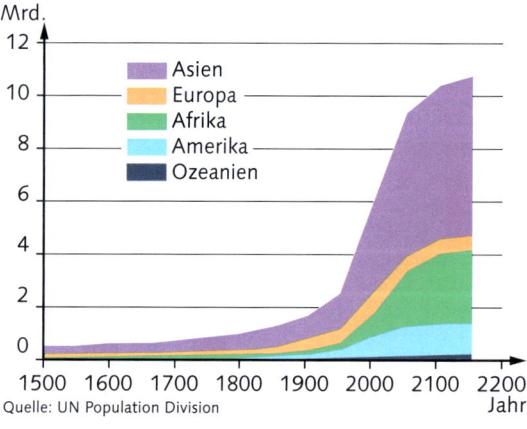

Quelle: UN Population Division

2 Entwicklung der Weltbevölkerung

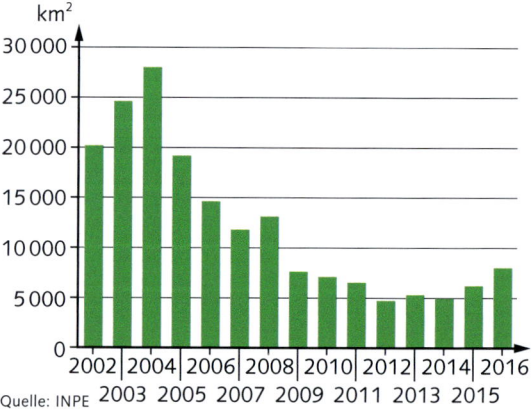

Quelle: INPE

3 Zerstörung des brasilianischen Regenwalds

4 Luchse siedeln sich in Nationalparks wieder an.

Problem: Erhalt der Biodiversität

Biodiversität umfasst nicht nur die Vielfalt der Arten, sondern auch der Ökosysteme. Das derzeitige Bevölkerungswachstum gefährdet beides. Natürliche Lebensräume werden in Ackerflächen umgewandelt und auch die sich immer weiter ausdehnenden Städte beanspruchen immer mehr Landflächen.

Eine Gegenbewegung setzte Ende des 19. Jahrhunderts in den USA mit der Gründung des Yellowstone-Nationalparks ein. Heute hat sich die Nationalpark-Idee weltweit durchgesetzt. In Deutschland wurde 1970 der Nationalpark Bayerischer Wald gegründet. Seit 2006 umfasst der Nationalpark Harz länderübergreifend Gebiete in Sachsen-Anhalt und Niedersachsen. Dabei handelt es sich um Schutzgebiete, in denen besonderer Wert auf Biodiversität gelegt wird. Es handelt sich um Gebiete, die sich selbst überlassen sind. Menschliche Eingriffe in diese Ökosysteme werden weitgehend vermieden.

5 Ein Drittel der Amphibien ist bedroht.

Problem: Umweltgifte

In den letzten 200 Jahren ist eine Vielzahl chemischer Stoffe hergestellt worden. Jedes Jahr kommen neue hinzu. Einmal in die Umwelt, also in Gewässer, Böden und die Atmosphäre eingebracht, verteilen sich Schwermetalle, schwer abbaubare organische Stoffe und hormonell wirksame Verbindungen weltweit. Ein Beispiel ist das Insektizid Dichlordiphenyltrichlorethan, kurz DDT genannt. Man verwendete es zur Malariabekämpfung gegen Fiebermücken, setzte es als Entlausungsmittel aber auch am Menschen ein. Das gegen Insekten hochwirksame Gift hat sich inzwischen in der Nahrungskette angereichert, sodass es auch für den Menschen gefährlich werden kann. Heute ist seine Verwendung verboten.

Die Zukunft des Menschen

Es gibt noch viele Probleme zu lösen, um das Überleben der Menschen zu sichern. Der Mensch erkennt diese und sucht Lösungen, um die Lebensräume auf unserem Planeten auch für die nachfolgenden Generationen zu erhalten.

In Kürze

Ein großes Problem für die Zukunft der Erde stellt die rasche Zunahme der Bevölkerung dar. Dadurch werden große Flächen für Ackerbau und Siedlungen benötigt, aber auch immer mehr Tiere und Pflanzen verdrängt. Der Erhalt der Biodiversität ist in Gefahr.

Aufgaben

1 ◪ Vergleiche die Entwicklung der Bevölkerungszunahme in Europa mit der in Asien. Berichte. Finde mögliche Begründungen für die unterschiedliche Entwicklung.

2 ◪ Bild 3 zeigt eine eigentlich zuversichtliche Entwicklung. Nimm dazu kritisch Stellung.

3 ◪ Erläutere, was der Begriff Biodiversität besagt.

Nachhaltiges Handeln

Der Gedanke des Umweltschutzes entstand bereits im 18. Jahrhundert. In den 1960er-Jahren verstärkte sich das Bewusstsein für den Erhalt der Natur. Die Klimaschutzaktivistin Greta Thunberg und die von ihr angeregte Bewegung »Fridays for future« fanden seit 2018 weltweit Beachtung.

Was bedeutet Nachhaltigkeit?

»Nachhaltige Entwicklung ist eine Entwicklung, die den Bedürfnissen der heutigen Generation entspricht, ohne die Möglichkeiten künftiger Generationen zu gefährden, ihre eigenen Bedürfnisse zu befriedigen und ihren Lebensstil zu wählen.«

Nach dieser Definition der Weltkommission für Umwelt und Entwicklung von 1987 wird angestrebt, dass der Naturschutz und die Interessen der Wirtschaft sowie die der Menschen in Einklang gebracht werden sollen. Nachhaltiges Handeln bedeutet zum Beispiel, dass Holz in Wäldern geschlagen und dann verarbeitet wird, aber nur so viel, dass dem Wald kein dauerhafter Schaden zugefügt wird.

17 Ziele für nachhaltige Entwicklung

Die Weltgemeinschaft hat 2015 die Agenda 2030 verabschiedet und dabei 17 Nachhaltigkeitsziele festgelegt. Diese sollen ein menschenwürdiges Leben ermöglichen und zugleich die natürlichen Lebensgrundlagen dauerhaft bewahren. Sie umfassen ökonomische, ökologische und soziale Aspekte. Dazu gehören der Schutz der Umwelt, des Klimas und der Ressourcen sowie der Einsatz für Frieden und Rechtsstaatlichkeit, die Bekämpfung von Korruption und der Zugang zu Bildung für alle.

Die Energiewende

Damit weniger Kohlenstoffdioxid in die Atmosphäre gelangt, ist es das Ziel, die Nutzung von fossilen Brennstoffen zu stoppen. Da der Alltag in gewohnter Weise ohne Energie nicht funktioniert, wird angestrebt, die benötigte Energie aus erneuerbaren Quellen bereitzustellen. Dazu gehören Sonnen- und Windenergie sowie Wasserkraft und nachwachsende Energieträger wie beispielsweise Mais. Letztere haben den Nachteil, dass Ackerflächen zur Produktion von Lebensmitteln verloren gehen.

1 17 Ziele für nachhaltige Entwicklung

Die Abfallproblematik

Viele Kunststoffe werden aus Erdöl gewonnen. Daraus entsteht Abfall, der nicht immer recycelt werden kann. Kunststoffe verrotten extrem langsam. Man geht davon aus, dass eine Plastikflasche erst in 450 Jahren abgebaut ist. Solange belastet sie die Umwelt. Deshalb ist es sinnvoll, Kunststoffverpackungen zu vermeiden oder auf biologisch abbaubare Alternativen wie Papier zurückzugreifen.

Agrarwende und Ernährungswende

In der konventionellen Landwirtschaft fallen durch die Haltung sehr großer Tierbestände große Mengen Treibhausgase und Gülle an. Ausgedehnte Ackerflächen werden für die Futterproduktion benötigt. Die Gülle wird als Dünger auf die Felder ausgebracht. Dadurch werden sie überdüngt und der Nitratgehalt des Grundwassers steigt. Die Abkehr von dieser Art der Landwirtschaft hin zu einer nachhaltigeren Bewirtschaftung, die sogenannte Agrarwende, kann nur gelingen, wenn auch eine Ernährungswende stattfindet. Das bedeutet vor allem, weniger Fleisch zu essen.

Die persönliche Verantwortung

Jeder kann seinen Lebensstil nachhaltiger gestalten. Dazu sollte man Lebensmittel aus der Region auf dem Wochenmarkt kaufen. Diese müssen nicht weite Strecken transportiert werden, auf Verpackungen kann oft verzichtet werden. Dadurch wird der Kohlenstoffdioxidausstoß verringert. Durch die Nutzung von regenerativen Energiequellen werden weniger Treibhausgase freigesetzt. Auch durch Energiesparen im Haushalt kann man Kohlenstoffdioxid reduzieren. Wege sollten mit dem Fahrrad oder mit öffentlichen Verkehrsmitteln zurückgelegt werden.

Der ökologische Fußabdruck

Der ökologische Fußabdruck gibt an, wie viel biologisch produktive Fläche, also ertragreiche Fläche, ein Mensch benötigt, um seinen Lebensstandard dauerhaft zu ermöglichen. Bei der Berechnung werden Flächen berück-

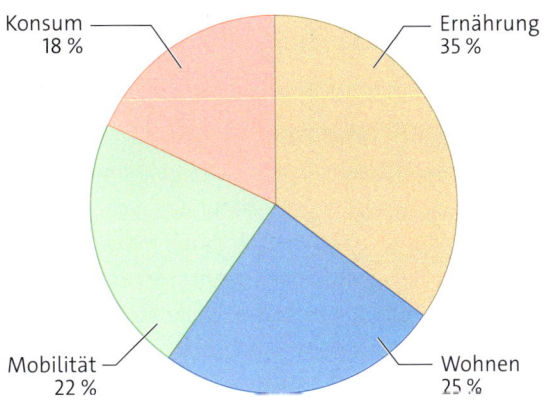

2 Zusammensetzung des ökologischen Fußabdrucks in Deutschland

sichtigt, die für die Produktion von Nahrung und Kleidung benötigt werden sowie auch für die Bereitstellung von Energie und die Entsorgung von Müll. Man kann auch von Ländern und Produkten den ökologischen Fußabdruck berechnen.

In Kürze

Das Prinzip der Nachhaltigkeit sieht vor, dass der Mensch die Umwelt nur so intensiv nutzt, dass sie dauerhaft erhalten bleibt.

Aufgaben

1 ☐ Gib die Definition für nachhaltige Entwicklung mit deinen eigenen Worten wieder.

2 ☐ Ordne die 17 Ziele für nachhaltige Entwicklung den ökologischen, ökonomischen und sozialen Aspekten zu.

3 ◪ Erläutere die Vorteile erneuerbarer Energie im Vergleich zur Nutzung fossiler Brennstoffe.

4 a ◪ Ermittle mit einem Rechner im Internet deinen eigenen ökologischen Fußabdruck.

 b ■ Bewerte deinen ökologischen Fußabdruck.

 c ☐ Nenne Handlungsoptionen, wie du deinen ökologischen Fußabdruck verringern kannst.

5 ■ Theoretisch stehen pro Erdbewohner 1,7 Hektar (ha) biologisch produktive Fläche zur Verfügung. Im weltweiten Durchschnitt beträgt der ökologische Fußabdruck aber 2,9 ha. Dabei hat Katar einen ökologischen Fußabdruck von 12,6 ha, die USA 8,6 ha, Deutschland 5,5 ha und Indien 1,1 ha. Diskutiere die unterschiedlichen Werte des ökologischen Fußabdrucks.

Von regional bis global

1 Einwanderung von Lebewesen

Pflanzen- und Tierarten, die sich in einem Gebiet ausbreiten, in dem sie von Natur aus nicht heimisch waren, sondern sich durch menschlichen Einfluss angesiedelt haben, nennt man Neobiota. Diese Arten werden im Naturschutz als invasiv bezeichnet, weil sie unerwünschte Auswirkungen auf heimische Arten, Lebensgemeinschaften oder Biotope haben. Sie schädigen die Natur in unterschiedlicher Weise. In England und Italien hat das amerikanische Grauhörnchen das europäische Eichhörnchen verdrängt. Es ist nicht nur größer und aggressiver, sondern hat auch den Erreger der Eichhörnchenpocken eingeschleppt, an denen die einheimischen Tiere sterben. Der Riesenbärenklau gefährdet Menschen durch Gifte und hat keine einheimischen Fressfeinde. Der Höckerflohkrebs frisst im Bodensee die heimischen Flohkrebse.

a ☐ Nenne allgemeine Begriffe für die unterschiedlichen Möglichkeiten der schädigenden Auswirkungen von Neobiota.

b ◨ Recherchiere weitere Beispiele für invasive Arten und ihre Ausirkungen auf heimische Arten.

c ◼ Stelle Vermutungen an über die Möglichkeiten, wie Neobiota einwandern.

1 Unerwünschte Neobiota

2 Mikroplastik – von den Alpen bis zum Meer

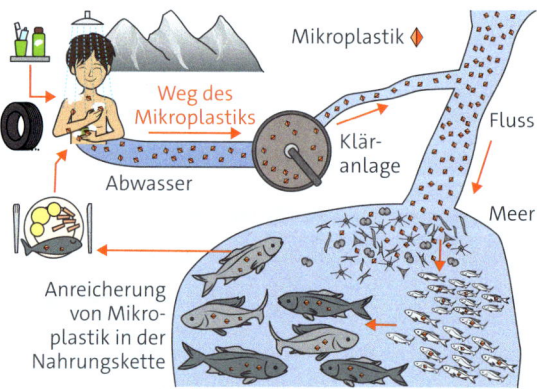

2 Der Weg des Mikroplastiks

Als Mikroplastik werden Kunststoffteilchen bezeichnet, die kleiner als fünf Millimeter sind. In Deutschland gelangen pro Jahr rund 330 000 Tonnen Mikroplastik in die Meere. Beispielsweise werden im Zusammenhang mit einem Skiurlaub in den Bergen größere Mengen Mikroplastik an die Umwelt abgegeben. Einen großen Beitrag leistet hier der Abrieb der Autoreifen bei der Anfahrt. Beim Skifahren wird Funktionswäsche aus Kunststofffasern getragen und auch das verwendete Sonnenschutzmittel enthält Mikroplastik.

a ◨ Mikroplastik steht im Verdacht, gesundheitsschädlich zu sein. Recherchiere im Internet, inwieweit dies zutrifft.

b ☐ Beschreibe in einem Flussdiagramm anhand von Bild 2 den Weg des Mikroplastiks bis ins Meer.

c ☐ Beschreibe, wie Mikroplastik über die Nahrungskette in die Lebensmittel gelangt.

d ☐ Nenne die verschiedenen Quellen von Mikroplastik im Zusammenhang mit einem Skiurlaub.

e ◨ Reifenabrieb ist eine Hauptquelle von Mikroplastik. Erläutere Alternativen, wie dieser verringert werden kann.

f ◨ Erläutere weitere Maßnahmen, mit denen du die Anhäufung von Mikroplastik in deinem Alltag vermeiden kannst.

3 Wasserkreislauf global, regional und im Modell

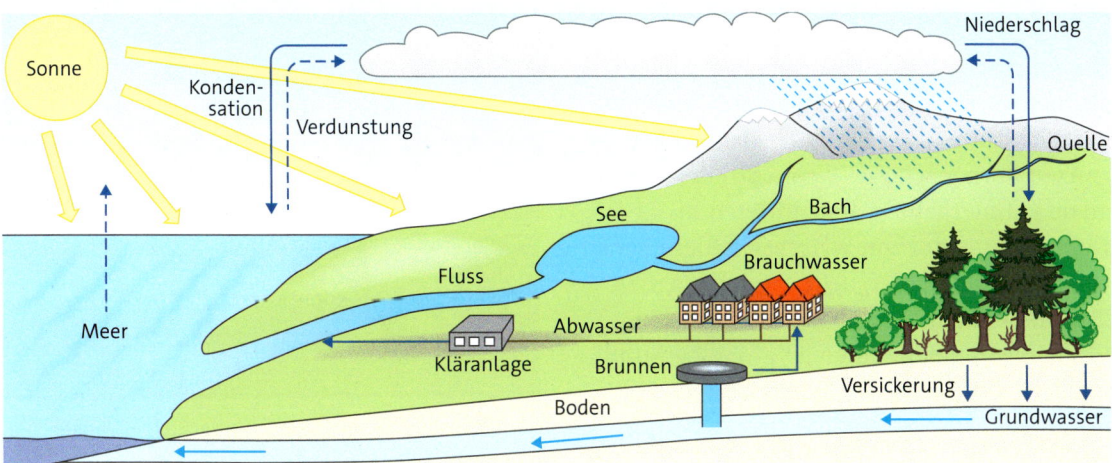

3 Globaler Wasserkreislauf

a ☐ Beschreibe die wesentlichen Zusammenhänge des globalen Wasserkreislaufs mit eigenen Worten.

Den globalen Kreislauf kann man in mehrere regionale Kreisläufe unterteilen. Hier ein Beispiel:

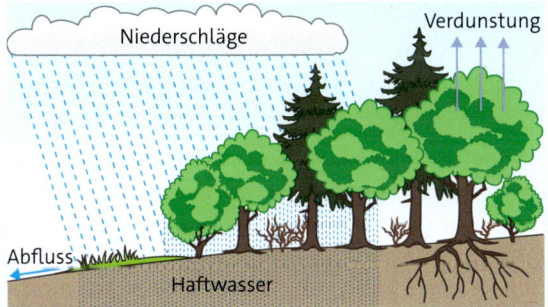

4 Regionaler Kreislauf

b ☑ Skizziere schematisch zwei weitere regionale Wasserkreisläufe.

c ☐ Durch den Wasserkreislauf sind Ökosysteme miteinander verbunden. Beschreibe anhand von Bild 3 Verbindungen von Ökosystemen.

d ☑ Erläutere anhand der Aussage »Die Sonne ist der Motor des Wasserkreislaufs« und Bild 3 Prozesse, bei denen die Energie der Sonne umgewandelt wird.

e ☑ Beschreibe Prozesse, für die keine Sonnenenergie benötigt wird und wie der Mensch dies ausnutzt.

In einem Modellversuch wie in Bild 5 kann man einen Teil des Wasserkreislaufs sehr vereinfacht nachstellen. Das Wasserglas ist mit einer Klarsichtfolie und einem Gummiband fest verschlossen.

f ☑ Formuliere eine Fragestellung zu dem Versuchsansatz und eine begründete Hypothese.

g ☑ Formuliere eine Modellkritik. Betrachte dafür den Aufbau und das Vorgehen.

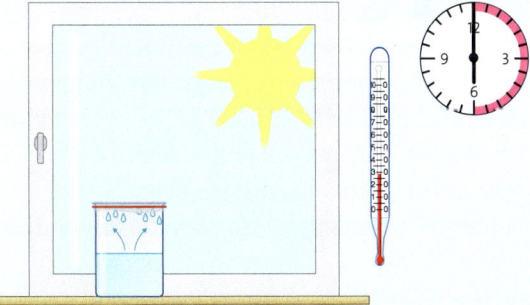

5 Modell eines Wasserkreislaufs

h ☐ Nenne vier abiotischen Faktoren, die im Modellversuch verändert werden können.

i ■ Plane auf Grundlage der veränderbaren abiotischen Faktoren einen Modellversuch.

j ■ Erläutere, dass der globale Wasserkreislauf ein geschlossenes System ist.

k ■ Übertrage die Erkenntnisse aus dem Modellversuch auf den regionalen Wasserkreislauf aus Bild 4.

Ökologie und Gesundheit

Die Asiatische Tigermücke ist etwas kleiner als unsere einheimischen Stechmücken und ziemlich auffallend gefärbt. Sie besitzt am ganzen Körper schwarz-weiße Streifen, sogar an den Hinterbeinen. Ihr Auftreten in Deutschland wird von Wissenschaftlern genau beobachtet und untersucht. Sie sehen einen Zusammenhang zu globalen ökologischen Probleme und befürchten langfristig gesundheitliche Gefahren. Wie hängt das alles zusammen?

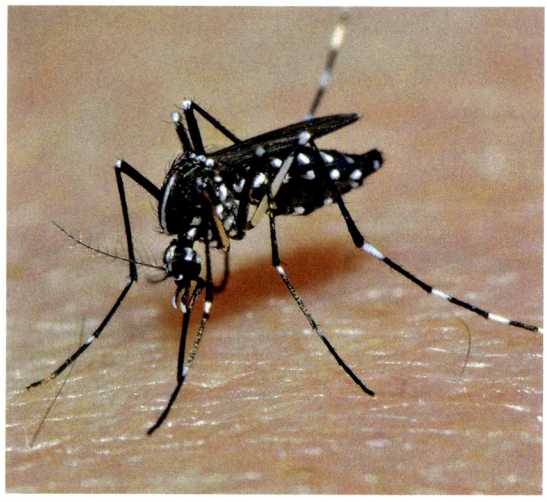

1 Die Asiatische Tigermücke wurde auch in einigen Regionen Deutschland nachgewiesen.

Ausbreitung tropischer Erreger

Die Tigermücke ist ursprünglich in Südostasien heimisch und wurde des Öfteren bei uns eingeschleppt. In Deutschland hat sie sich bis vor Kurzem nicht angesiedelt, da die klimatischen Bedingungen nicht dauerhaft geeignet waren. In der letzten Zeit gibt es aber Hinweise darauf, dass sich die Art, bedingt durch relativ warme Winter, nun auch in einigen Regionen Deutschlands fortpflanzen kann und sich eventuell ausbreitet. Tigermücken sind in der Lage, die Erreger von Dengue-, Chikungunya-, West-Nil-, Zika- oder Gelbfieber zu übertragen. Natürlich ist die Übertragung nur möglich, wenn die Mücke vorab eine infizierte Person gestochen und deren Blut gesaugt hat. Solch eine direkte Übertragung wurde in Deutschland noch nicht dokumentiert.

Durch den Klimawandel wandern aber nicht nur die Tigermücke und andere potentielle Überträger von Viren, Bakterien, Pilzen und Parasiten in neue Regionen ein. Die Erreger selbst gedeihen bei wärmerer Umgebung ebenfalls besser. So breiten sich beispielsweise die Erreger des West-Nil-Fiebers aus. Diese Viren können auch von einheimischen Mücken übertragen werden. Viele Infektionen rufen keine oder grippeähnliche Symptome hervor. Allerdings zeigen einige Menschen schwere Verläufe, die auch zum Tod führen können.

Angesichts der möglichen Gefahren fordern Wissenschaftler, dass Maßnahmen zur Bekämpfung der Überträger vorbereitet werden sowie in die Entwicklung von entsprechenden Schutzimpfungen investiert wird.

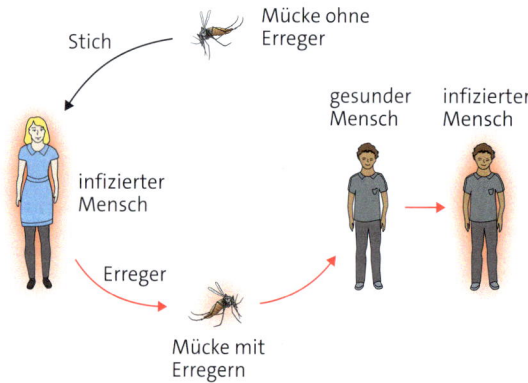

2 Übertragung von Viren durch Mücken (Schema)

3 Bekämpfung der Mücken in Thailand

Bildung neuer Varianten

Nicht nur der Klimawandel hat Einfluss auf das globale Gesundheitsgeschehen. Auch das Bevölkerungswachstum und daraus resultierender Nahrungsbedarf und Flächenverbrauch haben Auswirkungen. Lebensräume werden zerstört. Tiere suchen sich neue Existenzmöglichkeiten, manchmal auch in Städten. Der Mensch siedelt zunehmend in Gebieten, die lange Zeit kaum betreten wurden. Menschen und Tiere kommen näher in direkten Kontakt.

Das hat Folgen: Im Laufe der Evolution haben sich wirtspezifische Erreger entwickelt. Normalerweise erkranken Menschen nicht an Erregern, die auf Tiere spezialisiert sind. Allerdings mutieren insbesondere Viren schnell. Durch den engen Kontakt können sich auch Varianten entwickeln, die von den Tieren auf den Menschen übertragbar sind, sodass sich Menschen mit solchen für unser Immunsystem neuen Erregern anstecken können. Weitere Mutationen der Erreger können dann dazu führen, dass die Erreger nicht nur vom Tier auf den Menschen übertragen werden, sondern Menschen sich untereinander direkt anstecken. In Abhängigkeit von den Symptomen treten dann in bestimmten Regionen plötzlich neue, möglicherweise sehr gefährliche Krankheiten auf. So kommt es in einigen afrikanischen Regionen immer wieder zu Ausbrüchen von Ebolafieber. Sie sind seit 1976 dokumentiert. Es wird vermutet, dass Flughunde oder Fledermäuse das Reservoir für die Ebolaviren bilden.

4 Infektiöse Blutproben werden untersucht.

5 Flughunde könnten das Reservoir für Ebolaviren bilden.

In Kürze

Der Klimawandel und die Zerstörung ursprünglicher Lebensräume begünstigen die Ausbreitung tropischer Krankheiten und die Entstehung von Krankheiten, die für das menschliche Immunsystem neu sind.

Aufgabe

1 ◹ Erläutere den Zusammenhang von Bevölkerungswachstum und globalem Gesundheitsgeschehen.

Extra Ebolafieber

Das Ebolafieber wird durch hoch ansteckende Viren hervorgerufen. Die Inkubationszeit, also die Zeit, bis sich erste Symptome zeigen, beträgt ungefähr 21 Tage. Die Viren lösen zuerst grippeähnliche Symptome aus. Im Krankheitsverlauf kommt es zu Übelkeit, Gelenk- und Muskelschmerzen und zunehmend zu hohem Fieber sowie inneren und äußeren Blutungen. Die Erkrankung verläuft je nach Virusvariante in 25 bis 90 Prozent der Fälle tödlich. Es existieren derzeit nur gegen eine Virusvariante Schutzimpfungen. Wie lange die Schutzwirkung anhält, ist noch nicht gesichert.

Krankheitsausbrüche sind bisher auf Zentralafrika und Westafrika beschränkt. Allerdings sind bei einem Ausbruch 2014/2015 einzelne infizierte Personen in andere Länder gereist und erst dort erkrankt.

Reisen rund um den Globus

Heute ist es für uns leicht, das eigene Land, aber auch fremde Länder zu bereisen. Wir können die Menschen in diesen Ländern und ihre Kultur kennenlernen, wichtige Sehenswürdigkeiten anschauen oder auf Entdeckungsreise durch die Natur gehen. Jede Reise bietet viele persönliche Erlebnisse und unterschiedliche Erfahrungen. Gerade Reisen in exotische Länder sollten aber vorbereitet werden, denn es gibt auch Gefahren.

1 Ein kleines Äffchen inspiziert den Rucksack eines Touristen.

Nicht nur Menschen gehen auf Reisen

Durch Tourismus und Warenströme rund um den Globus werden fremde Pflanzen und Tiere eingeschleppt. Manche wandern in einheimische Ökosysteme ein. So wurden Larven der Chinesischen Wollhandkrabbe Anfang des 20. Jahrhunderts vermutlich mit dem Ballastwasser von Schiffen in die Mündungen von Elbe und Weser geschwemmt. Eier und Larven der Asiatischen Tigermücke reisen wahrscheinlich als blinde Passagiere in gebrauchten Autoreifen nach Europa und breiten sich seit den 1990er Jahren nach Norden aus.

Zudem ist es möglich, dass einzelne Personen unbeabsichtigt Samen von Pflanzen oder auch einzelne kleine Tiere im Reisegepäck transportieren. Ein persönliches Risiko stellen jedoch andere »Reisebegleiter« dar – exotische Viren, Bakterien, Pilze und Parasiten, die Krankheiten auslösen können.

Infektionen vermeiden

Vor einer Reise gilt es, sich ausreichend über die herrschenden klimatischen Bedingungen zu informieren. Hohe Temperaturen können eine Belastung für unseren Körper darstellen. Auch ungewohnte Speisen haben gegebenenfalls Auswirkungen. Ganz besonders wichtig ist es jedoch, dass man sich rechtzeitig über Gesundheitsrisiken, die von Krankheitserregern im Zielgebiet ausgehen könnten, und über Möglichkeiten der Vermeidung informiert. Falls Impfungen empfohlen oder vorgeschrieben sind, ist ausreichend Zeit erforderlich, damit der Impfschutz aufgebaut werden kann.

> **Fragen zur Vorbereitung von Reisen zu exotischen Zielen**
> - Welche Impfungen sind für das Reisegebiet vorgeschrieben beziehungsweise empfohlen?
> - Welches Wasser kann vor Ort getrunken werden?
> - Welche Nahrungsmittel und Getränke dürfen bedenkenlos konsumiert werden? Welche sollten gemieden werden?
> - Welche Vorsichtsmaßnahmen hinsichtlich der Kleidung sind einzuhalten? Sind Moskitonetze erforderlich?
> - Welche Medikamente gehören in die Reiseapotheke?

2 Chinesische Wollhandkrabbe

Von lokalen Ausbrüchen zur Pandemie

Durch das Reisen steigt nicht nur das Infektionsrisiko für den Einzelnen. Hat sich jemand infiziert, reisen die Erreger mit. Diese überwinden so natürliche Grenzen und gelangen genauso schnell wie ihr Träger zu den jeweiligen Punkten auf der Erde.

Die Verbreitung über die verschiedenen Flugrouten stellt besonders dann eine weltweite Gefahr dar, wenn es in einer Region zu einem Ausbruch einer ansteckenden Krankheit, also zu einer *Epidemie*, kommt. Aus diesem regionalen Geschehen kann sich über die verschiedenen Flugrouten schnell eine *Pandemie* entwickeln. Dann kommt es weltweit zu vielen Krankheitsfällen. Handelt es sich bei den infektiösen Erregern um neue Erreger, die zuvor nicht oder sehr lange nicht mit der Bevölkerung in Kontakt gekommen sind, ist das menschliche Immunsystem nicht vorbereitet und die Zahl der schweren oder tödlichen Fälle kann in Abhängigkeit von den hervorgerufenen Symptomen hoch sein.

Grippe- und Coronaviren

Beispielsweise können Grippenviren durch solche Übertragungswege über Grenzen hinweg verbreitet werden. Die Weltgesundheitsorganisation, die *World Health Organization*, beobachtet unter anderem das Infektionsgeschehen weltweit und warnt schon seit langerem vor der Entstehung neuer Krankheitserreger. Es wird unter anderem befürchtet, dass neue Grippeviren entstehen, die zu globalen Ausbrüchen mit starken Folgen führen. Zur letzten Pandemie kam es 2009/2010. Zum Glück erwies sich der Grippe-Virus A-H1N1, Erreger der sogenannten Schweinegrippe, als nicht so gefährlich wie befürchtet.

Im Fokus der Forschung stehen jedoch nicht nur die Grippeviren, sondern auch Coronaviren. In diesem Jahrhundert gab es schon mehrfach entsprechende Mutationen, die zu schwerwiegenden Erkrankungen geführt haben, wie SARS, das *Schwere Akute Respiratorische Syndrom*. Infizierte erkrankten an einer teilweise tödlich verlaufenden Lungenentzün-

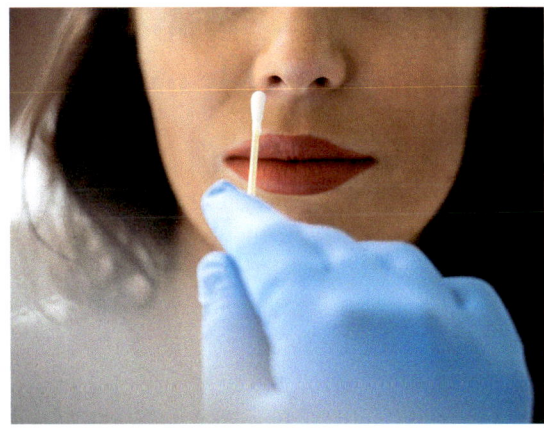

3 Zur Diagnostik von Covid-19 wird ein Nasenabstrich gemacht.

dung. 2002/2003 kam es zu einer Pandemie, von der 29 Länder betroffen waren.

2019 machten neue Coronaviren vom Typ SARS-CoV-2 von sich reden. Ausgehend von Wuhan in China verbreiteten sie sich um die Welt und lösten *Covid-19* aus. Einer WHO-Studie zufolge starben im Zeitraum 2020/2021 weltweit ungefähr 15 Millionen Menschen an dieser Krankheit.

In Kürze

Die globale Mobilität trägt zur schnellen Verbreitung von Krankheitserregern bei und fördert die Entstehung von Pandemien.

Aufgaben

1 ⬛ Wiederhole, wie Krankheitserreger in den Körper eindringen können. Leite daraus Schlussfolgerungen für die Vermeidung von Infektionskrankheiten ab.

2 ⬛ Nenne und begründe zwei Verhaltensregeln bei Reisen in tropische Gebiete.

3 ⬛ Erläutere, wie die weltweite Vernetzung der großen Städte über Flugverbindungen zur Entstehung von Pandemien beitragen kann.

4 ☐ Recherchiere verschiedene Krankheiten, die durch Coronaviren ausgelöst werden.

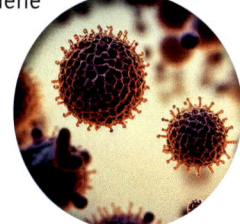

Covid-19 – eine neue Infektionskrankheit

Ende 2019 gab es Hinweise auf das Auftreten einer neuen Krankheit. Anfang 2020 wurde SARS-CoV-2 als Erreger identifiziert. Dieser Virus ist verwandt mit dem Verursacher der SARS-Pandemie 2002/2003. Humane Coronaviren sind in der Bevölkerung weit verbreitet und bewirken »Erkältungen«, die sicher jeder aus der kalten Jahreszeit kennt. Was war das Besondere an den neuen Coronaviren?

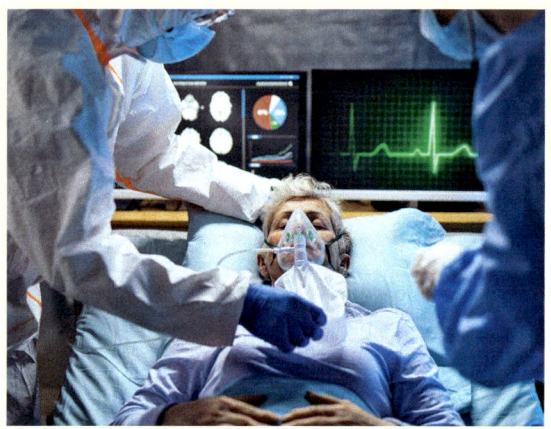

1 Eine Covid-19-Patientin mit schwerem Krankheitsverlauf

Eindringlinge unbekannt

Zwar ist die Herkunft dieser neuartigen Viren noch nicht abschließend geklärt. Es gibt aber Hinweise darauf, dass es sich um Viren handelt, die in Fledermauspopulationen zirkulieren. Möglicherweise gelangten diese Viren in den menschlichen Organismus und mutierten dort. Ein neuer Virus entwickelte sich, der nun von Mensch zu Mensch übertragen wird. Für menschliche Immunsysteme handelte es sich um einen unbekannten Erreger, sodass keine spezifischen Abwehrmechanismen existierten.

Übertragung und Symptome

Die Ansteckung mit den neuen Coronaviren erfolgt, wenn die Viren durch Husten, Niesen Sprechen oder Singen in die Umgebung abgegeben werden und eine andere Person die virenbelasteten Tröpfchen beziehungsweise Aerosole einatmet. Die Inkubationszeit beträgt je nach Virusvariante 5 bis 14 Tage. Die infizierte Person ist aber in jedem Fall auch vor Ausbruch der Symptome ansteckend.

Der Krankheitsverlauf ist sehr unterschiedlich. Zu den Symptomen gehören Abgeschlagenheit, Husten, Schnupfen, häufig Fieber und in vielen Fällen Geruchs- und Geschmacksverlust, manchmal Erbrechen und Durchfall. Bei schweren Verläufen kann es zu Lungenentzündungen bis hin zum Lungenversagen mit tödlichem Ausgang kommen. Bei einer Anzahl von Personen treten längerfristige gesundheitliche Beeinträchtigungen auf.

Die Covid-19-Pandemie

Anfang 2020 war klar, dass SARS-CoV-2 sehr gefährlich ist. Diese Viren waren sehr infektiös und riefen zu in einem hohen Anteil schwerwiegende Symptome bei Betroffenen hervor, vor allem da in der Bevölkerung keine Immunität gegenüber diesen neuen Erregern existierte. Es war absehbar, dass es zu einer Pandemie kommen würde.

Die konkreten Maßnahmen zur Eindämmung der Pandemie gestalteten sich in den verschiedenen Ländern sehr unterschiedlich. Nicht alle haben sich langfristig als adäquat erwiesen. Die Festlegung geeigneter Maßnahmen gestaltete sich auch deshalb schwierig, da zu Beginn der Pandemie wenig über Verbreitungswege, Art der verschiedenen Symptome, Inkubationszeit, Sterberate und Therapie bekannt war.

Nicht zuletzt zeigte sich im Laufe der Pandemie, dass Viren sehr schnell mutieren und neue Varianten bilden, die wiederum neue Eigenschaften aufweisen.

Aufgaben

1 ◪ Zum Schutz vor Infektionen sind allgemeine Hygieneregeln empfohlen, wie gründliches Händewaschen, Abstand halten, in ein Taschentuch niesen, Tragen einer Mund-Nasen-Maske. Begründe, dass diese Regeln auch Schutz vor Covid-19 bieten.

2 ■ Diskutiere mögliche Maßnahmen, die zukünftige Pandemien eingrenzen könnten.

Wie funktioniert unser Immunsystem?

Während der unspezifischen Abwehr greifen Fresszellen, die Makrophagen, sämtliche Formen von Krankheitserregern an. Ist die Anzahl der Erreger nicht hoch, reicht diese Art der Abwehr manchmal aus, die Eindringlinge zu vernichten. Gleichzeitig geben Makropha-gen Informationen über Antigene der Erreger an die spezifische Abwehr weiter. Killer- und Plasmazellen werden aktiviert, greifen die Erreger ebenfalls direkt an oder produzieren Antikörper. Durch die Bildung von Gedächt-niszellen wird der Organismus immun.

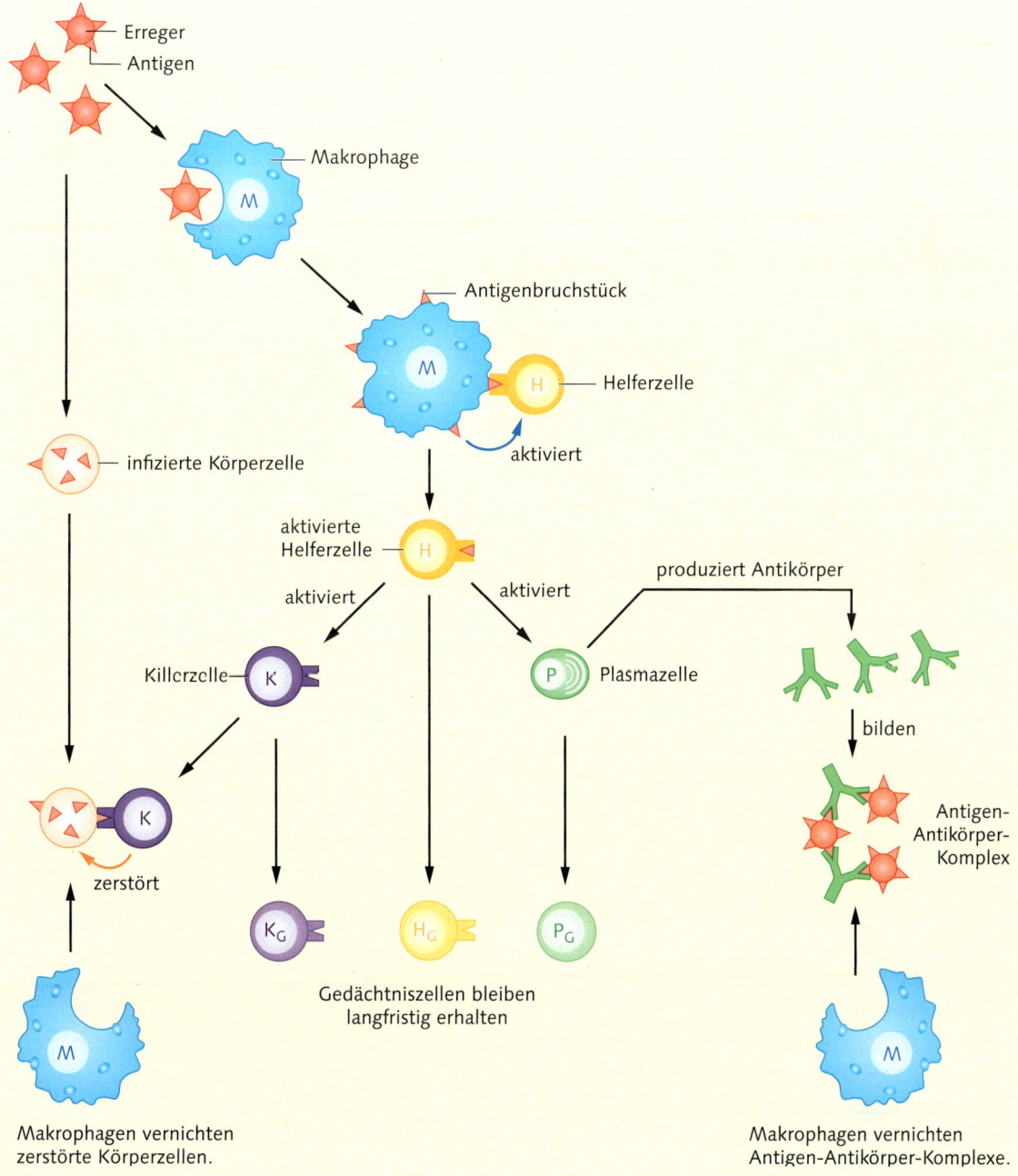

1 Ablauf einer Immunreaktion im Körper des Menschen

Infektionskrankheiten

1 Verlaufsformen von Virusinfektionen

Wie eine Virusinfektion verläuft, hängt von den Eigenschaften des Virus und der Wirtszelle sowie den Wechselwirkungen zwischen beiden ab. Daher beobachtet man unterschiedliche Krankheitsverläufe nach Virusinfektionen. Bild 1 zeigt vier verschiedene Verlaufsformen, die in den Texten A bis D beschrieben werden.

a ☐ Ordne die Grafiken 1, 2, 3 und 4 den vier Texten A, B, C und D passend zu.

b ☑ Erläutere den jeweiligen Kurvenverlauf.

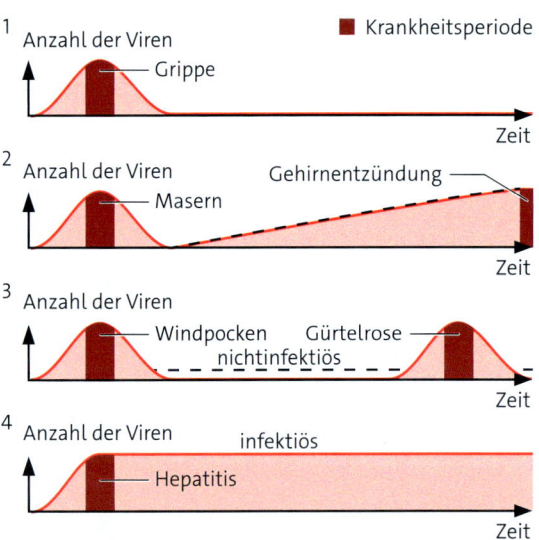

1 Verlauf von Virusinfektionen

A **Latente Infektion:** Nach akuter Infektion verbleibt das Virus im Körper, wird nach einiger Zeit wieder reaktiviert und führt zum Auftreten neuer akuter Erkrankungen.

B **Akute Infektion:** Nach kurzer Inkubationszeit treten die Krankheitssymptome auf. Infektiöse Viren sind meist nur kurz vor bis nach der Krankheitsperiode nachweisbar.

C **Chronische Infektion:** Nach akuter Erkrankung werden infektiöse Viren über einen längeren Zeitraum produziert und ausgeschieden.

D **Akute Infektion mit seltenen Spätfolgen:** Nach der akuten Erkrankung verbleiben Viren im Körper. Erneute Virusaktivierung führt nach Jahren zu einer schwer verlaufenden Erkrankung.

2 Die Pest – der Schwarze Tod

Die Pest war im Mittelalter eine der schlimmsten Seuchen. Bei der größten Pestpandemie von 1347 bis 1351 starben über 25 Millionen Menschen in Europa. Die Pest wurde über Handelswege, vor allem über den Seeweg, von Asien eingeschleppt. Flöhe waren die Überträger der Erreger, die man erst 1894 als Bakterien identifizierte. Im Mittelalter herrschten katastrophale hygienische Verhältnisse. Ratten und damit die auf ihnen lebenden Flöhe fanden so ideale Lebensbedingungen.

Die Beulenpest führt beim Menschen zu fieberhaften Entzündungen, schwarzblau verfärbten Beulen und eiternden Geschwüren an den Lymphknoten. Gelangen die Erreger durch Tröpfcheninfektion in die Atemwege, entsteht die sehr rasch verlaufende und unbehandelt tödliche Lungenpest. Die Seuche wurde auch als »Schwarzer Tod« bezeichnet.

a ☐ Nenne Krankheitssymptome der zwei Pestformen.

b ☐ Beschreibe die Übertragungswege der Pest.

c ☑ Erläutere die Bedeutung der hygienischen Verhältnisse bei der Ausbreitung der Pest.

d ■ Begründe, welche der Pestformen die Pandemie in Europa verursacht hat.

e ■ Da die Pest unheilbar war, versuchten viele, der Seuche durch Flucht zu entkommen. Gerade deshalb verbreitete sich die Pest über ganz Europa. Nimm Stellung zu dieser Aussage.

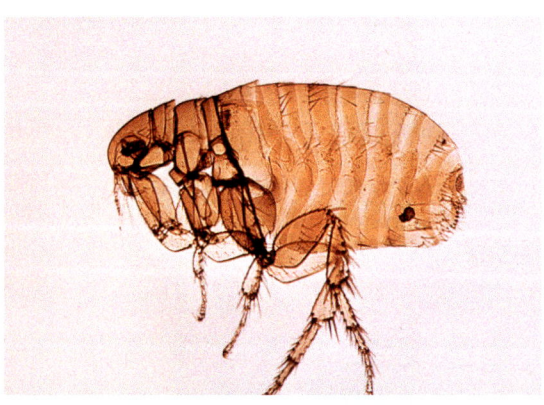

2 Rattenfloh

3 Malaria – nicht nur eine Tropenkrankheit

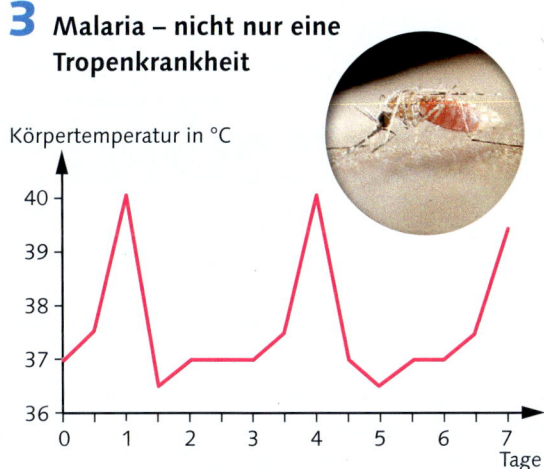

Körpertemperatur in °C

3 Fieberkurve eines an Malaria erkrankten Menschen

Der Überträger der Malariaerreger ist die Anophelesmücke, eine Stechmückenart, die in tropischen Gebieten lebt. Die Erreger sind tierische Einzeller, die in den Speicheldrüsen der Mücken leben und beim Blutsaugen von Erkrankten auf Gesunde übertragen werden. Die Erreger vermehren sich in den roten Blutkörperchen so stark, bis diese platzen. Die neuen Erreger befallen weitere Erythrozyten. Nach zwei bis drei Tagen zerfallen diese wieder. Die dabei freigesetzten Stoffwechselprodukte lösen meist heftige Fieberanfälle aus, die sich regelmäßig wiederholen. Malaria gibt es nur dort, wo Anophelesmücken vorkommen. Weltweit sterben täglich mehr als 1 100 Menschen an Malaria. In Deutschland gibt es nur eingeschleppte Malariafälle, jedoch hat sich ihre Zahl in den letzten Jahren nahezu verdoppelt.

a ▨ Wechselfieber ist eine andere Bezeichnungen für Malaria. Erkläre.

b ▢ Beschreibe den Verlauf der Fieberkurve und erläutere den Zusammenhang mit der Vermehrungsart der Malariaerreger im Blut.

c ▨ Zeichne zu dieser Fieberkurve die passende Vermehrungskurve der Malariaerreger.

d ▨ Erkläre die Zunahme von eingeschleppten Malariafällen in Deutschland.

e ▨ Nenne und begründe Verhaltensregeln, die beachtet werden sollten, wenn man sich in einem Malariagebiet aufhält.

f ▪ Könnte sich aufgrund der globalen Klimaerwärmung die Malaria auch bei uns ausbreiten? Nimm dazu kritisch Stellung.

4 Infektionskrankheiten

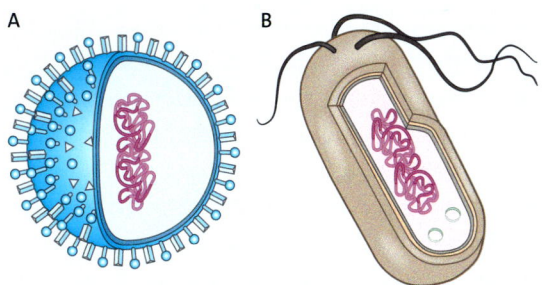

A   B

4 Verschiedene Arten von Krankheitserregern

a ▨ Benenne die in Bild 4 dargestellten Krankheitserreger und begründe deine Zuordnung.

b ▨ Erläutere, worin sich die beiden Erreger in ihrer Wirkung als Krankheitserreger unterscheiden.

c ▨ Nenne Gründe, warum in früheren Zeiten Infektionskrankheiten wie Pocken oder Pest so katastrophale Folgen hatten.

d ▪ Begründe, weshalb man Antibiotika bei bakteriellen Infektionen einsetzt.

e ▨ Erläutere, was man unter der Resistenzbildung von Bakterien gegen Antibiotika versteht. Berücksichtige dabei die Entwicklung und Weitergabe.

f ▨ Erläutere den Zusammenhang zwischen steigender Mobilität der Menschen und der Verbreitung sowie Entstehung neuer Infektionskrankheiten.

5 Das Immunsystem reagiert

Ständig dringen Fremdkörper in den Körper ein. Das Immunsystem erkennt und bekämpft diese.

a ▢ Beschreibe, wie das Immunsystem Fremdkörper und körpereigene Zellen unterscheidet. Verwende Fachbegriffe.

b ▨ Begründe, dass das Immunsystem für jeden Erreger neue Antikörper herstellen muss.

c ▨ Das Immunsystem stellt gegen Bakterien Antikörper her. Diese binden sich an die Antigene des Erregers. Begründe die Auswirkungen dieser Reaktion. Berücksichtige dabei auch die Rolle der Makrophagen.

d ▨ Grippeviren verändern ihre Antigene schnell. Erkläre die Folgen für das Immunsystem.

Biologie – Wissen für Alltag und Beruf

Die Prüfungen sind geschafft. Der Eintritt in Ausbildung und Berufsleben steht bevor, verbunden mit mehr Verantwortung und eigenen Entscheidungen. Sicherlich fragen sich einige, was man jetzt noch mit all dem Wissen aus der Schulzeit anfangen kann. Spielt das im zukünftigen Leben überhaupt einen Rolle?

1 Aufregende Veränderungen stehen bevor.

Biologie in unserem Leben

Biologie spielt in vielen Bereichen unseres Lebens eine große Rolle. Forschungsergebnisse aus biologischen Teilgebieten sind auch für unseren Alltag zunehmend bestimmend. Zu den Bereichen der angewandten Forschung gehören die Medizin, die Biotechnologie, die Gentechnologie, Agrarbiologie, Land- und Forstwirtschaft sowie Gartenbau. Biologische Erkenntnisse können dazu beitragen, Ursachen für die Probleme der Globalisierung und Schritte zu ihrer Lösung aufzuzeigen.

Einfache Lösungen gibt es allerdings nicht, da die Welt auf allen Ebenen komplex ist. Stoff- und Energieflüsse wirken nicht nur regional, sondern hängen auch global zusammen, Prozesse bedingen sich wechselseitig. Die globale Vernetzung wurde einmal mehr durch die Covid-19-Pandemie deutlich und auch die Notwendigkeit, international besser zusammenzuarbeiten. Das Beispiel zeigt aber auch die zunehmende wirtschaftliche Bedeutung der Anwendung biologischer Forschungsergebnisse. Für die Bekämpfung der Pandemie war es von großer Bedeutung, dass schnell wirksame Impfstoffe zur Verfügung standen. Für die erfolgreichen Firmen bedeutete dies auch großen wirtschaftlichen Erfolg.

Aus der zunehmenden Bedeutung biologischer Erkenntnisse ergibt sich für Forscher und Anwender eine hohe Verantwortung. Sie müssen sich mit den Folgen ihrer Forschung auseinandersetzen. Dabei geht es auch um die Frage, ob das Machbare ethisch vertretbar ist. Oft ist es notwendig, eine breite und qualifizierte Diskussion zu führen, um alle Aspekte zu berücksichtigen. So werden am Beispiel der modernen Gentechnik oder der Stammzellenforschung Chancen und Risiken moderner Forschung deutlich. Sie führen immer wieder zu ethischen Diskussionen, aus denen letztendlich gesetzliche Regelungen resultieren.

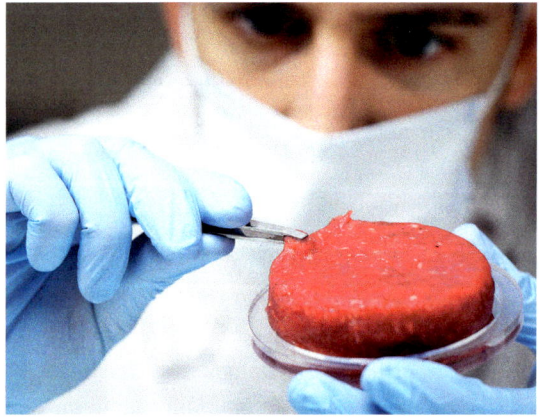

2 Eine im Labor gezüchtete Fleischprobe

3 Produktion in einer modernen Pharmafabrik

Biologie im Beruf

Für besonders Interessierte gibt es viele Möglichkeiten einen Beruf zu ergreifen, mit dem man an biologisches Vorwissen anknüpfen kann. Dazu muss man nicht unbedingt studieren. Mit einem guten Realschulabschluss kann man unterschiedliche Berufe mit biologischer Ausrichtung ergreifen, beispielsweise als Biologisch-technische Assistentin/ Biologisch-technischer Assistent. Genaue Informationen über Möglichkeiten und Voraussetzungen findet man auf den Internetseiten der Arbeitsagenturen oder erhält sie direkt in den Einrichtungen. Dort wird man auch zur Berufswahl beraten, wenn man noch keine konkreten Vorstellungen hat.

Hat man einen Berufswunsch gefasst, ist ein entsprechendes Praktikum hilfreich. Dabei kann man feststellen, ob dieser Beruf wirklich den Interessen und Vorstellungen entspricht. Auf jeden Fall ist es nötig, sich langfristig auf die Berufswahl vorzubereiten und sich zu informieren, denn die genauen Zugangsbedingungen für die Ausbildung können in unterschiedlichen Ländern und sogar von Ausbildungsbetrieb zu Ausbildungsbetrieb voneinander abweichen.

Biologisch-technische Assistentin/Biologisch-technischer Assistent

Sie unterstützen die Wissenschaftler bei der Durchführung und Auswertung von Experimenten. Sie nehmen Proben, berechnen die benötigten Mengen von Chemikalien und bedienen Messgeräte. Sie arbeiten unter anderem in Forschungsinstituten, in chemischen oder pharmazeutischen Betrieben oder in Betrieben der Lebensmittelindustrie sowie im Gesundheitswesen und in Lehranstalten.

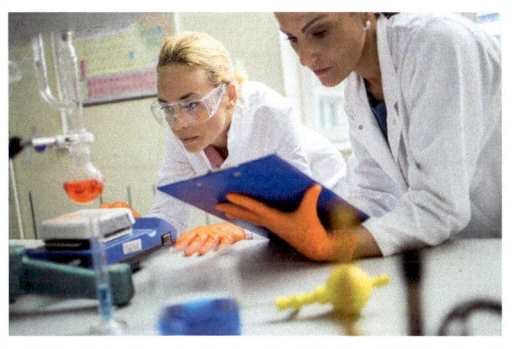

In Kürze

Biologie bestimmt unser Leben, entsprechende Forschungsergebnisse spielen im Alltag und gegebenenfalls im Beruf eine Rolle.

Biologielaborantin/Biologielaborant

Sie planen Untersuchungen und dokumentieren und analysieren diese. Dazu nutzen sie moderne Laborsysteme und Laborinformationssysteme. Sie arbeiten unter anderem in Forschungslaboren von Krankenhäusern, Pharmabetrieben, Kosmetikherstellern, im Gesundheitswesen sowie in Betrieben, die biotechnische Produkte oder auch Lebensmittel herstellen.

Pflanzentechnologin/Pflanzentechnologe

Sie planen Versuche und Untersuchungsreihen an Kulturpflanzen, dokumentieren sie, nehmen Proben, analysieren sie und werten sie aus. Sie gestalten die Wachstumsbedingungen optimal und pflegen die Kulturen. Sie arbeiten in Forschungsanstalten und in Hochschulinstituten, in Pflanzenzuchtunternehmen sowie bei Saatgutfirmen.

Biologische Probleme der Globalisierung

1 Systeme und Stoffkreisläufe

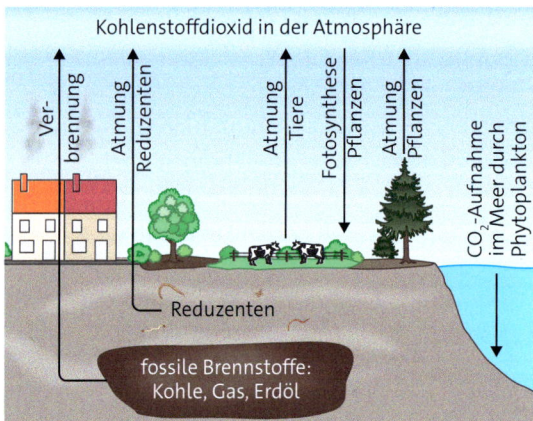

1 Kohlenstoffkreislauf (vereinfacht)

a ■ Erläutere am Beispiel der Biosphäre den Begriff System und leite daraus Folgen regionalen Handelns ab.

b ☐ Beschreibe die Zusammenhänge zwischen den Systemen Pflanzen und Atmosphäre.

c ☐ Beschreibe den Kohlenstoffkreislauf auf der Erde anhand von Bild 1.

d ☐ Nenne Ökosysteme, die große Mengen an Kohlenstoff speichern.

e ▨ Erläutere, weshalb durch die Fotosynthese die Sonnenenergie für Lebewesen nutzbar wird.

f ☐ Beschreibe den Energiefluss zwischen den Trophiestufen eines Ökosystems.

g ▨ Erkläre anhand der Trophiestufen, weshalb es falsch ist, von »Energieverlust« zwischen den Stufen der Nahrungspyramide zu sprechen.

h ▨ Erläutere die Rolle von Produzenten, Konsumenten und Reduzenten im Ökosystem.

i ■ Erläutere die Zeitungsmeldung: »Ein Vegetarier ist ein Klimaschützer.«

j ☐ Nenne biotische und abiotische Faktoren, die in Ökosystemen auf die Lebewesen einwirken.

k ▨ Begründe, dass die Abholzung des tropischen Regenwaldes durch den Menschen zum Klimawandel beiträgt.

2 Klimawandel

a ☐ Beschreibe den natürlichen Treibhauseffekt.

b ☐ Nenne Vorgänge, durch die der Mensch den Kohlenstoffdioxidanteil in der Atmosphäre erhöht.

c ☐ Nenne weitere Vorgänge, durch die der Mensch den natürlichen Treibhauseffekt verstärkt.

3 Biodiversität

a ▨ Begründe, weshalb es wichtig ist, die Biodiversität zu erhalten.

b ▨ Erläutere die Problematik der Monokulturen im Hinblick auf die Biodiversität.

c ☐ Beschreibe Eingriffe des Menschen in Ökosysteme, durch die die Biodiversität beeinflusst wird.

d ▨ Begründe, weshalb Ökosysteme mit einer großen Biodiversität stabiler sind als Ökosysteme mit einer geringen Biodiversität.

e ▨ Begründe, weshalb weltweit Saatgutspeicher für viele Pflanzenarten angelegt werden.

f ■ In den letzten 25 Jahren ist die Biomasse der Insekten um 75 Prozent zurückgegangen. Erläutere am Beispiel der Landwirtschaft die Auswirkungen dieses Biodiversitätsverlusts.

g ■ Erläutere die Aussage: »Durch das Wachstum der Weltbevölkerung sind viele Pflanzen- und Tierarten vom Aussterben bedroht.«

2 Wildbienen am Insektenhotel

4 Krankheitserreger und ihre Bekämpfung

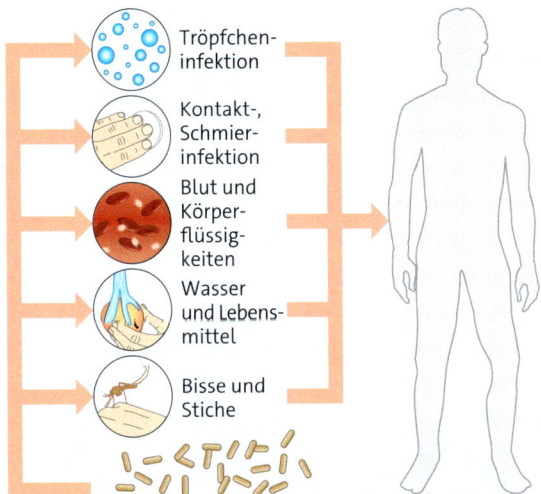

3 Übertragungswege von Krankheitserregern

a ☑ Leite aus den Übertragungswegen in Bild 3 Möglichkeiten ab, Infektionen zu vermeiden.

b ■ Im Chat gab jemand folgenden Tipp: »Bei starkem Niesreiz sollte man versuchen, in ein Taschentuch hineinzuniesen. Ist keines zur Hand, nimmt man die linke Hand vor das Gesicht. Das ist wesentlich angenehmer für den nächsten Gesprächspartner, dem man die rechte Hand zum Gruß reicht.« Beurteile diesen Ratschlag aus biologischer Sicht.

c ☑ Malaria tritt in tropischen und subtropischen Regionen in ungefähr 100 Ländern der Erde auf. Die Erreger der Malaria werden durch Anopheles-Mücken auf den Menschen übertragen. Erläutere, warum jedes Jahr auch in Deutschland Fälle registriert werden.

d ☑ Einige Länder gestatten eine Einreise nur dann, wenn bestimmte Schutzimpfungen nachgewiesen werden. Begründe.

e ■ In Deutschland wurde am 27. Dezember 2020 mit dem Impfen gegen den neuen Erreger SARS-Cov-2 begonnen. Der erste zur Verfügung stehende Impfstoff enthielt die genetische Information für ein Virusprotein in Form von mRNA. Beschreibe das Funktionsprinzip solch eines Wirkstoffs mit Hilfe deiner Kenntnisse über die Realisierung genetischer Informationen sowie über das menschliche Immunsystem.

Biologische Probleme der Globalisierung

■ Das Leben auf unserer Erde findet in der Biosphäre statt. Diese setzt sich aus vielfältigen Ökosysteme zusammen, die sich wechselseitig beeinflussen. Außerdem stehen die Ökosysteme der Erde über die Atmosphäre und den globalen Wasserkreislauf in Verbindung. So können lokale Eingriffe globale Auswirkungen haben.

■ Zwischen den Lebewesen im Ökosystem bestehen vielfältige Beziehungen. Sie stehen durch Stoffkreisläufe in Verbindung. Die Energie der Sonne ist die Grundlage für den Energiefluss auf der Erde. Beim Übergang zwischen den Trophiestufen nimmt die zur Verfügung stehende Energie ab.

■ Durch den anthropogen bedingten Anstieg von Kohlenstoffdioxid in der Atmosphäre wird der natürliche Treibhauseffekt verstärkt und das Klima auf der Erde beeinflusst.

■ Durch den Klimawandel, das Wachstum der Weltbevölkerung, Flächenverbrauch und Mobilität kommt es zu Änderungen der Ökosysteme. Eine Folge sind die Einwanderung von Organismen in fremde Ökosysteme. Damit steigt auch die Gefahr, dass sich Krankheiten ausbreiten.

■ Das Prinzip der Nachhaltigkeit bedeutet, Umweltschutz, Interessen der Menschen und Wirtschaft in Einklang zu bringen.

Wichtige biologische Arbeitstechniken rund um das Mikroskopieren

Untersuchen mit Lupen und Stereomikroskop

- Lese- und Stiellupen eignen sich zum Betrachten von Details, mit Becherlupen können kleine Lebewesen beobachtet und anschließend wieder frei gelassen werden, Einschlaglupen passen gut in die Hosentasche
- Lupe zwischen Auge und Objekt halten, durch Veränderung des Abstands zwischen Lupe und Objekt kann das Bild scharf gestellt werden, Vergrößerung 2- bis 10-fach
- Stereomikroskop – ein spezielles Lichtmikroskop; mit beiden Augen gleichzeitig in das Stereomikroskop, auch Binokular genannt, schauen, oft kann man das Objekt von oben und unten beleuchten, Vergrößerung bis 40-fach

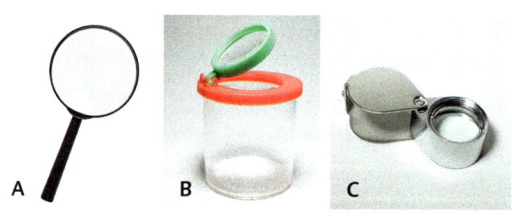

1 A Stiellupe; B Becherlupe; C Einschlaglupe

1 A Stereomikroskop; B 40-fache Vergrößerung einer Kirschblüte

Aufbau eines Lichtmikroskops

Lichtmikroskope liefern mit Hilfe von Linsensystemen vergrößerte Abbilder von Präparaten.

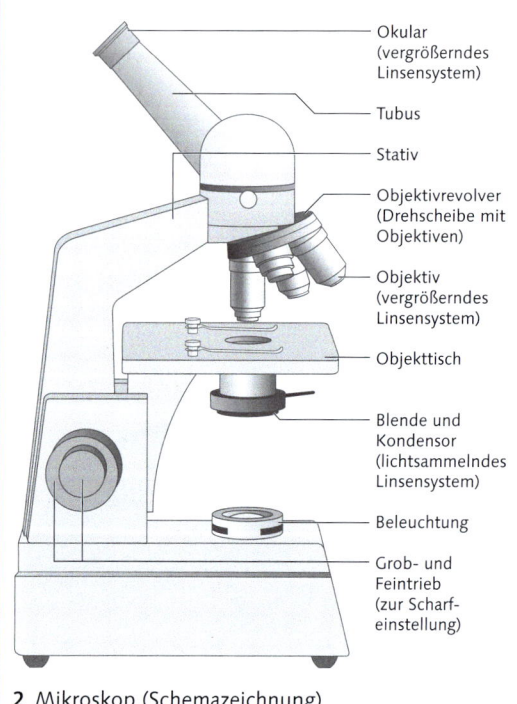

Okular (vergrößerndes Linsensystem)

Tubus

Stativ

Objektivrevolver (Drehscheibe mit Objektiven)

Objektiv (vergrößerndes Linsensystem)

Objekttisch

Blende und Kondensor (lichtsammelndes Linsensystem)

Beleuchtung

Grob- und Feintrieb (zur Scharfeinstellung)

2 Mikroskop (Schemazeichnung)

Mikroskopieren

- Objekttisch mit dem Grobtrieb ganz nach unten fahren, kleinste Vergrößerung einstellen, dann Objektträger mit Präparat auflegen
- Objekttisch mit dem Grobtrieb nach oben fahren, bis sich Deckglas und Objektiv gerade noch nicht berühren
- durch das Okular schauen und den Objekttisch mit dem Feintrieb langsam nach unten fahren, bis das Bild scharf ist
- interessante Stelle in die Mitte des Bildes schieben
- Objekttisch mit dem Grobtrieb nach unten fahren und die nächste Vergrößerung einstellen, dann wieder hochdrehen
- durch das Okular schauen und Bild mit dem Feintrieb scharf stellen

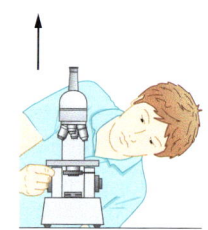 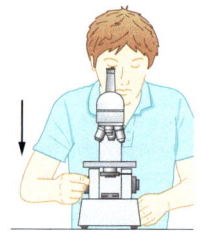

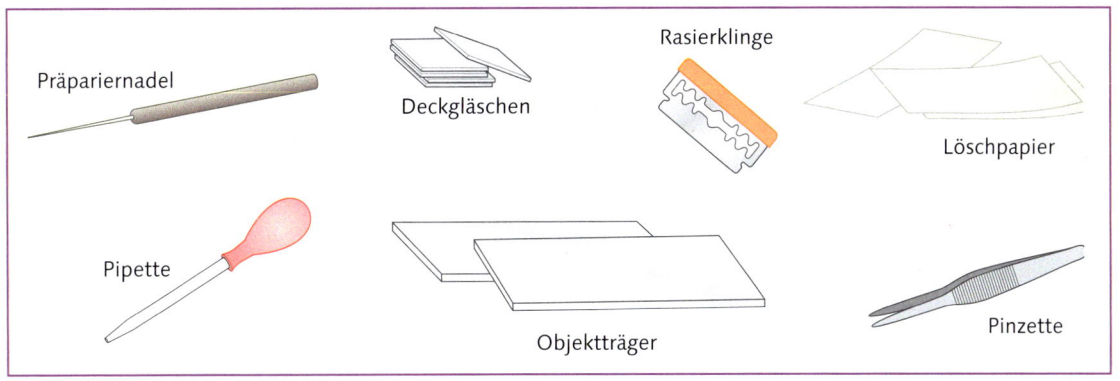

Mikroskopische Präparate herstellen

- Wassertropfen mit einer Pipette auf einen Objektträger geben
- Objekt mit Pinzette oder Präpariernadel in den Wassertropfen geben
- Deckglas auflegen
- überschüssiges Wasser mit Löschpapier aufsaugen

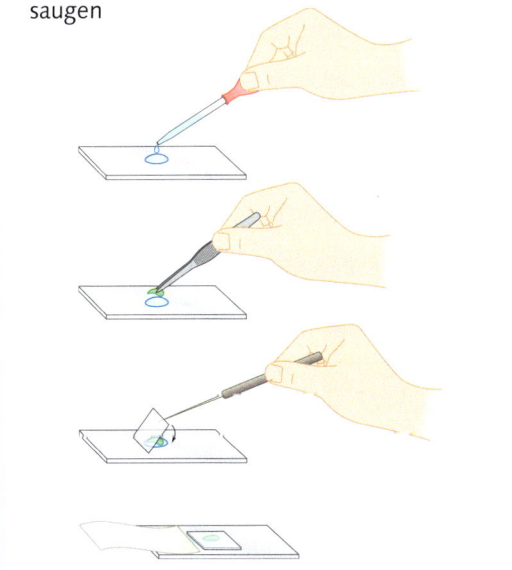

... und anfärben

- Farbstofftropfen so neben das Deckglas geben, dass er den Wassertropfen unter dem Deckglas berührt
- Verbindung zwischen den beiden Tropfen mit einer Präparlenadel herstellen
- Löschpapier oder Papiertaschentuch nutzen, um das Wasser aufzusaugen und die Farbstofflösung unter das Deckglas zu ziehen

Biologische Zeichnungen anfertigen

- Papier, Bleistift, Radiergummi zurechtlegen
- Objektnamen, Vergrößerung, Datum und deinen Namen auf dem Zeichenblatt notieren
- geeignete Stelle des Objekts auswählen
- Objekt mittig auf das Zeichenblatt zeichnen
- klare, durchgezogene Linien zeichnen
- beide Augen offen halten, um gleichzeitig zu zeichnen und zu mikroskopieren
- Zeichnung mit Fachbegriffen beschriften, Bezugslinien mit dem Lineal ziehen

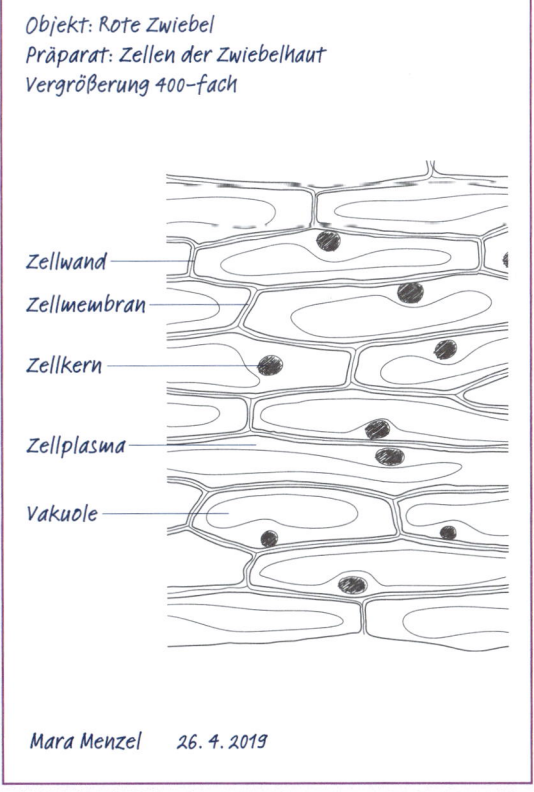

Objekt: Rote Zwiebel
Präparat: Zellen der Zwiebelhaut
Vergrößerung 400–fach

Zellwand
Zellmembran
Zellkern
Zellplasma
Vakuole

Mara Menzel   26. 4. 2019

Wichtige biologische Arbeitstechniken rund um das Experimentieren

Wie Biologen Experimente durchführen

- Frage möglichst genau formulieren
- Hypothesen aufstellen
- Experiment planen, dabei immer nur einen Faktor, die Variable, verändern, die anderen Faktoren bleiben konstant
- Experiment durchführen, immer auch eine Kontrolle mit allen Faktoren als zusätzlichen Versuchsansatz durchführen
- Beobachtungen in einem Versuchsprotokoll notieren
- Beobachtungen auswerten, Antwort auf die Frage formulieren, gegebenenfalls weitere Experimente planen
- Fehlerdiskussion, eventuell das Experiment erneut durchführen oder neu planen

Protokoll anfertigen

- Namen der Beteiligten und Datum der Durchführung notieren
- Thema oder Frage als Überschrift wählen
- Hypothese, also Vermutung, formulieren
- Materialien stichpunktartig auflisten
- Durchführung des Experiments beschreiben
- Beobachtungen notieren, evtl. Zeichnungen, Diagramme, Tabellen oder Fotos verwenden
- Beobachtungen auswerten, um die Hypothese zu bestätigen oder zu widerlegen und die Anfangsfrage zu beantworten

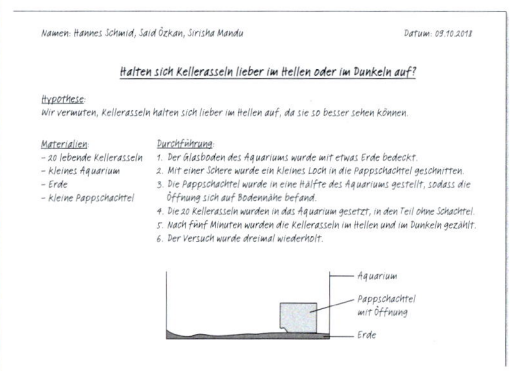

1 Ausschnitt aus einem Versuchsprotokoll

Nachweis von Stoffen

- Versuchsskizze erstellen, Frage und Hypothese formulieren
- Materialien und Chemikalien bereitstellen, Sicherheitshinweise beachten
- Kontrollversuche ohne die nachzuweisende Substanz durchführen
- Nachweis durchführen, Arbeitsplatz reinigen
- Beobachtungen und Sinneseindrücke schriftlich festhalten
- Deutung der Ergebnisse, Hypothese bestätigen oder widerlegen
- Fehlerdiskussion, eventuell das Experiment erneut durchführen, ggf. neu planen

Mit Tabellen arbeiten

A Tabellen auswerten

- Überschrift und Untertitel geben Auskunft über das Thema
- Spaltenüberschrift und Zeilenüberschrift geben an, welche Inhalte dargestellt werden
- Informationen aus den Zeilen ablesen, dabei Maßeinheiten oder Zeitangaben beachten
- Informationen auswerten, um die Frage zu beantworten, die Hypothese zu belegen oder zu widerlegen
- Aussagen zusammenfassen

B Tabellen selbst erstellen

- Überschrift formulieren
- Inhalte der Zeilen und Spalten festlegen, Zeilen- und Spaltenüberschriften formulieren
- Platzbedarf für Zeilen und Spalten abschätzen, in der Regel nicht mehr als sieben, Hoch- oder Querformat entscheiden
- Tabelle mit Bleistift und Lineal zeichnen, mit der ersten Zeile beginnen und diese dann in die benötigten Spalten unterteilen
- Informationen in die Zellen eintragen, ggf. unterschiedliche Farben und Schriftarten verwenden

Arbeiten mit Diagrammen

A Diagramme auswerten

- Überschrift, Achsenbeschriftung, Legenden, Farben und Symbole beachten
- Werte ablesen, vergleichen und interpretieren
- Aussagen formulieren und erklären
- Kreisdiagramme vergleichen Mengenanteile von einer Gesamtheit
- Säulendiagramme stellen Werte vergleichend dar
- Liniendiagramme stellen Entwicklungen oder Verläufe dar

B Linien- und Kreisdiagramme erstellen

- Daten sammeln
- Diagrammtyp wählen
- Kreisdiagramm: prozentuale Anteile berechnen, Kreissegmente farbig kennzeichnen
- Liniendiagramm: Achsen wählen und sinnvolle Einteilung festlegen
- Überschriften und Legenden erstellen

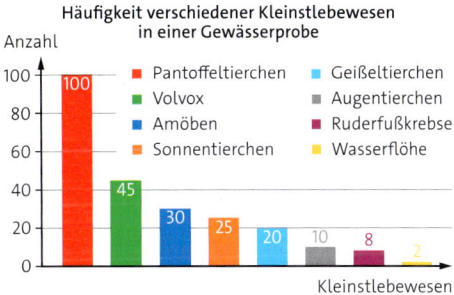

2 Beispiel für ein Säulendiagramm

Arbeiten mit Modellen

A Mit Strukturmodellen arbeiten

- Modell betrachten, voneinander unterscheidbare Teile beschreiben
- den Teilen des Modells die entsprechenden Fachbegriffe zuordnen
- Modell und Original vergleichen, dabei die Teile des Modells den entsprechenden Teilen des Originals zuordnen und übereinstimmende sowie abweichende Details nennen
- durch Benennen der Modellbestandteile sowie ihrer Funktion Gelerntes überprüfen

B Mit Funktionsmodellen arbeiten

- Anleitung lesen, um einen Überblick über den Aufbau des Modells zu erhalten, die einzelnen Teile eindeutig zuordnen zu können und die Bedienung des Modells zu erfahren
- Modell nach Anleitung ausprobieren und beobachten, was geschieht
- Beobachtungen beschreiben

3 Strukturmodell eines Kniegelenks

C Modelle kritisch betrachten

- Modell betrachten, um die Modellart zu erkennen, z. B. Strukturmodell oder Funktionsmodell
- Modell und Original vergleichen, dabei die Teile des Modells den entsprechenden Teilen des Originals zuordnen und Gemeinsamkeiten und Unterschiede nennen
- Modell anhand verschiedener Kriterien beurteilen, z. B. Größe, Vollständigkeit, Darstellung wichtiger Elemente, Verzicht auf unwichtige Details, Zuordnung von Modellbestandteilen zum Original
- Funktionsweise diskutieren: Kann das Modell helfen, Aufbau oder Funktion des Originals zu beschreiben und besser zu verstehen? Vorteile und Nachteile des Modells nennen

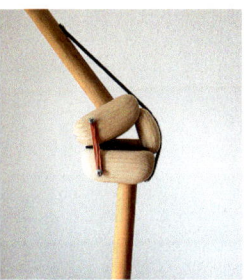

4 Zwei Funktionsmodelle zum Kniegelenk

Wichtige biologische Arbeitstechniken rund um das Bestimmen

Ein Legebild erstellen ...

- Kreisvorlage erstellen, indem mit einem Zirkel mehrere Kreise um einen Mittelpunkt gezogen werden
- Blütenteile mit Pinzette von außen nach innen abzupfen und auf den vorbereiteten Kreisen anordnen
- Blütenteile aufkleben
- Blütenteile beschriften und jeweilige Anzahl notieren

... und ein Blütendiagramm anfertigen

- Legebild in den schematischen Grundriss der Blüte übertragen

1 Legebild einer Blüte (Rosengewächs)

2 Blütendiagramm

Mit Bestimmungsschlüsseln arbeiten

- Lebewesen beobachten, auf Besonderheiten und Details achten
- Merkmale des Lebewesens mit im Bestimmungsschlüssel genannten Merkmalen vergleichen und entscheiden, welche übereinstimmen
- Wiederholung der Merkmalsvergleiche bis zum Ende des Bestimmungsweges
- Lebewesen benennen mit dem am Ende des Bestimmungsweges genannten Artnamen
- Fehler beim Bestimmen entstehen durch Entscheidung für das falsche Merkmal an Weggabelungen, dann noch mal von vorne beginnen

Bestimmungsschlüssel – dargestellt an ausgewählten Lippenblütengewächsen

1 Blüten nur mit deutlicher Unterlippe
.... ► 2

1* Blüten mit deutlicher Ober- und
Unterlippe .... ► 3

2 Unterlippe der Blüten 3-lappig, krautige Pflanze mit Ausläufern
Kriechender Günsel

2* Unterlippe scheinbar 5-lappig, Halbstrauch, Stängel im unteren Bereich verholzt
Echter Gamander

3 Blätter nicht nesselartig, Blüten blau oder blau-violett.............................. ► 4

3* Blätter nesselartig, Blüten andersfarbig.... ► 5

4 Blätter rundlich nierenförmig, Stängel niederliegend
Gundermann

4* Blätter länglich, oval, Stängel aufrecht
Wiesensalbei

5 Blätter lang zugespitzt, Blüten weiß
Weiße Taubnessel

5* Blätter eiförmig-dreieckig, gestielt, Blüten purpurrot
Pupurrote Taubnessel

Bestimmungsmerkmale

Anordnung der Blüten

Neben dem Bau der Blüte ist ihre Anordnung ein wichtiges Bestimmungsmerkmal. Blüten können einzeln stehen oder in *Blütenständen* angeordnet sein. *Traube, Ähre* und *einfache Dolde* sind einfache Blütenstände. Die Blüten sind entlang einer Achse angeordnet. *Rispe* und *Dolde* sind zusammengesetzte Blütenstände. Bei den Korbblütlern stehen viele Blüten in *Körbchen,* die von Hüllblättern umgeben sind.

Aussehen der Laubblätter

Laubblätter haben verschiedene Gestalt. Bei einfachen Laubblättern ist die Blattspreite ungeteilt, der Rand kann sehr unterschiedlich aussehen. Zusammengesetzte Laubblätter bestehen aus mehreren voneinander getrennten Blättchen. Auch der Verlauf der Blattadern oder die Beschaffenheit der Blattoberfläche sind wichtige Merkmale.

Beschaffenheit der Sprossachse

Die Sprossachse kann rund oder kantig, glatt oder fein behaart sein. Ein weiteres Bestimmungsmerkmal ist die Stellung der Laubblätter am Stängel. Sie können gegenständig, wechselständig oder quirlständig stehen.

Bau eines Laubblattes

einfaches Laubblatt — Blattspreite, Blattader, Blattstiel

zusammengesetztes Laubblatt — Fiederblättchen

Blattform

linealisch · elliptisch · rund · nierenförmig · lanzettlich · eiförmig · herzförmig

Blattrand

gelappt · gekerbt · gezähnt · gesägt · gebuchtet · ganzrandig

Blattstellung

kreuzgegenständig · quirlständig · gegenständig · wechselständig

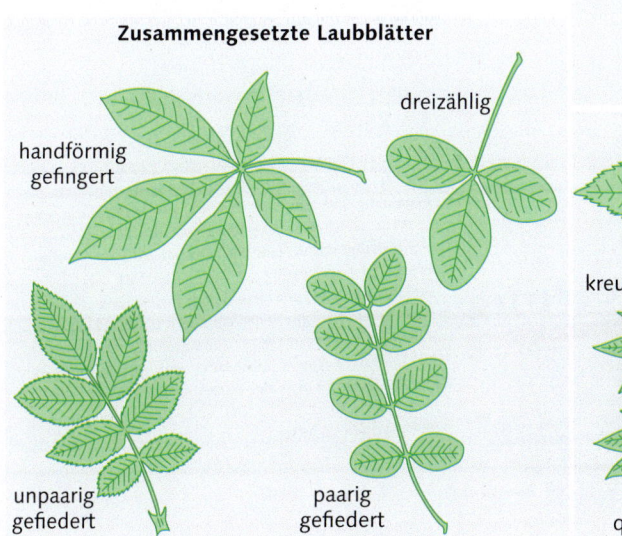

Zusammengesetzte Laubblätter

handförmig gefingert · dreizählig · unpaarig gefiedert · paarig gefiedert

3 Bestimmungsmerkmale von Laubblättern

Wichtige Arbeits- und Lerntechniken

Quellen bewerten

1 Auswahl der Quellenart

- Internet, Fachbücher, Lexika, Tageszeitungen sind meist zuverlässige Quellen
- Zeitschriften sind meist weniger geeignet
- mehrere Quellen nutzen, nicht nur die ersten drei Suchergebnisse
- auf Übereinstimmungen und Widersprüche achten
- Zielgruppe beachten und Inhalte dementsprechend hinterfragen
- Absichten des Verfassers hinterfragen

2 Bewertungskriterien für eine gute Quelle

- Text verständlich formuliert, Fachbegriffe erklärt
- Inhalte sachlich, neutral und objektiv
- Textgestaltung übersichtlich
- Adressatengruppe klar erkennbar
- keine oder nur wenig Werbung, die eindeutig vom Informationstext zu unterscheiden ist
- Datum der Veröffentlichung gibt Auskunft über die Aktualität der Informationen
- Name des Autors oder des Inhabers der Website erkennbar und recherchierbar
- Verweise auf Experten im Text oder Links auf weiterführende Fachliteratur

Einen Text erschließen

- Überblick verschaffen: Überschrift des Textes, Gliederung in Abschnitte, Hervorhebung von Wörtern, Abbildungen
- Fragen stellen, die mit Hilfe des Textes beantwortet werden sollen
- Text abschnittsweise lesen, dabei die Fragen beantworten und wichtige Wörter markieren
- Inhalt zusammenfassen durch Notieren von Schlüsselwörtern, zusammengehörende Informationen ordnen
- Wiederholung durch nochmaliges Lesen der Notizen, ggf. auch laut vorlesen
- Informationen aus verschiedenen Quellen zusammenfügen

Fachlexikon

Phenylketonurie

Die PKU ist eine genetisch bedingte Krankheit, die rezessiv vererbt wird. Ursache bilden unterschiedliche Mutationen, die zu einem PAH-Mangel führen. Infolgedessen ist das Phenylalaningleichgewicht im Körper gestört. Hohe Konzentrationen bewirken Epilepsie, eine fortschreitende Hirnschädigung, die in der Pubertät stagniert, Mikrozeph... störungen, motorische Behinder... und eine gestörte Pigmentpro... Aktivität der PAH bei den Patient... eingeschränkt ist, sind die Sy... verschieden stark ausgeprägt.
Folgen können durch rech... verhindert werden. Im Rahmen... screenings wird daher auch a...

Die Unizeitung

Neugeborenenscreening   18. Oktober 2021

Nur drei Tropfen Blut
Von Amid Medi

Beim Neugeborenenscreening werden die Säuglinge auf einige angeborene Krankheiten untersucht, unter anderem auf Phenylketonurie (PKU). PKU ist eine genetisch bedingte Stoffwechselstörung. Infolge eines fehlerhaften Gens ist die Wirkung des Enzyms eingeschränkt, welches zum Abbau der Aminosäure Phenylalanin nötig ist, sodass sich diese im Körper ansammelt und die Hirnentwicklung stört. Wird die Krankheit beim Screening erkannt, ermöglicht eine besonde-re Diät eine normale Entwicklung.

Gesundheitsuntersuchungen für Kinder und Jugendliche

Das Bundesministerium für Gesundheit gibt auf seiner Seite www.bundesgesundheitsministerium.de Auskunft über die Bedeutung und den Inhalt der Gesundheitsuntersuchungen U1 bis U9. Durch diese Untersuchungen sollen der allgemeine Gesundheitszustand und die altersgemäße Entwicklung eines Kindes regelmäßig von Ärzten überprüft werden, um Fehlentwicklungen und Entwicklungsverzögerungen frühzeitig zu erkennen. Dazu finden die ersten Untersuchungen im Rahmen der U1 angefangen von unmittelbar nach der Geburt bis spätestens einem Lebensalter von drei Tagen statt. Eingeschlossen ist auch eine Blutentnahme, um auf angeborene Stoffwechseldefekte und endokrine Störungen wie Mukoviszidose zu testen.

Aus einem Artikel von Lea Fuchs, 20.09.2021

1 Beispiele für unterschiedliche Quellen

Eine Mindmap erstellen

- Material zurechtlegen: Notizzettel, großer Papierbogen, Bleistift, Radiergummi, Stifte in verschiedenen Farben, Abbildungen
- Begriffe sammeln und als Stichpunkte einzeln auf Notizzetteln notieren
- Begriffe nach Bereichen ordnen, Oberbegriffe dafür finden und notieren
- Vollständigkeit der Inhalte prüfen, gegebenenfalls fehlende Begriffe auf weiteren Notizzetteln notieren
- Thema in der Mitte des Papierbogens notieren, Oberbegriffe auf Hauptästen und weitere Begriffe auf Nebenästen anordnen
- Kontrolle der Mindmap auf Vollständigkeit
- Abbildungen ergänzen

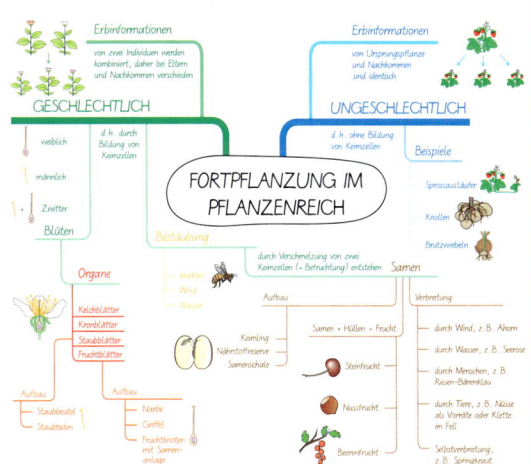

2 Mindmap zum Thema »Fortpflanzung im Pflanzenreich«

Präsentieren

- Fragen zum Thema überlegen, interessante Aspekte des Themas in Fragen formulieren
- Informationen sammeln und bearbeiten, Antworten auf die formulierten Fragen recherchieren, Erklärungen für Fachbegriffe
- Informationen ordnen, roten Faden herausarbeiten
- Präsentation mit geeignetem Medium erstellen, anschauliche Folien, Gedankenstütze mit Karteikarten
- Präsentation vorbereiten und üben, Handout vorbereiten
- Präsentation halten, direkte Ansprache
- Fragen beantworten, Rückmeldungen, Verbesserungsvorschläge festhalten

- Bilder und Zeichnungen unterstützen die Vorstellung der Zuhörer
- Gib die Quellen an, aus denen deine Informationen und Abbildungen stammen
- Kontrolliere zum Schluss noch einmal die Rechtschreibung

Tipps für eine Präsentation mit digitalen Folien:

- Wähle ein einheitliches Layout für alle Folien
- Entscheide dich für eine Animation
- Die Schrift sollte gut lesbar sein, verwende mindestens Schriftgröße 18
- Die Farbe der Schrift muss sich vom gewählten Hintergrund deutlich abheben
- Reduziere den Text auf das Wesentliche

Überblick über die Erschließungsfelder

Erschließungsfelder

Biologie ist die Wissenschaft von den Lebewesen und umfasst heute viele Teildisziplinen. Das Wissen in der Biologie ist geradezu unüberschaubar. So unterschiedlich die verschiedenen Beobachtungen und Fakten auch sind, Erschließungsfelder zeigen grundlegende Gemeinsamkeiten auf und können als Lernhilfen dienen.

Vielfalt

Alle Lebewesen besitzen typische Merkmale. Die individuelle Merkmalskombination basiert auf der Neukombination von Genen bei der Befruchtung. Außerdem befördern Mutationen die genetische Vielfalt und die Ausprägung neuer Merkmale. Unter dem Einfluss der Selektion setzen sich langfristig in Abhängigkeit von den herrschenden Umweltbedingungen bestimmte Merkmale durch.

> Neben vielen Gemeinsamkeiten lassen sich zwischen den Lebewesen einer Art und besonders zwischen den Lebewesen verschiedener Arten mannigfaltige Unterschiede feststellen. Dadurch ergibt sich eine große Vielfalt.

Seite 13

Bau und Funktion

Analoge Organe erfüllen eine ähnliche Funktion. Obwohl ihr Grundbauplan völlig verschieden ist, gleichen sie sich oft in der Form. So bilden sowohl die Maulwurfshand als auch die Grabschaufel der Maulwurfsgrille eine große Oberfläche. Beide Gliedmaßen sind gut zum Graben geeignet und unterstützen die Lebensweise der beiden Tiere.

> Der Bau beschreibt den Aufbau einer Zelle sowie deren Bestandteile, eines Gewebes, eines Organs oder Körperteils. Diese sind so strukturiert, dass sie jeweils bestimmte Funktionen, also Aufgaben, erfüllen oder erleichtern können.

Seite 59

Angepasstheit

Im Laufe der Evolution haben sich viele Angepasstheiten herausgebildet. So weisen viele
Vögel Merkmale auf, die ihnen das Fliegen als
Fortbewegung ermöglichen. Dazu gehören die
besonders geformten Vordergliedmaßen, Besonderheiten der Knochen, der Bau der Lunge,
das Gefieder.

Auch Delfine haben einen besonderen
Körperbau und viele spezielle bauliche Merkmale, durch die sie in ihrem Lebensraum,
dem Wasser, existieren und sich fortpflanzen
können. Solche baulichen Merkmale sind beispielsweise die Körperform, die Form der
Gliedmaßen, der Bau der Haut und Besonderheiten des Atmungssystems. Beide Organismengruppen stammen von Landwirbeltieren
ab. Die besonderen baulichen Ausprägungen
sind Ausdruck einer Spezialisierung.

> Die Angepasstheit umfasst Merkmale, die es
> Lebewesen ermöglichen, in einem bestimmten
> Lebensraum zu leben und sich fortzupflanzen.

Seite 59

Fortpflanzung

Bei der geschlechtlichen Fortpflanzung werden aus Urgeschlechtszellen durch Meiose
haploide Geschlechtszellen gebildet. Diese
Geschlechtszellen unterscheiden sich genetisch von der jeweiligen Mutterzelle. Bei der
Befruchtung verschmelzen zwei haploide
Geschlechtszellen zu der diploiden Zygote.
Durch Neukombination entsteht ein individu-
eller Chromosomensatz, der die Basis für die
Merkmalsausprägung des neuen Lebewesens
bildet. Bei der ungeschlechtlichen Fortpflanzung erfolgen nur mitotische Zellteilungspro-
zesse und somit entstehen, außer durch Mutation, keine neue Varianten.

> Lebewesen sind fähig zur Fortpflanzung. Das
> bedeutet, sie können geschlechtlich oder un-
> geschlechtlich Nachkommen erzeugen.

Seite 13

Information

Die DNA ist ein besonders gebautes Riesenmolekül. Die organischen Basen in der DNA sind in einer bestimmten Reihenfolge angeordnet. Immer drei organische Basen bilden ein Triplett und verschlüsseln so eine Aminosäure. Auf diese Weise werden die Bauanleitungen für Eiweiße als Grundlage für den Stoffwechsel bei allen Lebewesen gleich codiert und gespeichert sowie als Erbinformationen an die nächste Generation weitergegeben. Dieser universelle genetische Code macht den Austausch von genetischem Material über Artgrenzen hinweg und somit auch gentechnische Verfahren erst möglich.

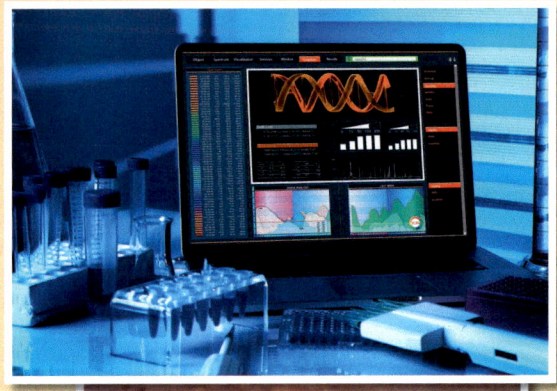

> Signale enthalten Informationen. Lebewesen senden Signale aus und nehmen Signale auf, verarbeiten sie und reagieren darauf. Das funktioniert auch auf zellulärer Ebene.

Seite 35

Wechselwirkung

Die Lebewesen in einem Ökosystem beeinflussen sich gegenseitig, beispielsweise als Teil von Nahrungsketten. Über Nahrungsbeziehung beeinflussen sich Populationen der Biozönose gegenseitig. Nicht zuletzt stehen die Lebewesen auch mit ihrer Umwelt in Beziehungen. Das erkennt man unter anderem an den Angepasstheiten von Frühblühern an die jahreszeitlichen Veränderungen im Wald.

Alle Ökosysteme unserer Erde wiederum sind Elemente der Biosphäre. Sie sind über die Lufthülle, die Wasserhülle und den Boden miteinander verbunden. So gibt es auch auf globaler Ebene vielfältige Wechselwirkungen. Regionale Änderungen können Auswirkungen auf die gesamte Biosphäre haben.

Umwelt

System

Kontakt zur Umgebung oder zu anderen Systemen

Systemgrenze

Systemelement

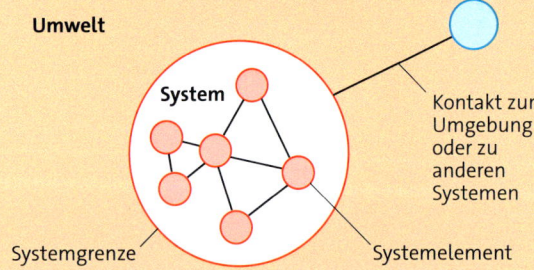

> Wechselwirkung bezeichnet die Ursache-Wirkungs-Beziehung im Lebewesen, zwischen Lebewesen sowie zwischen Lebewesen und ihrer Umwelt.

Seite 97

Glossar

Abiotische Umweltfaktoren ▷ Umweltfaktoren

Allele unterschiedliche Varianten eines Gens. Das dominante Gen wird im Erscheinungsbild wirksam, das rezessive nur dann, wenn es reinerbig vorliegt.

Analoge Organe Organe mit gleicher Funktion, aber unterschiedlichem Bau

Angepasstheit Merkmale von Lebewesen, die es ihnen ermöglichen, unter bestimmten Umweltbedingungen zu überleben und sich fortzupflanzen

Art Lebewesen, die in wesentlichen Merkmalen in Körperbau und Verhalten übereinstimmen und untereinander fortpflanzungsfähige Nachkommen hervorbringen können

Atavismus bei einzelnen Lebewesen zufällig wieder auftretendes Merkmal, das im Laufe der Evolution eigentlich schon zurückgebildet oder ganz verschwunden war; gilt als Belege der ▷ Evolution

Auslese ▷ Selektion

Autosomen Körperchromosomen

Autotrophe Ernährung Aufnahme von energiearmen anorganischen Stoffen und ihre Umwandlung in körpereigene energiereiche organische Stoffe. Ist Chlorophyll vorhanden, wird als Energiequelle das Sonnenlicht genutzt.

Bau und Funktion Merkmale eines Lebewesens oder Merkmale seiner Teile, die die Erfüllung ganz bestimmter Aufgaben ermöglichen

Biosphäre umfasst den Bereich der Erde, in dem Leben existiert, einschließlich der Lebewesen und der abiotischen Faktoren. Sie steht in Wechselwirkung mit der Atmosphäre, der Hydrosphäre und der Lithosphäre (Gestein und Boden) der Erde.

Biotische Umweltfaktoren ▷ Umweltfaktoren

Biotop abgegrenzter Lebensraum, der durch charakteristische abiotische Umweltfaktoren gekennzeichnet ist

Biozönose Gemeinschaft von Lebewesen verschiedener Arten in einem abgegrenzten Lebensraum

Chromatin Fadenstruktur im Kernplasma einer Zelle, Arbeitsform der Erbsubstanz

Chromosomen Transportform der Erbsubstanz. Anzahl, Größe und Form der Chromosomen sind artspezifisch.

Chromosomensatz Gesamtheit der Chromosomen im Zellkern einer Zelle

Diploider Chromosomensatz doppelter Chromosomensatz

DNA (Desoxyribonukleinsäure) und RNA (Ribonukleinsäure) Kernsäuren, die die genetische Information verschlüsseln

Dominantes Allel Variante eines Gens, die zur phänotypischen Merkmalsausprägung führt

Dominant-rezessiver Erbgang Vererbung eines Merkmals, bei der sich ein Allel durchsetzt, sodass das entsprechende Merkmal phänotypisch ausgeprägt wird. Das unterdrückte (rezessive) Allel wird nur dann phänotypisch ausgeprägt, wenn es ▷ reinerbig vorliegt.

Entwicklung nicht umkehrbare Veränderungen, die im Laufe der Zeit stattfinden. Bei Lebewesen wird zwischen ▷ Individualentwicklung und ▷ Stammesentwicklung unterschieden.

Epidemie zeitlich und regional begrenztes Auftreten einer Infektionskrankheit mit hohen Krankenzahlen und zumindest teilweise schweren Verläufen

Erbanlage genetische Information für die Ausprägung eines Merkmals

Erbgang beschreibt die Vererbung eines Merkmals anhand eines Stammbaums

Erbinformation genetische Information, die von einer Generation zur nächsten weitergegeben wird

Erbsubstanz stoffliche Grundlage, in der die Erbinformation verschlüsselt vorliegt

Erschließungsfelder Lernhilfen, um biologische Sachverhalte zu erarbeiten und miteinander zu verknüpfen

Evolution Prozess der Entstehung und Entwicklung des Lebens auf der Erde

Evolutionsfaktoren Mutation und Neukombination, Selektion, Isolation – Triebkräfte der biologischen Entwicklung auf der Erde, führen in Wechselwirkung mit Umweltbedingungen langfristig zur Veränderung von Arten oder zur Entstehung neuer Arten

Eukaryotische Zelle besitzt einen durch eine Doppelmembran vom umgebenden Zellplasma abgegrenzten Zellkern, der die DNA enthält. Auch weitere Zellorganellen wie Chloroplasten oder Mitochondrien sind von Doppelmembranen begrenzt.

Feuchtlufttier Tier, das durch den geringen Verdunstungsschutz der Körperoberfläche auf feuchte Lebensräume angewiesen ist

Forst bewirtschafteter Wald. Häufig wurden in Forsten Monokulturen angebaut, um die Wirtschaftlichkeit zu erhöhen. Heute erfolgt zunehmend ein Waldumbau mit dem Ziel einer naturnahen Artenzusammensetzung.

Fortpflanzung Erzeugung von Nachkommen derselben Art. Bei der geschlechtlichen Fortpflanzung verschmelzen dazu jeweils eine Eizelle und eine Spermienzelle zur befruchteten Eizelle. Aus dieser befruchteten Eizelle entwickelt sich das neue Lebewesen. Bei der ungeschlechtlichen Fortpflanzung entstehen die Nachkommen aus Teilen eines elterlichen Lebewesens.

Fossilien Reste und Spuren von ausgestorbenen Lebewesen; gelten als Belege der ▷ Evolution

Fotosynthese Stoffwechselprozess bei grünen Pflanzen, Algen und einigen Bakterien. Kohlenstoffdioxid und Wasser werden unter Einfluss von Licht und Chlorophyll in Glucose (Traubenzucker) und Sauerstoff umgewandelt.

Gen Funktionseinheit der DNA

Genetischer Code Verschlüsselung der Erbinformation durch die spezifische Reihenfolge der ▷ Tripletts in der DNA und mRNA. Der genetische Code ist universell.

Genom Gesamtheit der Erbinformation eines Lebewesens

Genpool Gesamtheit aller Gene einer Population

Gentechnisches Verfahren gezielte Herstellung genetisch veränderter Organismen. Entsprechende Verfahren finden in der Landwirtschaft, der Industrie, der Umwelttechnik sowie in der Medizin Anwendung.

Gentherapie Therapie, die die Korrektur von genetischen Abweichungen als Auslöser von Krankheiten mit gentechnischen Methoden umfasst

Gentransfer Übertragung genetischer Information in eine Empfängerzelle. Dabei kann der Gentransfer auch zwischen Zellen oder Lebewesen unterschiedlicher Arten erfolgen. Durch Gentransfer entstehen gentechnisch veränderte Organismen.

Globalisierung weltweite Verflechtung aller Lebensbereiche, beispielsweise der Wirtschaft, der Kommunikation, des Verkehrs, von Staaten und so weiter

Gonosomen Geschlechtschromosomen

Haploider Chromosomensatz einfacher Chromosomensatz

Heterotrophe Ernährung Aufnahme von körperfremden energiereichen organischen Stoffen und ihre Umwandlung in körpereigene energiereiche organische Stoffe. Die aufgenommenen Stoffe dienen als Baustoffe und Energiequelle.

Höherentwicklung Entwicklungstendenz, bei der sich im Laufe der ▷ Evolution durch das Zusammenwirken der Evolutionsfaktoren in Abhängigkeit von den herrschenden Umweltbedingungen bei einigen Organismengruppen eine Zunahme der Komplexität verbunden mit einer Erhöhung der Leistungsfähigkeit herausbildete

Homologe Organe Organe mit gemeinsamem Grundbau; im Laufe der ▷ Stammesentwicklung entstandene Angepasstheiten an unterschiedliche Funktionen; gelten als Belege der ▷ Evolution

Immunsystem umfasst alle Organe, Zelltypen und Moleküle, die in einem Lebewesen an der Vernichtung von potenziell schädlichen Zellen, Molekülen oder Stoffen beteiligt sind

Individualentwicklung Entwicklung eines Lebewesens von der befruchteten Eizelle bis zum Tod

Infektion Eindringen von Krankheitserregern (Viren, Bakterien, Parasiten, Pilze) in einen Organismus

Infektionskrankheit Vermehrung eingedrungener Krankheitserreger (Viren, Bakterien, Parasiten, Pilze) in einem Organismus und seine Schädigung, sodass entsprechende Symptome auftreten. Durch die Erreger wird eine Reaktion des Immunsystems hervorgerufen.

Information Nachricht, die vom Empfänger entschlüsselt werden kann

Inkubationszeit Zeit zwischen Infektion und dem Auftreten der ersten Symptome (Ausbruch der Krankheit). In der Zeit erfolgt die Vermehrung der Krankheitserreger.

Intermediärer Erbgang Vererbung eines Merkmals, bei der hinsichtlich des Merkmals phänotypisch eine Mischform ausgebildet wird, wenn ▷ mischerbige Allele vorliegen.

Isolation Spaltung einer Gruppe von Lebewesen einer Art, die bisher einen Lebensraum besiedelt hat, sodass kein genetischer Austausch mehr erfolgt. Der Austausch kann durch geografische, sexuelle oder ökologische Isolation verhindert werden.

Karyogramm geordnete Darstellung aller Chromosomen aus einem Zellkern

Keimzelle Geschlechtszelle

Kennzeichen des Lebens Bewegung, Reizbarkeit, Stoffwechsel, Fortpflanzung, Wachstum und Entwicklung

Klima meteorologische Erscheinungen, die in längeren Zeiträumen zu beobachten sind. Sie lassen sich aus Langzeitbeobachtungen ableiten, beispielsweise die durchschnittliche Niederschlagsmenge oder die zu erwartende Durchschnittstemperatur in einer Region.

Klone genetisch identische Nachkommen

Konkurrenz wechselseitige Beeinträchtigung von Lebewesen der gleichen Art oder unterschiedlicher Arten aufgrund ähnlicher Ansprüche an die Umwelt

Konsumenten (Verbraucher) Lebewesen, die sich von organischen Stoffen ernähren. Nach der Stellung in der Nahrungskette wird zwischen Konsumenten 1. Ordnung (Pflanzenfresser), Konsumenten 2. Ordnung und höherer Ordnung (Fleischfresser) sowie Endkonsumenten (besitzen keine natürlichen Fressfeinde) unterschieden.

Kreationismus eine Gegenströmung zur Evolutionstheorie. Nach der Auffassung der Kreationisten beschreibt die biblische Schöpfungsgeschichte die tatsächliche Entstehung der Welt und des Lebens (Erschaffung durch einen Schöpfer).

Kreuzungsschema schematische Darstellung der Verteilung der Erbanlagen bei der geschlechtlichen Fortpflanzung. Dabei werden meist nur Anlagen für ein oder zwei Merkmale betrachtet.

Leitfossilien können einem konkreten, relativ kurzen Abschnitt der Erdgeschichte zugeordnet werden. Ihr Vorkommen in Gesteinsschichten ermöglicht die Altersbestimmung von Gesteinen und anderen Fossilien.

Lichtblatt Laubblatt im Kronendach von Laubbäumen, vergleichsweise klein, dick und mit stark ausgeprägtem Palisadengewebe

Meiose Kernteilungsprozess im Rahmen der Zellteilung, bei der aus einer diploiden Mutterzelle vier haploide, genetisch verschiedene Tochterzellen gebildet werden

Mischerbige Allele enthalten hinsichtlich eines Merkmals unterschiedliche Informationen. Der Fachbegriff lautet heterozygot.

Mitose Kernteilungsprozess im Rahmen der Zellteilung, bei der aus einer diploiden Mutterzelle zwei diploide, genetisch gleiche Tochterzellen gebildet werden

Modell vereinfachtes Abbild der Realität. Es veranschaulicht wie etwas aufgebaut ist oder wie etwas funktioniert beziehungsweise wie etwas abläuft.

Modifikation nicht erbliche Ausprägung von Merkmalen in Abhängigkeit von Umwelteinflüssen innerhalb einer genetisch bedingten Variationsbreite

Mosaikform ▷ Übergangsform

Mutagen Auslöser von Veränderungen der genetischen Information

Mutation Veränderung der genetischen Information durch Fehler bei der Verdopplung der DNA, Übertragungsfehler bei der Erstellung der RNA oder Fehler bei der Zellteilung. Sie können zur Ausprägung neuer Merkmale führen. Betreffen die Veränderungen die Keimzellen, werden sie vererbt.

Nachhaltigkeit Handlungsprinzip, nach dem Ressourcen nur so genutzt werden dürfen, dass sie sich regenerieren können oder recycelt werden und so dauerhaft bewahrt werden

Nahrungskette lineare Darstellung von Nahrungsbeziehungen zwischen Lebewesen eines Ökosystems, beginnend mit den Produzenten

Nahrungsnetz komplexe Darstellung von Nahrungsbeziehungen zwischen Lebewesen eines Ökosystems durch vielfach miteinander verknüpfte Nahrungsketten

Neukombination zufällige Verteilung von Chromosomen und gegebenenfalls Austausch von Chromosomenabschnitten bei der Meiose und die nachfolgende Verschmelzung der haploiden Chromosomensätze bei der Befruchtung. So entstehen immer wieder neue Merkmalskombinationen, wodurch die Vielfalt erhöht wird.

Nukleotid Grundbaustein der DNA oder mRNA, bestehend aus einem Zuckermolekül, einem Phosphorsäurerest und einer organischen Base

Ökologische Nische Gesamtheit der Wechselwirkungen einer Art mit abiotischen und biotischen Umweltfaktoren, die das Überleben dieser Art beeinflussen

Ökosystem Einheit von Biotop (Lebensraum) und Biozönose (Lebensgemeinschaft)

Opponierbarer Daumen kennzeichnend für Menschenaffen und Menschen. Er ist räumlich von den anderen Fingern der Hand abgesetzt und lässt sich diesen gegenüberstellen. So wird es möglich, wie eine Pinzette zu greifen, um beispielsweise Werkzeuge zu gebrauchen.

Pandemie zeitlich begrenztes, weltweites Auftreten einer Infektionskrankheit mit hohen Krankenzahlen und zumindest teilweise schweren Verläufen

Phänotyp ausgeprägte Merkmale eines Lebewesens

Population Gesamtheit der Vertreter einer Art, die in einem bestimmten Gebiet zusammenleben

Produzenten (Erzeuger) Lebewesen, die organische Stoffe aufbauen. Pflanzen, Algen und einige Bakterien besitzen Chlorophyll und produzieren unter Nutzung des Sonnenlichts organische Stoffe aus Wasser, Kohlenstoffdioxid und Mineralstoffen.

Prokaryotische Zelle besitzt keinen abgegrenzten Zellkern. Die DNA liegt frei im Zellplasma.

Reduktionsteilung erste Reifeteilung bei der Meiose, bei der der diploide Chromosomensatz der Urkeimzellen halbiert wird

Reduzenten (Zersetzer) Lebewesen, die totes organisches Material abbauen. Dabei entstehen letztendlich anorganische Stoffe, die den Produzenten als Nahrung dienen.

Reinerbige Allele enthalten hinsichtlich eines Merkmals dieselbe Information. Der Fachbegriff lautet homozygot.

Replikation identische Verdopplung der vollständigen DNA im Zellkern

Rezessives Allel Variante eines Gens, die nur zur phänotypischen Merkmalsausprägung führt, wenn sie reinerbig vorliegt

Ribosom Zellorganell, in dem die genetische Information der mRNA abgelesen und auf dieser Grundlage die Aminosäurekette des entsprechenden Proteins gebildet wird

Rudimentäre Organe Organe, die im Laufe der ▷ Stammesentwicklung ihre Funktion verloren haben und zurückgebildet worden sind; gelten als Belege der ▷ Evolution

Schattenblatt Laubblatt im Inneren der Baumkrone von Laubbäumen, vergleichsweise groß, dünn und mit schwach ausgeprägtem Palisadengewebe

Selektion bewirkt den unterschiedlichen Fortpflanzungserfolg der Individuen einer Population in Abhängigkeit von den herrschenden Umweltbedingungen, führt bei geänderten Bedingungen langfristig zur Änderung des ▷ Genpools

Spaltungsregel zweite Meldel'sche Regel. Sie besagt, dass sich die Genotypen und Phänotypen der Nachkommen von zwei Individuen der F_1-Generation, die in Bezug auf ein Merkmal mischerbig sind, hinsichtlich dieses Merkmals in einem festen Zahlenverhältnis aufspalten.

Spezialisierung Entwicklungstendenz, bei der sich im Laufe der ▷ Evolution durch das Zusammenwirken der Evolutionsfaktoren in Abhängigkeit von den herrschenden Umweltbedingungen unterschiedliche Abwandlungen eines Grundbaus herausgebildet haben. Durch die besondere Merkmalsausprägung werden bestimmte Funktionen unterstützt.

Stammbaum schematische Darstellung der Abstammung und der verwandtschaftlichen Verhältnisse von Lebewesen.
In der Genetik werden mithilfe eines Familienstammbaums Abstammungslinien über mehrere Generationen dargestellt, um beispielsweise die Ausprägung eines Merkmals verfolgen zu können.

Stammbaumanalyse in der genetischen Familienberatung angewendete Methode, beispielsweise um die Wahrscheinlichkeit für die Ausprägung eines Merkmals (genetisch bedingte Erkrankung) bei Nachkommen abschätzen zu können

Stammesentwicklung Entwicklung von Lebewesen auf eine Verwandtschaftsgruppe bezogen, beispielsweise die Entwicklung der Wirbeltiergruppen aus wirbellosen Vorfahren

Stammzellen nicht spezialisierte Zellen. Embryonale Stammzellen sind unbegrenzt teilbar und können sich zu jeder Zellart entwickeln. Stammzellen bei Erwachsenen (adulte Stammzellen) teilen sich, um fehlerhafte, kranke oder tote Zellen zu ersetzen.

Stoffwechsel umfasst alle biochemischen Reaktionen zum Aufbau, zur Speicherung und zum Abbau von körpereigener Substanz

System Gesamtheit aus vielen Teilen, die miteinander in Wechselwirkung stehen. Die Einzelteile erfüllen im System eine bestimmte Aufgabe. Nur durch ihr Zusammenwirken funktioniert die Gesamtheit optimal.

Testkreuzung auch Rückkreuzung genannt. Erfolgt durch Kreuzung von Vertretern der Elterngeneration mit Vertretern aus der Generation ihrer Nachkommen. Mit Hilfe der Testkreuzung lässt sich ermitteln, ob ein Lebewesen für ein bestimmtes Merkmal reinerbig ist.

Toleranzbereich Bereich – bezogen auf einen Umweltfaktor –, in dem ein Lebewesen existieren kann. Er wird begrenzt durch Minimum und Maximum und besitzt ein Optimum.

Toleranzkurve grafische Darstellung von Lebensprozessen eines Lebewesens in Abhängigkeit von der Intensität eines Umweltfaktors

Transkription Herstellung einer einsträngigen Kopie eines DNA-Abschnitts, der mRNA. Verschlüsselt in der mRNA wird die genetische Information aus dem Zellkern zu den Ribosomen transportiert.

Translation Ablesen der genetischen Information in den Ribosomen und Übersetzung von Art, Anzahl und Reihenfolge der Tripletts der mRNA in die Art, Anzahl und Reihenfolge der Aminosäuren des Proteins

Triplett Folge aus drei Nukleinbasen, die eine Informationseinheit der DNA bildet und eine Aminosäure verschlüsselt

Trisomie ein Chromosom liegt dreifach in den Zellen vor

Trockenlufttier Tier, das durch den guten Verdunstungsschutz seiner Körperoberfläche in trockenen Lebensräumen existieren kann

Übergangsform besitzt Merkmale einer stammesgeschichtlich älteren und einer stammesgeschichtlich jüngeren Organismengruppe; gilt als ein Beleg der ▷ Evolution

Umweltfaktoren Gesamtheit aller Bedingungen, die auf ein Lebewesen einwirken. Abiotische Umweltfaktoren gehen von der unbelebten Natur aus (Bodenbeschaffenheit, Lichtverhältnisse, Luft- und Bodenfeuchtigkeit, Temperatur). Biotische Umweltfaktoren gehen von der belebten Natur aus (Fressfeinde, Konkurrenten, Sexualpartner, Beutetiere, Nahrungspflanzen).

Unabhängigkeitsregel dritte Mendel'sche Regel. Sie besagt, dass bei der Kreuzung von Individuen, die sich in zwei oder mehreren Merkmalen reinerbig unterscheiden, in der F_2-Generation sämtliche Kombinationen von Merkmalen der Elterngeneration auftreten. Diese Regel trifft zu, wenn die Merkmale unabhängig voneinander vererbt werden. Das ist der Fall, wenn die betreffenden Gene auf unterschiedlichen Chromosomen liegen.

Uniformitätsregel erste Meldel'sche Regel. Sie besagt, dass bei der Kreuzung von reinerbigen Individuen, die sich in einem Merkmal unterscheiden, Nachkommen entstehen, die in diesem Merkmal untereinander gleich sind.

Urwald natürlicher Wald, der sich ohne Einflussnahme durch den Menschen entwickelt hat, nicht bewirtschaftet worden ist und weiterhin auch nicht bewirtschaftet wird

Vererbung Weitergabe der genetischen Informationen von Generation zu Generation

Vielfalt gemeinsame und unterschiedliche Merkmale der Lebewesen innerhalb einer Art oder zwischen den Arten. Solche Merkmale können der Lebensraum und bauliche Merkmale sowie unterschiedliche Lebens-, Ernährungs- und Verhaltensweisen sein. Grundlage der Vielfalt sind Mutation und Neukombination sowie Modifikation.

Wechselwirkung gegenseitige Beeinflussung und Abhängigkeit von Lebewesen sowie von Lebewesen und Umwelt

Wetter meteorologische Erscheinungen, die innerhalb einer kurzen Zeitspanne an einem bestimmten Ort feststellbar sind, wie Temperatur, Bewölkung, Niederschlag, Sonneneinstrahlung, Wind und so weiter

Zeigerpflanze Pflanzen mit geringer Toleranz gegenüber einzelnen Standortbedingungen, die dadurch beispielsweise den Gehalt bestimmter Mineralstoffe im Boden anzeigen

Zellatmung Stoffwechselprozess zur Freisetzung nutzbarer Energie. Dazu wird in den Mitochondrien unter Sauerstoffverbrauch Glucose (Traubenzucker) zu Wasser und Kohlenstoffdioxid abgebaut.

Zelle kleinste Baueinheit der Lebewesen

Züchtung Veränderung von Merkmalen durch kontrollierte Vermehrung von ausgewählten Pflanzen oder Tieren

Zwillingsforschung Forschungsmethode der Humangenetik. Durch Vergleich von Zwillingspaaren wird erforscht, wie stark Merkmale genetisch bedingt oder durch Umwelteinflüsse hervorgerufen sind.

Zygote diploide Zelle, die aus der Verschmelzung von Spermienzelle (haploid) und Eizelle (haploid) entstanden ist

Sachregister

Bildquellenverzeichnis

Titelbild: dpa/picture-alliance/Arco Images GmbH/Wegner, P.

Fotos: Adobe: /Andrea Izzotti: S. 133/M., /andrei310: S. 9/2, /anemone: S. 54/o.r., /Animaflora PicsStock: S. 102/1, /anni94: S. 46/1, /ariros: S. 53/3, /boje10: S. 42/1, /creativenature.nl: S. 59/3A, S. 92/3 l., /etfoto: S. 110/1 u., /freshidea: S. 56/C, /greentellect: S. 41/M., /Irina Rogova: S. 124/1B u., /Judith: S. 56/D, /K.C.: S. 120/1, /markmedcalf: S. 92/4, /ninell: S. 56/E, /nounours1: S. 79/o.l., /pafra: S. 49/3, /Petair: S. 95/o., /Ricochet64: S. 36/M.r. Häckchen, /Ruckszio: S. 72/1, /Manfred Ruckszio/Ruckszio: S. 122/2, /santia3: S. 132/M., /Sarah Jorand: S. 95/M., /*Sindy*: S. 28/2, /Xaver Klaussner: S. 27/5; **akg-images:**/akg-images: S. 8/1, S. 66/2, S. 88/D, /bildwissedition: S. 55/4, S. 67/3, /David Borland: S. 8/M.l., /Album/Documenta: S. 71/M.r., /Erich Lessing: S. 88/C, /ELISABETH DAYNES/SCIENCE PHOTO LIBRARY: S. 87/2 r., /Gustave Doré: S. 67/M., /Science Photo Library/JOHN BAVARO FINE ART: S. 82/3 r., S. 86/1 r., /Hess. Landesmuseum: S. 82/1, S. 83/A–D, /E. DAYNES/S. ENTRESSANGLE/SCIENCE PHOTO LIBRARY: S. 85/4, /Nimatallah: S. 88/A, /Quagga Media: S. 49/o.r., S. 52/u.r., /Paul M.R. Maeyaert: S. 88/F, /PHILIPPE PLAILLY/SCIENCE PHOTO LIBRARY: S. 82/2 r., /Rainer Hackenberg/hackenberg-photo.com: S. 49/u.l., /Science Source: S. 70/1, /Science Photo Library: S. 54/u.l., S. 67/4, S. 68, S. 80/3, S. 85/5, S. 86/1 l., /SPL/SHEILA TERRY: S. 84/1, /Sputnik: S. 50/1; **bpk – Bildagentur für Kunst, Kultur und Geschichte:** /bpk/Herbert Kraft: S. 49/u.r., /bpk/Antikensammlung, SMB/Johannes Laurentius: S. 88/E, /SMB/Ingrid Geske: S. 88/B; **Bridgeman Images:** /Natural History Museum, London: S. 52/o.r., /De Agostini Picture Library: S. 80/1, /Paleolithic: S. 88/1, /Fototeca Gilardi: S. 90/3; **Bundesministerium für wirtschaftliche Zusammenarbeit:** S. 108; **ClipDealer GmbH:** /Alfred Hofer: S. 5, S. 132/o., /Peter Lecko/ClipDealer: S. 36/M.r. Virus, /c-ts: S. 124/1A; **Cornelsen/**Ingmar Stelzig: S. 51/1,3, Joachim Hollatz: S. 9/3, Judith Vehlow: S. 127/4; Moritz Vennemann: S. 124/1B, 1C, Reinhard-Tierfoto: S. 128 u.l., Yvonne Schanzenbächer: S. 78/1; **dpa Picture-Alliance:** /A. Held/blickwinkel: S. 96/3, /AP Photo: S. 90/1, /Arco Images: S. 75/4 l., /Arco Images G: S. 110/1 o., /Andrey Nyrkov/Zoonar: S. 96/2, /blickwinkel/A: S. 80/2, /blickwinkel/B. Zoller: S. 133/Eisvogel, /blickwinkel/F: S. 74/1, /blickwinkel/Frank Sommariva: S. 110/1 r., /blickwinkel/M: S. 10/1, /blickwinkel/P: S. 24/1 r., /blickwinkel/R: S. 54/2B, /Chinese Academy of Sciences/AP Photo: S. 32/1, /Fernando_Bizerra_Jr: S. 32/3, /Hackenberg: S. 96/1, /imageBROKER: S. 24/1 l., S. 47/o.r., S. 75/3, /P. Wegner: S. 24/2 r., /Robert Michael: S. 134/u.r., /Thomas Oberländer: S. 21/u.r., /ZB/Peter Förster: S. 4, S. 94/HG, S. 123/u.r.; **imago stock&people GmbH:** /blickwinkel: S. 32/2, S. 56/B, S. 58/1, S. 77/1 u., S. 132/u., /United Archives International: S. 66/1, /blickwinkel/McPHOTO/B.Bachmann: S. 104/1, /blickwinkel/A. Hartl: S. 44/2; **INTERFOTO:** /ARDEA/Francois Gohier: S. 54/2C, /ARDEA/Geoff Trinder: S. 73/3 l., /Chr. Lederer: S. 55/5 o.l., /ARDEA/Jean-Michel Labat: S. 72/2, /Mary Evans/Natural History Museum: S. 73/2 r., S. 81/6, S. 87/2 l., /Reinhard Dirscherl: S. 55/5 u.; **mauritius images GmbH:** /Alamy: S. 65/u.r., /alamy stock photo/André Gilden: S. 107/4, /Anna Blume/Alamy: S. 56/G, /alamy stock photo/Arthit Buarapa: S. 112/3, /alamy stock photo/blickwinkel: S. 112/1, /alamy stock photo/BSIP SA: S. 30/1, /alamy stock photo/Christian Musat: S. 24/3, /alamy stock photo/crozstudios: S. 26/1, /alamy stock photo/Frank Hecker: S. 114/2, /alamy stock photo/Gado Images: S. 107/o.r., /Alamy/Jim West: S. 71/1, /alamy stock photo/Naturepix: S. 77/1 o., /alamy stock photo/Mateusz Sciborski: S. 104/M.r., /Alamy/Sabena Jane Blackbird: S. 82/2 l., /blickwinkel: S. 16/1, BSIP: S. 36/M.r. Wurm, /Catharina Lux: S. 44/2, /dieKleinert: S. 36/1, /Glasshouse: S. 76/1 l., /Ilka Gdanietz: S. 6/o., /Ingo Schulz: S. 48/1, /imageBROKER/Alfred&Annaliese Trunk: S. 107/5, /alamy stock photo/jean-paul chassenet: S. 113/4, /imageBroker/Jochen Tack: S. 57/3, /Memento: S. 46/2, S. 55/6 u.r., /nature picture library/Adrian Davies: S. 49/M.l., /Minden Pictures: S. 79/u.l., /alamy stock photo/Martyn Goddard: S. 99/4, /Miniloc: S. 105/4, /Malcolm Schuyl/FLPA: S. 113/5, /Martin Siepmann: S. 133/Blüte, /imageBROKER/Gary K Smith/FLPA: S. 133/

Topfpfl., /Pitopia: S. 63/5 r., S. 76/1 u., S. 104/u.l., /Science Photo Library: S. 3/o., S. 6/u., S. 6/HG., S. 39/u.r., /Science Source: S. 106/1, /Solvin Zankl: S. 75/4 r., /Suzanne Long/Alamy: S. 56/A, Tierfotoagentur: S. 14/1, /Wavebreakmedia: S. 29/1, /Zen Shui: S. 25/5, /alamy stock photo/Zoonar GmbH: S. 115/u.r.; **NASA:** S. 44/1, /JPL-Caltech; **OKAPIA:** S. 133, /Werle/Echse: **Panther Media GmbH:** /Yann Song Tang: S. 36/M.r. Flagge, /Andrei Barmashov: S. 36/M.r. Geld, /Andriy Popov: S. 115/3, /Antonio Guillen Fernández: S. 130/M.r.; **Science Photo Library:** /JAVIER TRUEBA/MSF: S. 81/M.r., /SCIENCE PICTURE CO: S. 84/2–3, /Mike Devlin: S. 127/3, /DR JEREMY BURGESS: S. 133/Laus; **Shutterstock GmbH:** /Aleksandra Voinova: S. 20/1 r., /angellodeco: S. 134/o., /arousa: S. 54/2A, /Azikchan: S. 15/M.o., /belizar: S. 24/2 l., /Bignai: S. 95, /Bill Perry: S. 133/o., /Click&Photo: S. 34/1, /DC Studio: S. 121/u.r., /daniiD: S. 56/1, /Esteban De Armas: S. 87/3, /franticoo: S. 54/2D, /Foxy71: S. 66/u.l., /Gorodenkoff: S. 121/u.l., /Halfpoint: S. 116, /JUN3: S. 53/M.r., /Julius Kielaitis: S. 41/u., /Kitreel: S. 120/2, /Lucky Business: S. 121/o.r., /lucadp: S. 124/1A u., /Manfred Ruckszio: S. 62/2, /Marco Maggesi: S. 60/3, /Martin Allinger: S. 20/u.r., /mentatdg: S. 131/u.r., /Merlin74: S. 3/u., S. 40/HG., S. 93/u.r., /Microgen: S. 41/o., /Michal Ninger: S. 63/5 l., /NicoElNino: S. 134/u.M.r., /PastryShop: S. 120/3, /Petr Student: S. 82/M.r., /PhotoSky: S. 114/1, /psamtik: S. 60/1, /Sahelan: S. 82/3 l., /Sasha Bolt: S. 134/M.o.r., /Sergieiev: S. 20/1 l., /simona pavan: S. 128/ganz u.l., /slowmotiongli: S. 62/1, /Smolina Marianna: S. 27/u.l., /stockphoto-graf: S. 64/1, /TPCImagery-Mike Jackson: S. 59/1, /UNIKYLUCKK: S. 15/o.r., /whitetherock photo: S. 28/1, /Vladimir Staykov: S. 32/M.r., /Valentyna Chukhlyebova: S. 53/o.r.; **SZ Photo:** /ap/dpa/picture alliance: S. 6/M.; **StockFood GmbH:** /sciencephotolibrary/Å/ROGER HILL: S. 100/1, /sciencephotolibrary/CLAUDE NURIDSANY&MARIE PERENNOU: S. 59/3B, S. 92/3 r., /sciencephotolibrary/DENNIS KUNKEL MICROSCOPY: S. 44/3, /sciencephotolibrary/JAMES KING-HOLMES: S. 105/3, /sciencephotolibrary/LOUISE MURRAY: S. 56/F, /sciencephotolibrary/PHANIE/GARO: S. 22/1, /sciencephotolibrary/P.RONA: S. 42/M.r., /sciencephotolibrary/ROGELIO MORENO: S. 45/6, /sciencephotolibrary/STEVE GSCHMEISSNER: S. 54/M.u., /Science Photo Library/SCIENCE VU, VISUALS UNLIMITED: S. 60/2, /sciencephotolibrary/SCIENCE SOURCE: S. 55/5 o.r., S. 98/1, S. 118/2, /sciencephotolibrary/SINCLAIR STAMMERS: S. 119/3 o.

Collage: S. 15, /Cornelsen/newVision!GmbH, Bernhard A. Peter, Shutterstock.com/Azikchan (Kaninchenjunge), Shutterstock.com/UNIKYLUCKK (Kaninchen)

Illustrationen: Cornelsen/Christine Faltermayr: S. 65/2, S. 69; Cornelsen/Detlef Seidensticker: S. 14/2; Cornelsen/Esther Welzel: S. 13/M.r. Icon, S. 35/M.r. Icon, S. 132–134, alle Icons; Cornelsen/Heike Keis: S. 119/3; Cornelsen/Jörg Mair: S. 25/6, S. 39/3, S. 50/2, S. 57/1, S. 61/4, S. 74/2, S. 77/2, S. 89, S. 91, S. 106/2, S. 106/3; Cornelsen/www.biologiegrafik.de: S. 33/5, S. 38/2, S. 78/2, S. 86/2, S. 93/5; Cornelsen/Karin Mall: S. 10/2, S. 11, S. 12/2, S. 13/3, S. 16/2, S. 16/3, S. 17, S. 19, S. 21/3, S. 22/2-3, S. 27/4, S. 29/2, S. 34/2, S. 38/1, S. 46/3, S. 47/4, S. 50/3, S. 51/2, S. 52/2, S. 55/6 o.l, S. 58/2, S. 64/2, S. 65/1, S. 71/2, S. 73/2, S. 87/1, S. 93/6, S. 117/, S. 124/u.r., S. 124/2, 125/o., M.l., S. 128/1, S. 129; Cornelsen/Matthias Pflügner: S. 43/u.; newVision!GmbH, Bernhard A. Peter: S. 6/Röntgenbild, S. 12/1, S. 20/2, S. 23, S. 26/2, S. 26/3, S. 30/2, S. 31/4, S. 31/3, S. 33/4, S. 35/3, S. 37/7-8, S. 45/4-5, S. 48/2, S. 51/M.o., S. 54/o.l., S. 55/6 o.r., u.l., S. 55/2 o., u., S. 63/3, S. 70/2, S. 79/3, S. 81/4-5, S. 83/5, S. 90/2, S. 92/1, S. 97/4, S. 98/2, S. 99/3, S. 100/2-3, S. 101, S. 102, S. 103, S. 105/5, S. 109, S. 110/2, S. 111/4-5, S. 111/3, S. 112/2, S. 118/1, S. 119/4, S. 122/1, S. 123/3, S. 126, S. 127/2, S. 130/1, S. 131/2, S. 134/M.r.; Cornelsen/Rainer Götze: S. 63/4; Cornelsen/Tom Menzel; bearbeitet von newVision!GmbH, Bernhard A. Peter: S. 59/4, S. 128/2; Cornelsen/Tom Menzel: S. 6, S. 21/4, S. 125/u.r.; Cornelsen/Walther-Maria Scheid: S. 97/M. Icon, S. 134/alle Icons

Arbeitsaufträge richtig verstehen

Im Unterricht oder in Klassenarbeiten bearbeitest du immer wieder Aufgaben. Daher ist es wichtig, genau zu verstehen, was mit den Arbeitsanweisungen oder Arbeitsaufträgen gemeint ist. Die Bearbeitung der Aufgaben gelingt dann viel leichter.

Nennen

Hier sollst du etwas stichwortartig auflisten oder aufzählen. Verwende wenn möglich Fachbegriffe.

Lösung:
Wasser + Kohlenstoffdioxid ↓ Glucose + Sauerstoff

Zeichnen und Skizzieren

Hier sollst du eine anschauliche und genaue Zeichnung oder eine übersichtliche Skizze anfertigen.

Lösung:

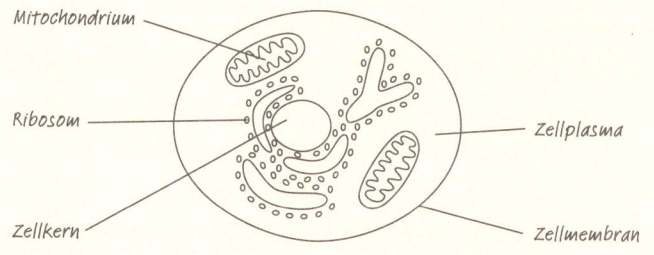

Mitochondrium · Ribosom · Zellkern · Zellplasma · Zellmembran

Nenne die Wortgleichung der Fotosynthese

Skizziere eine tierische Zelle mit ihren Zellorganellen.

Stelle den Weg der Energie in einem Ökosystem in einem Flussdiagramm dar.

Stelle Vermutungen an, weshalb eine weite Samenverbreitung für Pflanzen von Vorteil ist.

Werte die folgende Tabelle aus:

Baumart	Überlebensdauer bei Überflutung (in Tagen)
Silberweide	190
Feldulme	137
Stieleiche	97
Esche	40
Bergahorn	8

(Die Angaben stellen nur Mittelwerte dar.)

Darstellen

Du sollst Sachverhalte, Zusammenhänge, Methoden und Ergebnisse klar gegliedert und anschaulich wiedergeben.

Hinweis: Ein Plakat, ein Steckbrief, eine Tabelle oder ein Flussdiagramm ermöglichen es dir, die Inhalte durch verschiedene Beispiele mit Bildern oder Diagrammen anschaulich und strukturiert zu präsentieren.

Vermutungen anstellen

Auf der Grundlage von Beobachtungen, Untersuchungen, Experimenten oder Aussagen sollst du eine begründete Vermutung formulieren.

Lösung: Gleiche Pflanzen besitzen gleiche Ansprüche. Wachsen viele Pflanzen einer Art nahe beieinander, konkurrieren sie um die vorhandenen Nährstoffe. Werden die Samen dagegen weit verbreitet, keimen sie nicht in unmittelbarer Nähe zur Mutterpflanze aus. Dadurch verringert sich die Konkurrenz.

Auswerten

Aus Informationsquellen, zum Beispiel Tabellen, Diagrammen oder Texten, sollst du Daten und Ergebnisse in einen Zusammenhang stellen und daraus Schlussfolgerungen ziehen.

Lösung: Die Silberweide und die Feldulme haben eine hohe Überflutungstoleranz, der Bergahorn erträgt Überflutung sehr schlecht. Daher sind besonders Silberweiden an flachen Seen und Flüssen zu finden, der Bergahorn wächst dort nicht.